KB204093

아미타참법

禮念彌陀道場懺法

편저 : 극락거사 왕자성王子成 편역 : 무영 원경

무 량 수

K. no. 1511 禮念彌陀道場懺法

南無過去毗婆尸佛

南無尸棄佛

南無毗舍浮佛

南無拘留孫佛

南無拘那含牟尼佛

南無迦葉佛

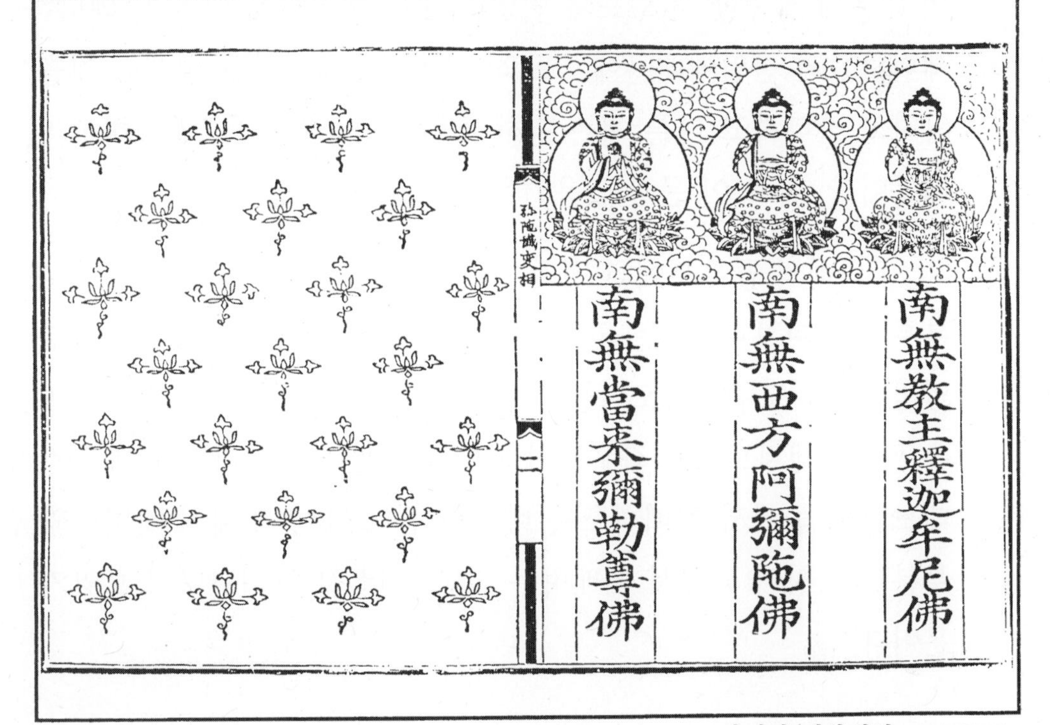

아미타 예참변상 阿彌陀 禮懺變相

일러두기

1. 새롭게 바뀐 편집들

1) 우선 각권을 시작하기 전에 독송하게 되는 의식집을 각권 첫머리에 모두 실어야 마땅하나 페이지 전체 분량이 많아 책 첫머리에만 싣고 각 권 첫머리에 안내하였으며 이 부분은 황산스님의 편집본을 참조하였다.

2) 각권에서 불보살님께 절하는 의례부분을 살펴보니 권마다 절하는 숫자의 차이가 너무 많이 나서 어느 권[6권, 7권]에서는 그것 때문에 참법을 독송하는 흐름이 끊어지는 경우가 많았다. 그래서 참법의 내용에 집중할 수 있도록 몇몇 의례는 빼버리게 되었다. 왜냐하면 세친보살의 신업예배문에 "오직 아미타부처님만을 예배할 것을 기약하고 잡다하고 다른 예는 행하지 않는다.[제8권]" 고 설하고 있기 때문이다. 바로 이 문장에 용기를 얻어 빼게 되었다.

3) 의례의 끝부분에 고정적으로 등장하는 다섯 보살에 대한 예배부분을 살펴보니, 이는 의례의 첫머리에 등장하는 부처님과 관련이 있었다. 즉 교주석가모니불은 문수 · 보현보살과 서방교주아미타불은 관음 · 세지보살과 좌우보처로써 직접 관련이 있기 때문에 각각 양대보살로 묶어서 예배하도록 바꾸었다. 그래야 의례의 첫머리와 끝부분이 대칭이 되면서 예배하는 의미가 더 잘 드러난다고 보았기 때문이다.

4) 이 책은 주로 여러 대중과 함께 독송하는 용도로 사용되고 있다. 그렇기 때문에 경우에 따라서는 지도하는 법사스님과 대중 사이에 주고받는 형식을 염두에 두고 이 책을 저술한 부분이 있다. 따라서 이 책의 여러 곳에서는 법사스님이 하는 부분과 대중이 하는 부분과 다 같이 함께 하는 부분으로 나누어 그 역할을 각각 표기하였다.

2. 본문의 내용에 관한 문제들

1) 본문에 등장하는 여러 용어들 및 표현 가운데 어색한 부분은 그 의미가 원만하게 통하도록 용어를 풀어쓰거나 어색한 표현은 생략하기도 하였다. 그래도 해결되지 않는 전문용어 및 법수(法數)는 각권 말미에 주석을 달아서 해결하고자 하였다.

2) 한문을 한글로 직역하는 과정에서 흔히 나타나는 '능히', '가히' 등의 단어는 문장 안에서 가능성[할 수 있다]으로 표현하면서 삭제하였고, 또한 한 문장 안에 동일한 단어가 반복될 경우 문장의 의미에 손상이 가지 않는 범위 내에서 불필요하다고 생각되는 부분을 생략하였다.

3) 한문은 뜻글자이고 한글은 소리글자의 특성을 가지고 있는데 이를 고려하지 않고 직역을 하다보면 종종 문장의 의미가 잘 드러나지 않는 경우가 많다. 따라서 독송할 때 전체 문장의 의미가 잘 드러나지 않는 부분은 빠진 의미를 생각하여 첨가하였다. 즉 독송하는 가운데 되도록 전체 의미가 드러나도록 문장을 다듬었다.

차 례

아미타참법 독송전 의식

거향수찬 擧香水讚

버들가지 청정한 물

삼천세계에 두루 뿌려

팔공덕수 공한 성품으로

인간과 천상을 이익케하며

아귀들은 고통 벗어

죄와 허물 소멸하고

불길 변해 연꽃 되네.

『나무 청량지보살마하살』 (세번)

이 훌륭한 공덕으로

온 세계가 길상하여지이다.

위없이 높으신 부처님께

삼계의 중생들이 모두 귀의합니다.

나무 무량수불,
온 세계가 길상하소서.
이 경과 주문의 공덕으로
불법 보호하는 천용과 여러 산신 · 수신과
도량신장께 회향하오니,
복을 맞아 태평하고
위없는 보리 장엄하며,
온 법계의 중생들이
비로자나 성품 속에 들어가지이다.

향로에 향을 피우니
법계에 향기가 진동하고,
부처님 회상에 두루 퍼지어

가는 곳마다 상서구름 피어납니다.
정성이 지극하오니 부처님 강림하소서.

『나무 향운개보살마하살』 (세번)

이제 아미타참법을 시작하면서
보현보살을 청하옵고,
향과 꽃으로 시방 부처님께 공양합니다.

청정한 참회의 도량을 장엄하고자
먼저 비밀한 진언과 글월을 외우오니,
바라옵건대 선한 결과로 가피하시어
죄업의 업인이 소멸케 하여지이다.

넓으신 자비에 호소하오니

크게 영험을 드러내 주시옵소서.
결가부좌하신 보살이 있으니
이름은 보현이요, 몸은 백옥빛이며,
50가지 광명과 50가지 빛깔은
후광이 되어 빛나고,
몸에서는 털구멍마다
금색 광명이 흘러나오고,
그 광명 위에는 한량없는 화신 부처님이
화신 보살로 권속을 삼아,
천천히 걸어 보배꽃을 뿌리면서
행자의 앞에 이르옵니다.

타고 계신 코끼리가 입을 벌리니,
어금니 위에는 여러 못에서
옥녀들이 풍류를 연주하매,

그 소리 미묘하여
대승의 실다운 도리를 찬탄하옵니다.
행자가 보고는 환희하여 예배하고,
깊고 깊은 경전을 다시 읽고 외우며,
시방의 무량한 부처님께 두루 예배하고,
아울러 보현보살과 여러 큰 보살들에게도
예배하고 서원을 발하옵니다.

제가 만일 전생의 복덕으로
보현보살을 뵈올 수 있다면
원컨대 보현보살이시여,
기꺼이 저희에게 색신을 나타내소서.

『나무 보현왕보살마하살』(세번)

일체공경 一切恭敬

나무 상주시방불

나무 상주시방법

나무 상주시방승

저희 대중들 합장하옵고

향과 꽃으로 공양합니다.

바라옵나니

꽃과 향기 시방에 퍼져

아름답고 미묘하온 광명대 되고,

하늘세계의 풍류와 보배로운 천향과

하늘나라의 음식과 보배로운 의복과

부사의하고 오묘한 법의 티끌 속에서

티끌마다 나오는 묘한 법들이 감돌며,

장애없이 번갈아 장엄하니

시방세계 삼보전에 두루 이르고,

시방법계 삼보님 계신 곳마다

그 곳에서 내 몸이 공양 받들며,

그런 몸이 법계에 가득 찼으되

복잡도 아니하고 걸림도 없어,

오는 세상 다하도록 불사를 지어

온 법계의 중생들에게 두루 풍기고,

향기 맡은 중생들은 보리심 내어

무생법인의 부처님 지혜를 얻어지이다.

(※이렇게 관상하고 나서 꽃을 뿌리고 다시 향로를 받든다)

이 향기와 꽃구름이

시방세계에 두루 퍼져

시방삼세 부처님과 큰 법보와 보살들과

연각 · 성문 성인들과 천인들께 공양하고,
광명대를 이루어 무량세계 지나가며,
한량없는 부처님 세계에서
가지가지 불사를 짓고
중생들께 널리 풍겨
다함께 보리심을 내어지이다.

『나무 보단화보살마하살』(세번)

증명예참 證明禮懺

허망한 생각은 생멸하지만
진여의 이치는 변천하지 않고,
다라니의 공덕 헤아릴 수 없어
무주無住의 공성에 대해 사뢰옵니다.
시방법계의 삼보님과

온 세계의 천인과 용왕,
참회도량의 성인 · 범부이시여,
자비하신 마음으로 굽어 살피시오며
소원 있사와 사뢰오니
바라건대 들어주옵소서.

이러하온 저희들의 정성을 불보살께 사뢰오니, 부처님의 대원경지로 살피실 줄 믿사옵고, 향화로써 공양하며 등과 촛불 장엄하고, 저희 이제 지성 다해 아미타참법을 행하올 제 부처님의 열반바다에 의지하고, 관세음보살 대비원왕께 귀의하오니, 지은 죄업 스러지고 다시 짓지 않으오리다.
이 마음이 순일하여 법과 서로 상응하오며, 이사理事가 원융하고 행과 서원 이뤄지이다.

저희 정성 이러하오니
부처님이 감응하시오며
대자비를 바라옵나니
크신 가피 입어지이다.

천상이나 인간에게 부처님이 제일이니
시방세계 어디서나 견줄이가 가이없네.
이세간에 있는것들 하나하나 다보아도
부처님과 같은분은 하늘아래 다시없네.

아미타참법을 받자와 행하며,
지극한 마음으로 삼세 부처님께 귀의합니다.

지심귀명례 **과거 비바시불** 過去 毘婆尸佛
지심귀명례 **시기불** 尸棄佛

지심귀명례 **비사부불** 毘舍浮佛

지심귀명례 **구류손불** 拘留孫佛

지심귀명례 **구나함모니불** 拘那含牟尼佛

지심귀명례 **가섭불** 迦葉佛

지심귀명례 **본사석가모니불** 本師釋迦牟尼佛

지심귀명례 **당래미륵불** 當來彌勒佛

가장높고 미묘하고 깊고깊은 부처님법

백천만겁 지나도록 만나보기 어려워라

제가이제 다행히도 보고듣고 지니오니

부처님의 진실한뜻 모두알게 하옵소서

진리의 창고 여는 진언

『옴 아라남 아라다』(세번)

제 1 권

아미타참법 제1권

서 문

(이 아미타참법을 제정하는 데 있어서 넓으면 번거로울까 걱정되고 간략하면 그 뜻이 빠질까 염려하였습니다. 그러므로 **대중이 다같이 예참**禮懺**할 때에는 큰 글자를 중심으로 하되 상황에 따라 작은 글씨를 가감하여 독송할 것이요**, 만일 본말 인연을 자세히 알고자 할 때에는 작은 글자까지 읽으면 넓고 간략함을 고루 얻을 것이요, 나와 남이 함께 이로울 것입니다. 각 열 권이 모두 이렇게 짜여졌습니다.)

무릇 석가모니 부처님께서 인자하신 교법

을 펴시어 간곡한 말씀으로써 아미타불을 찬탄하시며, "아미타불은 인행시에 중생들을 가엾이 여기는 마음을 베푸시어 넓고 큰 마흔 여덟 가지 서원을 세우셨다."고 하셨습니다.

서원마다 중생들을 제도하시니 열여섯 가지 관문을 여셨고, 관문마다 거두어 교화하시니, 이는 물에 빠진 자를 건져 고해를 건너는 지혜의 배요, 미혹한 사람들을 인도해 윤회를 벗어나게 하는 지름길입니다.

높이 삼계를 뛰어나고 아득히 번뇌의 네 흐름을 벗어나 시방세계에서 모든 중생들을 맞아 인도하시고 아홉 등급의 연화대로써 감싸 간직하시기를 외아들처럼 하셨습니다.

또 듣건대 고금의 선비 · 승속 명인들의 감

응함이 더욱 많고 왕생한 이가 한 둘이 아니니, 가사 · 장삼 입고 삭발한 승려는 마땅히 혜원慧遠스님의 높은 가풍을 따라야 하고, 유가와 도사는 유민遺民의 청아한 궤범을 흠모해야 합니다.

계방啓芳과 회옥懷玉스님은 수명이 다하자 화신 부처님께서 돌아갈 길을 영접하셨고, 장항張杭과 오경吳瓊은 목숨이 다하자 금빛 선인이 데리고 갔으며, 선화善和는 백정의 일을 했으나 오히려 극락세계에 태어났고, 중거仲擧는 산 목숨 해치는 원수를 맺고서도 극락세계에 태어났습니다. 자비한 광명이 비추는 곳에 지옥이 없어지고 거룩한 명호를 부를 때에 하늘의 악마가 놀라서 겁을 냅니다.

부사의한 부처님의 힘과 장애없는 신통의

공덕은 한 마디 염불에 팔십억 겁의 죄업을 소멸하고 한 번 염불할 때 팔십억 겁의 공덕을 이룹니다. 그러므로 세존께서 저 극락국토의 인연이 이 사바세계의 유정들에게 있음을 관찰하시고, 특별히 왕생하는 하나의 방편문을 여시어 염불삼매에 들게 하셨습니다.

날마다 잠깐씩이라도 적은 선을 닦으면 뒷날에는 만겁의 양식이 될 것이며, 현세에는 청정한 업이 늘어나고 악연이 점점 줄어들 것이고, 사람들이 공경하고 선신들이 도우며 재앙은 물러가고 복덕은 모일 것입니다.

양씨梁氏의 딸은 눈이 멀었다가 다시 밝아졌고, 풍씨馮氏 부인은 몸에 병이 났다가 다시 쾌차했으며, 소희문邵希文은 정신이 나간 사이에 환난을 면했고, 유혜중劉惠仲은 꿈에 가위에 눌렸어도 놀라지 않았으니 이는 살아서의 효험이니, 임종할 때 황천으로 가는 것을 면하고 다시는 나쁜 업이 없을 것입니다.

덜 급하면 하루 내지 이레, 다급하면 열 마디 내지 한 마디라도 염불하면, 뚜렷하게 백옥호白玉毫의 부처님을 마주한 자신이 자금좌紫金座에 앉았음을 볼 것이며, 염라왕이 감히 부르지 못하고 화신 부처님이 몸소 오셔서 맞아 곧장 극락세계로 돌아가 영원히 어두운 길을 벗어날 것입니다.

범씨 노파는 거룩한 상이 문 밖에 계심을 보았고, 담감曇鑑은 병 속에서 연꽃을 얻었으며, 오장왕烏長王은 하늘 풍악이 허공에 가득함을 보았고, 수문후隋文后는 이상한 향기가 방안에 가득함을 보았으니 이는 모두가 왕생하는 조짐입니다.

세상을 떠나 왕생하면 자기의 이름이 귀신의 명부에서 삭제되고 지위가 부처님의 부근에 오르게 되며, 묵은 무덤에서 상서로운 빛이 솟고 뼈가 사리로 변하며, 염부제의 짧은 경관을 떠나 안락한 공양에 장수를 누리고, 연꽃 속에 태어나 극락세계에서 부용연못에 몸을 의탁하며, 관음 · 세지가 훌륭한 벗이 되어 주고 마명馬鳴 · 용수龍樹가 법우가 되어 주니, 비록 범부의 몸으로 태어났지만 그대로 물러나지 않는 불자입니다.

당나라의 선도善導는 오운당五雲堂에서 법문을 했고, 후위後魏의 담란曇鸞은 칠보방 안에 형상을 나타내었으니, 이는 죽을 때의 징험입니다.

범부는 그 마음이 약해 자신의 힘만으로는 이루기 어렵지만, 아미타불은 원력이 강하여 그의 위신력에 의지하면 성취하기 쉬우며, 나와 남이 모두 이롭고 자비와 지혜가 다같이 온전케 됩니다.

다행히 말법인 이때에 이 교법이 크게 펴져 있기에 지금 내가 짧은 소견으로써 감히 붓을 들어 양무제梁武帝의 『자비참법』을 기준하여 서툴지만 아미타교의 공덕을 찬양하고자 합니다. 천불이 갖추어 나열하였고, 모든 성인들이 빛을 발하시며, 시방의 부처님께서 힘을 모아 재앙을 녹여 주시고, 삼세의 여래께서 함께 인연이 되시어 죄를 참회해 주십니다.

아비지옥의 두려움을 없애주고, 정토의 장엄함을 말하니 삼악도의 길목에서 낱낱이 길을 돌리게 하고, 아홉 등급의 연화대 앞으로 사람마다 걸음을 재촉케 합니다. 열 권의 참법을 전파하여 삼세의 중생들을 모두 건질 것입니다.

경에 이르기를, "범어의 아미타는 번역하면 무량수 또는 무량광이요, 범어의 수마제는 번역하면 극락국 또는 안락찰이다. 이 경을 수지 독송하는 이는 과거를 위해서는 악도의 무리를 구제하고, 현재를 위해서는 복덕이 늘고 재앙이 소멸되며, 미래를 위해서는 정토의 선업을 닦게 한다."고 하셨습니다.

넓기로는 삼계를 뒤덮고 두루하기로는 사생四生을 감싸니, 십악의 업을 지은 이가 보거나 들으면 악업이 사라지고, 5무간죄를 지은 자가 예배 염불하면 죄업이 얼음녹듯 사라집니다. 모든 유정들을 인도하여 정토에 화생케 하고, 무량한 중생들을 제도하여 성불하게 합니다.

이 참법의 가피력을 입은 자는 저 부처님의 은혜를 받으리니, 한 말씀에 서방정토에 태어나 위없는 깨달음을 전해 받습니다. 끝으로 위신력으로 가호해 주시기를 청합니다.

이 『아미타참법』을 편집하는 뜻은
다섯 가지 탁하고 악한 세계에서
무량한 중생들을 건져내어
다같이 삼계의 윤회를 벗어나고
모두가 고통없는 극락에

태어나게 하려 함입니다.

생각컨대 복도 엷고 지혜도 얕고
어리석고 무지하고 문장력도 없으니
정토와 아미타불 찬양하려 하지만
흙 한 줌, 물 한 순갈로
산과 바다를 메우려는 것 같습니다.

참회법 광대한데 재주 더욱 얕으니,
부처님 높은 뜻에 어긋날까 두려워
저 이제 신구의를 깨끗이 밝히고
향을 피워 도량에서 증명을 청하옵니다.

우러러 삼세와 시방에 상주하신
아미타정토의 삼보님께 아뢰옵나니

바라옵건대 큰 자비를 베푸시어
신통과 법력으로써 은근히 가피 하소서.

관세음보살의 감로변재를 내리시어
붓을 대면 끝까지 지혜롭게 하시고
불보살과 모든 근기에 아래 위로 계합하여
이 참법 이룬 뒤에 유정들을 제도케 하소서.

중생들 보고 들어 기꺼이 받아 지녀
시방에 끝없이 널리널리 퍼져
모든 중생세계 두루 건짐이
미래 세상 다하도록 다함이 없어지이다.

십악업과 무간업을 지은 어떤 이라도
이 참법 만나면 죄업이 남김없이 소멸되고

현재 무리들 오종 공덕 갖추고
과거 무리들도 팔 해탈 얻어지이다.

임종할 때 모두가 서방세계 태어나
다함께 아미타불 뵈옵고 불도를
이루어지이다.

삼보를 청함

오늘 이 도량의 드러나거나 드러나지 않은 대중들은 삼신三身과 사지四智가 뚜렷이 밝으신 십호十號의 부처님[佛]과, 팔장八藏과 오승五乘이 미묘하신 궁극의 진리인 교법[法]과, 자비가 뛰어난 보살과 지혜가 뛰어난 보살과, 유학과 무학인 아라한[僧]과, 법계에 두루한 천룡과 허공 끝까지 가득한 현성께 우러러 아뢰옵나니, 바라옵건대 자비의 원을 버리지 마시옵고 굽어 살피시는 은혜를 내려 주시옵소서.

오늘 정토도량을 세우는 뜻은 여러 중생들에게 귀의할 곳을 보여주고 아울러 이 거룩한 모임을 통해 간곡한 정성을 표하기 위함입니다.

생각하건대 저희들 ○○는 삼계에 몸을 받아 돌아다니니 어찌 육도를 여읠 수 있으며, 한 영혼이 몸을 붙들고 표류하니 사생에서 벗어날 길이 없사옵니다.

인간에는 여덟 가지 고통이 번갈아 조여들고 천상에는 다섯 가지 쇠퇴하는 모습으로 함께 시달리오니, 대자대비하신 부처님이 아니시면 누가 참 해탈의 문을 열겠습니까? 진실로 아홉 등급의 연화대에 돌아갈 길을 닦고자, 반드시 여러 생의 악업을 참회하겠나이다.

하물며 원명한 묘체妙體는 본래 일심뿐이었는데 허망한 중생이 망녕되이 온갖 죄를 지었으니, 죄는 오직 허망에서 일어났는지라 나쁜 인연을 따라 이루어졌고, 허망함은 진실로써 제거할 수 있는지라 착한 생각을 따라 소멸할 수 있지 않겠습니까.

저희들 동업대중은 각각 다른 생각과 반연을 버리고 모두가 괴로운 윤회를 벗어나 다 함께 극락국에 태어나기를 희망하며 이제 석가세존께서 남기신 참회법문에 의지하여 불보살님과 여러 현성의 증명을 청하오니 감응하여 주옵소서. (반배)

나무 일심봉청 영산불멸 학수쌍존
南無 一心奉請 靈山不滅 鶴樹雙存

천백억화신 석가모니불
千百億化身 釋迦牟尼佛

나무 일심봉청 광명보조 수명난사
南無 一心奉請 光明普照 壽命難思

사십팔원 아미타불
四十八願 阿彌陀佛

나무 일심봉청 일생도솔 삼회용화
南無 一心奉請 一生兜率 三會龍華

당래하생 미륵존불
當來下生 彌勒尊佛

나무 일심봉청 오봉성주 칠불조사
南無 一心奉請 五峯聖主 七佛祖師

대성문수 사리보살
大聖文殊 師利菩薩

나무 일심봉청 여래장자 법계원왕
南無 一心奉請 如來長子 法界願王

대성보현보살
大聖普賢菩薩

나무 일심봉청 보문시현 원력홍심
南無 一心奉請 普門示現 願力弘深

대성관세음보살
大 聖 觀 世 音 菩 薩

나무 일심봉청 염불삼매 섭화중생
南 無 一 心 奉 請 念 佛 三 昧 攝 化 衆 生

대성대세지보살
大 聖 大 勢 至 菩 薩

나무 일심봉청 보리고광 대지굉심
南 無 一 心 奉 請 菩 提 高 廣 大 智 宏 深

청정대해중보살
淸 淨 大 海 衆 菩 薩

나무 일심봉청 시방 진허공계 일체제불
南 無 一 心 奉 請 十 方 盡 虛 空 界 一 切 諸 佛

나무 일심봉청 시방 진허공계 일체존법
南 無 一 心 奉 請 十 方 盡 虛 空 界 一 切 尊 法

나무 일심봉청 시방 진허공계 일체현성
南 無 一 心 奉 請 十 方 盡 虛 空 界 一 切 賢 聖

또 다시 이와 같은 시방 진허공계의 모든 삼보님과 한량없는 현성들을 일심으로 봉청

합니다. (반배)

오늘 이 도량의 드러나거나 드러나지 않은 대중들은 이미 삼보를 청하여 간절한 정성을 간곡히 사뢰옵고, 묵은 죄와 허물을 모두 드러내어 참회하고자 저희들은 지심으로 서방정토 극락세계 아미타불께 귀의합니다.

1. 서방의 삼보께 귀의함

(무릇 서방 삼보께 귀의한다고 함은, 우리 부처님께서 근기에 따라 진리를 보여주시고 사물에 응해 형상을 나타내시어 널리 수다라[經]를 연설하시되 치우쳐 아미타불의 국토를 찬탄하시니 비로소 인연의 기회가 모였고 감응의 도리가 어울렸습니다.

누구나 마음을 오로지 하여 서방의 아미타불을 생각하면 결정코 남섬부주에 강림하시니, 마치 섭공葉公이 용을 그렸는데 용이 나타났고 자진子晉이 봉황을 불렀는데 봉황이 왔으니, 대체로 범부와 성인의 도가 교통하는 까닭은 간절한 정성이 가만히 모였기 때문입니다.

그러므로 자은慈恩스님이 맨 먼저 십승十勝을 외쳤고, 지자智者대사는 십의十疑를 밝게 변론했고, 태백太白과 자첨子瞻은 다 같이 왕생을 권하는 노래를 지었고, 낙천樂天과 자후子厚는 똑같이 왕생을 원하는 글을 지었으니, 우담발화가 한 번 피기 위해 얼마나 오랜 겁이 걸리며 떠 있는 나무의 구멍을 만나기란 어찌 천 생 뿐이리요마는 이익은 극히 많이 얻고 드리는 공은 매우 적습니다.

그러므로 여섯 방위의 부처님께서 함께 찬탄하셨고 십찰에서 같이 선설하시니, 선설하는 주체說主가 뛰어나시고 원력이 강하며 인연이 깊고 자비가 중합니다. 정토에 태어나는 길을 알고자 하면 아미타불의 예참문으로 들어가야 합니다.)

오늘 이 도량의 동업대중들은 각각 마음을 거두어 자세히 들으십시오. 이제 모든 중생들이 무명에 마음이 가리워 정토의 길을 잃고, 삼계에 계속 집착하여 왕생을 구하지 않아 육도에 윤회하면서 생사에 표류하고 있습니다.

이렇듯 전도되고 믿음 없는 범부들을 위해 모든 경론에서 수집하여, 서방정토 극락세계에 태어나도록 중생들을 제도하는 도량에서 예참하는 법문을 닦게 하고자 합니다.

진실로 범부들은 번뇌가 무거워 탐애하고 혼미하여 죄 짓기를 마음대로 하며, 지옥의 고통이 길다는 것을 두려워하지 않고 평생을 방일하게 오직 사치와 화려함만을 즐깁니다. 닦아 나아갈 줄 모르다가 임종이 가까워서야 비로소 귀의하니, 비록 정성을 다하려 하나 마음이 어찌 집중되겠습니까. 황망한 사이에 의식을 잃으면 의지할 법이 없어 고스란히 삼악도로 들어가나니, 가엾고 불쌍하며 의지할 데도 기댈 데도 없고 나아갈 곳도 돌아갈 곳도 없습니다.

이제 우매한 이에게 믿음을 일으켜 왕생을 구하게 하고, 지혜로운 이에게 의혹을 풀고 도를 깨닫게 하나니, 우리 모두가 끝없는 옛적부터 오늘에 이르기까지 서방정토의 삼보에 귀의하는 법을 믿지 않고, 혼탁한 세상의 다섯 가지 쇠퇴함을 벗어나려 하지 않으며, 스스로의 참마음을 깨닫지 못하고 미혹을 일으켜 업을 짓되 오역죄 · 십악업 · 파재破齋 · 범계犯戒 등 온갖 불선법을 두루 지어 생사에 윤회함이 오늘에 이르렀습니다.

이는 모두가 옛부터 오늘까지 스승과 어진 벗을 깨달아 알지 못하고, 듣거나 보지 못하여 가까이하지 않으며, 경전의 가르침을 만나지 못하고 인과를 알지 못하여 망령되이 바른 법을 헐뜯되, 스스로 하거나 남을 시켜 하거나 남이 하는 것을 보고 기뻐하는 등, 업장이 움직이는 곳에서 전혀 믿고 받아들이지 않으므로 온갖 장난이 왕생의 길을 막는 인연이 되었으며, 성불할 종자[佛性]를 끊고 성인이 될 씨앗[聖胎]을 잃어 나쁜 길에서 표류하니, 미래 세상의 생사가 끊길 기약이 없고 왕생하지 못하며 해탈하지 못하였습니다.

이는 모두가 우리들의 죄업이 얽히고 설켰으며, 어리석고 전도되어 아미타불을 믿지 않고 왕생정토의 법을 믿지 않으면서 몸·입·뜻으로 업신여기고 모멸하고 꾸짖고 헐뜯되, 때로는 보거나 들으면 속으로 가벼이 여겨 비웃고 다른 이가 예배 염송하는 것을 보면 나쁜 마음으로 비방하며, 남의 좋은 일을 깨뜨리고 닦으라고 권하는 말을 긍정치 않으며, 수행자를 번거롭게 하고 삿된 스승을 찬탄하였기 때문입니다.

설사 조금 믿는다 하여도 나아가고 물러감에 망설여서 결정된 마음이 없으니, 몸은 도량에 있으나 마음은 세속 업무에 얽매이고, 입으로는 정토를 이야기하나 뜻으로는 염부제에 연연하며, 손으로는 염주를 돌리나 마음으로는 악독한 생각을 품으니, 밖의 경계는 어기고 순함이 어지러이 일어나고 안의 마음에는 사랑과 미움이 번갈아 바뀌건만 오직 헛된 말만 있고 전혀 진실된 행이 없습니다.

착한 일은 털끝만치도 쌓지 못했는데 악한 짓은 이미 산악을 이루었으니, 삼보에 귀의하는 공덕을 의지하지 않고는 다섯 가지 두려움을 제거하기 어렵습니다. 이러한 등의 죄가 한량없고 끝이 없으니, 애절하게 예배하고 참회하여 제멸해 주시기를 바라면서, 다같이 지극한 마음으로 간절하게 오체

투지하여 세간의 대자대비하신 부처님께 귀의합니다. (반배)

지심귀명례 서방정토 극락세계 **일체불보**
至心歸命禮 西方淨土 極樂世界 一切佛寶

지심귀명례 서방정토 극락세계 **일체법보**
至心歸命禮 西方淨土 極樂世界 一切法寶

지심귀명례 서방정토 극락세계 **일체승보**
至心歸命禮 西方淨土 極樂世界 一切僧寶

서방의 모든 삼보님이시여,
저희들과 중생들이 함께
지극한 마음으로 귀의하오니
원컨대 안락국에 태어나지이다.

또 다시 이와 같은 서방정토 극락세계의 모든 삼보님과 한량없는 현성께 귀의합니다.
(반배)

오늘 이 도량의 동업대중이여, 거듭 다시 정성을 다해 일심으로 자세히 들으십시오.

『무량수경』에서 미륵보살이 부처님께 아뢰되, "세존이시여, 이 사바세계에서 몇이나 되는 불퇴전보살이 무량수불 국토에 태어납니까?" 하니,

부처님께서 대답하시되, "미륵이여, 이 세계에 육십칠억의 불퇴전보살이 그 나라에 왕생할 것이니, 낱낱 보살이 이미 모든 부처님께 공양올렸고, 다음은 미륵과 같이 모든 작은 행을 닦는 보살과 적은 공덕을 닦아 익힌 자도 헤아릴 수 없으나 모두가 왕생할 것이다. 나의 국토에 있는 모든 보살들이 왕생할 뿐만 아니라 시방세계의 무량한 불국토에서도 왕생하는 자가 매우 많아 셀 수가 없

을 것이다."라고 말씀하셨습니다.

또 『상법결의경』에, "부처님께서 멸도하신 뒤 정법 오백 년은 지계견고요, 상법 일천 년은 선정견고며, 말법 일만 년은 염불견고라." 하셨고, 『법왕본기法王本記』의 「석가비문釋迦碑文」에, "부처님의 열반이 이미 이천여 년이니 말법으로 들어선 지 어언 수백여 세라." 한 것에 준하면, 요즘이 바로 중생들이 염불견고하고 아미타불이 중생들을 제도할 시기와 인연에 해당함을 족히 알 수 있으니 경에 말씀하신 것과 같습니다.

이 세계의 중생인 우리들은 근기와 인연이 익었고, 지성과 감응이 서로 응할 무렵에 이러한 참법으로써 무량수불 국토에 태어날 계기를 만났습니다. 이로써 염불하여 복덕이 생기고 예참하여 죄장이 소멸한 뒤에 정토에 나기를 구하면, 만에 하나도 실수가 없을 줄 분명히 알 수 있습니다.

부처님께서, "사바를 멀리하고 극락을 기꺼이 구하라."고 하신 말씀을 모두 다 똑똑히 믿고, 다같이 지극한 마음으로 오체투지하여 세간의 대자대비하신 부처님께 귀의합니다. (반배)

지심귀명례 시방 진허공계 **일체제불**
至心歸命禮 十方 盡虛空界 一切諸佛

지심귀명례 시방 진허공계 **일체존법**
至心歸命禮 十方 盡虛空界 一切尊法

지심귀명례 시방 진허공계 **일체현성**
至心歸命禮 十方 盡虛空界 一切賢聖

원컨대 모든 중생들과 더불어
안락국에 왕생하기를 발원하며
서방정토 아미타불께
지심귀명례합니다.

또 다시 이와 같은 시방 진허공계의 모든 삼보와 한량없는 현성께 귀의합니다. (반배)

오늘 이 도량의 동업대중이여, 『무량수경』에서 이르기를, "사바세계는 급하지 않은 일을 서로 다툰다."고 말씀하셨습니다. 이 매우 험악하고 괴로운 가운데에서도 몸을 다그쳐 업무를 경영하고서야 겨우 스스로를 살리는데, 높은 이 · 낮은 이 · 가난한 이 · 부유한 이 · 어른 · 아이 · 남자 · 여자를 막

론하고 있는 사람이나 없는 사람이나 다같이 돈과 재물을 걱정합니다.

근심하는 생각이나 쾌적함 등이 모두 걱정과 괴로움을 만들어 내고, 생각하는 잡념과 쌓인 걱정이 마음의 심부름꾼이 되어 편할 날이 없습니다. 마음으로는 항상 악한 일을 생각하고, 입으로는 항상 악한 일을 말하고, 몸으로는 항상 악한 일을 행하여 한 번도 착해진 적이 없습니다.

옛 성현의 말씀과 부처님의 경전을 공부하지 않으니, '도를 행하면 세상의 고통을 면할 수 있다'는 도리를 믿지 않으며, '죽은 뒤에 정신이 다시 태어난다'는 일을 믿지 않으며, '착한 일을 하면 좋은 과보를 얻고 나쁜 일을 하면 나쁜 과보를 받는 도리'를 믿지 않아, 마음을 닫아두고 뜻을 열지 않다가 목숨이 마치려 할 때엔 두려움과 뉘우침이 함께 이릅니다. 미리부터 착한 업을 닦지 않다가 죽음에 임해서 뉘우치니 후회한들 무슨 소용이 있겠습니까.

이러한 사람들의 처지는 다 진술할 수가 없으며 자연히 삼악도의 한량없는 고뇌가 겹겹이 싸여 여러 생 · 여러 겁에 벗어날 기약도 없고 해탈할 길도 없으니, 애통함은 말로 표현할 수 없습니다. 이것이 다섯 가지 큰 악업이며, 다섯 가지 고통이며, 다섯 가지 불길인데 그 다급함이 마치 큰 불이 우리의 몸을 태우는 것과 같습니다.

지금의 그대들, 모든 하늘 무리나 백성이나 그리고 후세의 사람들이 부처님 경전의 말씀을 듣고 깊이 생각하고, 단정한 마음으로 바르게 행하고 청정히 재계를 지니기를 하루 낮 하루 밤만 하면, 무량수불 국토에서 백년 동안 착한 일 한 것보다 뛰어날 것입니다. 그 까닭이 무엇이냐 하면, 그 부처님 국토에는 무위無爲요 자연自然이어서 모두가 갖가지 착한 업을 지은 이 뿐이요, 털끝만치의 악도 없기 때문입니다.

부처님께서, "나는 너희들 모든 하늘 무리나 인간을 가엾이 여김이 부모가 자식을 생각하는 것보다 더하다. 지금 내가 이 세상에서 부처를 이룬 것은 다섯 가지 악업을 감화시키고, 다섯 가지 고통을 녹여 제거하고, 다섯 가지 불길을 끄기 위함이다."라고 말씀하셨으니, 그대들은 각각 지극한 정성으로써 따르고 받들어야 합니다.

다같이 지극한 마음으로 오체투지하여 세간의 대자대비하신 부처님께 귀의합니다.

(반배)

지심귀명례 시방 진허공계 **일체제불**
至心歸命禮 十方 盡虛空界 一切諸佛

지심귀명례 시방 진허공계 **일체존법**
至心歸命禮 十方 盡虛空界 一切尊法

지심귀명례 시방 진허공계 **일체현성**
至心歸命禮 十方 盡虛空界 一切賢聖

원컨대 모든 중생들과 더불어
안락국에 태어나기 발원하며
서방정토 아미타불께
지심귀명례합니다.

또 다시 이와 같은 시방 진허공계의 모든

삼보와 한량없는 현성께 귀의합니다. (반배)

오늘 이 도량의 동업대중들은 앞에서 이미 사바의 다섯 가지 고통과 다섯 가지 불길의 걱정과 허물을 벗어나야 함을 밝혔으니, 다음은 극락세계를 즐거이 구하여야 합니다. 지극한 정성으로써 삼보께 귀의하고 자세히 들으십시오.

『다라니집경』에 이르기를, “그때 세존께서 비구들에게 ‘서방 안락세계에는 지금 현재 부처님이 계시는데 이름이 아미타이시다. 만일 어떤 사부대중이라도 그 부처님의 명호를 받아 지니면, 그 공덕으로 임종할 때에 아미타불이 직접 대중들을 거느리고 그 사람에게 가시어 그로 하여금 보게 하시고,

보고서 곧 다행스럽고 기쁘다는 생각을 내면 공덕이 곱이나 늘어날 것이다. 이 인연으로 태어나는 곳마다 태로 태어나는 더러운 몸을 영원히 여의고, 곱고 묘한 보배연꽃 안에 오롯이 자연스럽게 화생하여, 큰 신통을 갖추어 광명이 두루할 것이니, 그 때에 항하사 수만큼의 부처님들께서 다같이 저 안락세계를 찬탄하실 것이다.' 라고 말씀하셨습니다."

(법사) 부처님께서 아난에게 명하시어
서방의 삼보님께 예배토록 하시니
양쪽에서 아득히 보고 듣고 하였다고
『무량수경』에서 말씀하셨네.

(다같이) 『무량수경』에 이르기를, "부처님께서 아난에게 말씀하시되, '너는 일어나 가사를 단정히 하여 합장하고 공경히 무량수불께 예배하라. 시방 국토의 모든 부처님들께서도 다 항상 그 부처님의 집착 없으시고 걸림 없으심을 찬탄하시는 터이다.' 라고 하셨다.

이에 아난이 일어나 가사를 단정히 하고 똑바로 서서 서쪽을 향해 공경히 합장하고 오체를 땅에 던져 무량수불께 예배하고서, '세존이시여, 부처님의 안락국토와 모든 보살과 성문들을 보고 싶습니다.' 라고 말하니, 즉시에 무량수불이 큰 광명을 놓으시어 모든 불세계를 두루 비추셨다.

그 때에 아난이 무량수불을 뵈니 위덕이 드높으심이, 마치 수미산이 모든 세계 위로 우뚝 솟은 듯하여, 상호와 광명이 비추지 않는 곳이 없었는데, 이 모임의 사부대중도 동시에 같이 보았고 그쪽에서도 이 국토를 보되 똑같았다.

그 때에 부처님께서 아난과 미륵보살에게, '너희들은 저 국토의 땅에서부터 정거천淨居天에 이르기까지 그 안에 있는 모든 미묘하고 장엄 청정한 자연의 물건들을 보았느냐?' 고 말씀하시니, 아난이 '예, 이미 보았습니다.' 라고 말하였다.

또 '너는 무량수불께서 큰 음성으로 모든 세계에 선포하여 일체 중생들을 교화하시는 소리를 들었느냐?' 고 하시니, '예, 이미 들었습니다.' 라고 대답하였고, 또 '그 국토의 백성이 백 · 천 유순의 칠보궁전에 의지하여 걸림없이 시방세계에 두루 다니면서 여러 부처님께 공양올리는 것을 보았느냐?' 고 물으시니, '이미 보았습니다.' 라고 하였습니다." (『복자호』에서 뽑음[出服字號])

(법사) **위제희 부인이**
미래세상 중생들을 인도하여
극락국에 왕생하는 길을 구하게 하시니
『관무량수경』에서 말씀하셨네.

(다같이) 『관무량수경』에 이르기를, "그 때에 위제희 부인이 부처님을 뵈려고 스스로 영락을 풀어놓고 온몸을 땅

에 던져 슬피 울면서 부처님께, '바라옵건대 세존이시여, 저에게 근심 걱정이 없는 부처님 세계를 자세히 말씀해 주십시오. 저는 거기에 태어날 것입니다. 이 염부제는 좋아하지 않습니다. 이 흐린 세상에는 지옥 · 아귀 · 축생이 가득하고 온갖 착하지 못한 일들이 많습니다. 저는 오는 세상에는 나쁜 소리를 듣지 않고 나쁜 사람을 만나지 않게 되기를 바랍니다. 지금 세존을 향하여 오체를 땅에 던져 가엾이 여기심을 바라며 참회하오니, 바라옵건대 밝은 햇빛 같으신 부처님이시여, 저로 하여금 청정한 업이 있는 세계를 보게 하여 주십시오.' 라고 말씀드렸다.

그 때에 세존께서 미간으로부터 광명을 놓으시니 그 광명은 금빛이었다. 시방의 한량없는 세계를 두루 비추고는 다시 돌아와 부처님의 정수리에 머물러 수미산같은 황금대로 변화하니, 시방의 모든 부처님의 밝고 묘한 국토가 모두 그 안에 나타났다.

어떤 국토는 칠보가 합해 이루어졌고, 어떤 국토는 순수한 연꽃이요, 어떤 국토는 자재천궁과 같으며, 어떤 국토는 파리로 된 거울 같았다. 시방의 어떤 세계도 다 나타나니, 이와 같은 종류의 한량없이 장엄한 모든 부처님의 세계가 다 나타나서 위제희 부인이 보도록 하였다.

그 때에 위제희 부인이 부처님께, '이 모든 국토가 비록 청정하고 모두 광명이 있으나, 저는 지금 아미타불의 극락세계에 태어나기를 원하옵니다. 바라옵건대 저로 하여금 염불하게 하시고 삼매에 들게 하여 주십시오.' 라고 사뢰니, 그 때에 무량수불께서 허공에 서 계셨는데 관음 · 세지 두 보살이 좌우에 모시고 있었다.

그 때에 위제희 부인이 무량수불을 뵙자, 부처님 발에 절하고 '세존이시여, 저는 지금 부처님의 위신력으로 무량수불과 두 보살과 그 세계를 보았으나, 부처님께서 멸도하신 뒤에 모든 중생들은 흐리고 악하고 착하지 못한 다섯 가지 고통에 시달릴 것인데, 어찌하여야 아미타불의 극락세계를 뵐 수 있겠습니까?' 라고 말씀드렸다.

이에 부처님께서, '훌륭한 물음이다. 아난아! 너는 잘 받아 지녔다가 많은 중생들에게 부처님의 말씀을 널리 전하라. 여래가 지금 위제희와 말세의 모든 중생들로 하여금 서방극락세계를 관하되, 부처님의 위신력으로써 그 청정한 불국토 보기를, 마치 손에 깨끗한 거울을 들고 자기의 얼굴을 보듯 하게 하고, 또 그 국토의 극히 묘하고 즐거운 일을 보고 마음으로 기뻐하는 까닭에 즉시 무생법인을 얻게 하리라.' 고 대답하셨다.

또 부처님께서 위제희에게, '너는 범부여서 생각도 열악하고 천안통도 얻지 못했으므로 멀리 여러 부처님을 보지 못하나, 여래에게는 특이한 방편이 있으므로 너로 하여금 보게 할 수 있다.' 고 말씀하시고, 또, '위제희야! 너와 중생들은 마음을 오로지 집중하여 생각을 한 곳에 모아 서방정토를 관하라. 어떻게 관하느냐 하면, 무릇 관하려는 이는 중생들 중에서 색맹이 아니라면 모두가 해가 지는 것을 볼 것이다. 이때 관하려는 생각을 일으켜 바르게 앉아 서쪽을 향하여 지는 해를 자세히 관하되, 마음을 굳게 먹고 생각을 오로지 집중하여 흔들리지 않게 하고, 해가 지려는 모습이 마치 매달린 북과 같게 보아라. 이렇게 본 뒤에는 눈을 감거나 눈을 뜨거나 간에 모두 또렷또렷하게 할 것이니, 이것을 일상관日想觀이라 하며, 또 첫째의 관법이라 한다.' 고 말씀하셨다.

다음은 수관水觀 · 지관地觀 · 수관樹觀을 짓고, 나아가서는 하품인 제 십육관에 이르기까지 경에 널리 말씀하신 바와 같다.

그때 세존께서 이렇게 말씀하시니, 위제희 부인과 오백 시녀가 부처님의 말씀을 듣고 즉시에 극락세계의 넓고 큰 모습을 보았다. 또 부처님과 두 보살을 뵙고는 기쁜 마음을 내어 일찍이 없었던 일임을 찬탄하고 활연히 크게 깨달아 무생법인을 얻었으며, 오백 시녀도 보리심을 내어 그 국토에 태어나기를 발원했다.

세존께서는 그들 모두에게, '모두가 왕생할 것이며, 이 삼매를 행하는 이는 현재의 몸으로 무량수불과 두 보살을 뵐 것이며, 부처님의 명호와 두 보살의 이름을 듣기만 하여도 무량겁에 나고 죽고 하던 죄를 소멸할 것인데, 하물며 기억하고 생각하는 이 이겠는가? 만일 이 부처님을 생각하는 이는 인간 가운데의 흰 연꽃이니, 관음 · 세지가 그의 훌륭한 벗이 될 것이며, 반드시 도량에 앉아 부처님의 집에 태어나리라.' 고 수기하셨습니다."

(『기자호』에서 뽑음[出豈字號])

(법사) 악을 지어 일찍 죽을 사람이라도 염불하거나 공양을 올리면 그 수명이 더

늘어나리라고 『결정왕경』에서 말씀하셨네.

(다같이) 『대승성무량수결정광명왕여래경大乘聖無量壽決定光明王如來經』에 이르기를, "부처님께서 묘길상보살에게, '지금이 염부제 세계 안의 인간은 수명이 백세인데, 그 중에는 많은 이가 온갖 나쁜 업을 짓고, 또 중간에 일찍 죽는 이가 있다.

묘길상보살이여, 만일 어떤 중생이 이 경의 공덕이 뛰어남을 보거나 혹은 그 명호를 들었을 때, 그 단명할 사람이 지극한 마음으로 쓰고 받아 지니고 읽고 공양을 올리고 예배하면 그 단명할 중생이 다시 그 수명을 더할 것이요, 혹 그 명호만을 듣고 지극한 마음으로 믿어 받들고 숭상하면 이 사람도 그 수명이 더욱 늘어나리라." 고 말씀하셨습니다. (『각자호』에서 뽑음[出刻字號])

(법사) **관원의 액난에 두려워 떠는 이가 두 보살의 명호를 생각하면 두려운 액난에서**

벗어나리라고 『무량수경無量壽經』에서 말씀하셨네.

(다같이) 『아미타삼야삼불살루불단과도인도경阿彌陀三耶三佛薩樓佛檀過度人道經』에 이르기를, "부처님께서, '세간의 사람 중 어떤 선남자 · 선여인에게 급하고 어렵고 두려운 관가의 송사가 생겼을 때, 개루긍보살과 마하나발보살에게 귀명하기만 하면 벗어나지 못할 이가 없다."라고 말씀하셨습니다." (『복자호』에서 뽑음[出服字號])

(법사) **옛날에 사억의 대중들이 있어 무욕국에 태어나기 발원했더니 동시에 정토를 보게 되었다고 『단결경』에서 말씀하셨네.**

(다같이) 『십주단결경十住斷結經』에 이르기를, "그때 세존께서 각화정의삼매광명覺華定意三昧光明을 놓으시니 4억의 무리가 있어 이 상서를 보고 각각 이 세상을 싫어하는 마음이 나서, '태어난 것은 다 죽는데 모두가 인연에 의하여 여

기에 죽어서 저기에 태어나 끌리고 이어짐이 끊임이 없는 것은 물든 애욕이 근원이며, 이 물든 애욕은 다시 탐애를 말미암으니 우리들은 무욕국無欲國에 태어나야 이 각의 삼매를 닦을 수 있을 터인데…….' 라고 생각하였다.

이 때 세존께서 모인 대중들의 마음을 아시고 대중들에게, '여기서 무수한 불국토를 지나면, 부처님이 계시는 데 이름이 무량수요, 그 국토가 청정하여 음행이나 성냄, 어리석은 이가 없고 모두 똑 같이 한마음이며, 모두가 연꽃에 의해 화생할 뿐 부모의 정욕으로 인하여 태어나지 않고 순전히 동남이고 여인이 없으며, 대소변이 없고, 선열과 법락으로써 밥을 삼으며, 생각 · 기억 · 분별이 없으며, 서로가 공경하기를 부모와 같이 하니, 그 국토에 태어나기를 바라는 이는 서원을 세우도록 하라.' 고 말씀하시자, 그때 4억의 무리가 즉석에서 똑같은 마음으로 발원하되, '그 국토에 태어나기를 바라옵니다.' 라고 말하였다.

그때 세존께서 각의삼매광명으로써 그 국토와 부처님과 화생한 보살들을 비추시니, 그 국토에는 끝없이 뭇 보배가 뒤섞여 늘어서 있고 삼악도나 팔난의 고통이 전혀 없었다. 그 국토의 이러한 모습을 보자 이 4억의 무리는 그 형체와 수명에 따라 동시에 그 국토에 태어남을 얻었다."고 하셨습니다. (『능자호』에서 뽑음[出能字號])

(법사) **중생이 아미타불을 생각하면 보살이 항상 따르며 지키므로 귀신이 틈을 얻지 못한다고 『왕생경』에서 말씀하셨네.**

(다같이) 『예참의십왕생경禮懺儀十往生經』에 이르기를, "만일 어떤 중생이 아미타불을 염하면서 왕생하기를 원하면, 그 부처님께서 즉시 스물다섯 명의 보살을 보내시어 그 수행자를 보호하시되, 행 · 주 · 좌 · 와와 낮과 밤, 언제 어디서나 악귀 · 악신이 틈을 얻지 못하게 하리라."고 말씀하셨습니다. (『정자호』에서 뽑음[出丁字號])

(법사) **마음씨 착한 동녀가 이 세상이 싫어 서**

방정토에 예배하니 부처님의 힘으로써 남자로 변하였다고 『경률이상』에서 말씀하셨네.

(다같이) 『경률이상』에 이르기를, "부처님께서 사위국에 계실 적에 어느 장자의 딸이 있었는데 이름은 선신이었다. 나이 열다섯 살에 이르자 사람됨이 인자하고 효성스러우며 지혜가 넓고 활달하였다.

어릴 적부터 항상 큰 서원이 있어 세속의 일을 좋아하지 않고 홀로 앉아, '만물은 무상하여 마침내는 죽음으로 돌아간다. 사람이 만세를 산다 하여도 역시 마침내는 죽을 것이며, 천지도 무너질 것이거늘 하물며 인간의 몸이겠는가. 죽은 뒤에는 영혼이 삼악도에 들어가 혹독하고 끊임없는 고통을 받아야 할 터인데, 그 근본은 어디서 나오는가. 때로는 성냄 · 두려움 · 근심 · 걱정 등이 있었고, 때로는 기뻐함도 있었기에 이렇게 무상한 일이 있게 되었도다. 올 때의 일을 보지 못했으니, 간들 어디로 가는 것일까? 이들 무리는 가고 오는 일을 멈추지 못하도다.

생각컨대 우리 부모와 집안의 형제나 안팎의 친척들은 죄와 복을 알지 못하고 탐욕을 부리기를 싫어하지 않는구나. 내 나이 열다섯이니 다른 남자에게 허락하고는 형제들은 음식 · 주육 · 옷감을 받아먹고, 나만 가서 고통을 받게 하고 물질에 얽매여 여의지 못하게 할 것이니 어찌하여야 할까.

이렇듯 생로병사의 길을 따르는 것보다는 내가 오늘 청정하게 살면서 높은 서원으로써 후세의 편안함을 구하여 장락궁에서 스스로 즐기는 것만 못하리니, 물들고 흐린 생각으로 삼악도에 빠져 광명도 보지 못하고 오랫동안 고통과 함께 함이 옳지 못하다.' 라고 생각하고는 문득 마음을 바르게 하고서 '나의 몸과 목숨을 똑바로 붙들어 가면 당연히 신과 영이 있어 나의 정성을 알아주실 것이다.' 라고 생각하였다.

그때 천신이 허공에 나타나 선신동녀에게, '만일 서쪽의 편안하고 청정한 법국法國에 귀의하려면 우선 먼저 시방을 향하여 예배하되 인자한 마음과 공경스러운 뜻으로 염불하면 반드시 도달할 수 있으리라.' 고 말하고는 문득 사라졌다.

그때 선신동녀가 뛸 듯이 기뻐하면서 문득 목욕을 하고 향을 사르고 꽃을 뿌리고 시방을 향하여 예배한 뒤에 합장하고 속으로 염원하자, 천신이 허공에서, '너는 마음을 바르게 하고 몸은 서쪽을 향하여 이 한 구절의 게송을 읊어 아미타불을 찬탄하라.' 고 외치거늘 천신이 시키는 대로 했더니, 즉시에 부처님께서 대중을 거느리시고 선신동녀의 집에 도착하셨고, 선신은 부처님 앞에서 남자의 몸으로 바뀌어 왕생하였다."고 말씀하셨습니다.

오늘 이 도량의 동업대중이여, 다같이 지극한 마음으로 오체투지하고 세간의 대자대비하신 부처님께 귀의합니다. (반배)

지심귀명례 **교주석가모니불** 教主釋迦牟尼佛

지심귀명례 **서방아미타불** 西方阿彌陀佛

지심귀명례 **당래미륵불** 當來彌勒佛

지심귀명례 **유위불** 維衛佛

지심귀명례 **시기불** 尸棄佛

지심귀명례 **수섭불** 隨葉佛

지심귀명례 **구류진불** 拘留秦佛

지심귀명례 **구나함불** 拘那含佛

지심귀명례 **가섭불** 迦葉佛

지심귀명례 **선덕불** 善德佛

지심귀명례 **무우덕불** 無憂德佛

지심귀명례 **전단덕불** 栴檀德佛

지심귀명례 **보시불** 寶施佛

지심귀명례 **무량명불** 無量明佛

지심귀명례 **화덕불** 華德佛

지심귀명례 **상덕불** 相德佛

지심귀명례 **삼승행불** 三乘行佛

지심귀명례 **광중덕불** 廣衆德佛

지심귀명례 **명덕불** 明德佛

지심귀명례 **금강불괴불** 金剛不壞佛

지심귀명례 **보광불** 寶光佛

지심귀명례 **용존왕불** 龍尊王佛

지심귀명례 **정진군불** 精進軍佛

지심귀명례 **정진희불** 精進喜佛

지심귀명례 **보화불** 寶火佛

지심귀명례 **보월광불** 寶月光佛

지심귀명례 **현무우불** 現無愚佛

지심귀명례 **보월불** 寶月佛

지심귀명례 **무구불** 無垢佛

지심귀명례 **이구불** 離垢佛

지심귀명례 **문수보현양대보살** 文殊普賢兩大菩薩

지심귀명례 **관음세지양대보살** 觀音勢至兩大菩薩

지심귀명례 **청정대해중보살** 淸淨大海衆菩薩

또 다시 이와 같은 시방 진허공계의 모든 삼보와 한량없는 현성께 귀의합니다. (반배)

오늘 이 도량의 동업대중들은, "바라옵건대 제자 ○○는 지금으로부터 정각의 도량에 앉을 때까지, 사바의 다섯 가지 고통과 다섯 가지 불에 탐을 여의고 극락세계를 즐거이 구하여 삼보에 귀의하오니, 원컨대 서방정토에 왕생하기를 바라옵니다."

이렇게 발원을 마치고는 서방정토의 모든 삼보님께 귀의합니다.

〈제 1권 끝〉

〈주註〉

3신 __ 부처님의 세 가지 몸으로 법신, 보신, 화신을 말한다. 법신法身은 영원한 우주의 이법理法, 또는 부처님께서 깨달은 진리를 인격화한 몸[비로자나불]을 말하고, 보신報身은 수행을 완성하여 받은 이상적인 원만한 덕을 갖춘 부처님[아미타불], 화신化身은 중생을 구제하기 위해 변화한 몸으로 나툰 부처님[석가모니불]으로 응신應身이라고도 한다.

4류 __ 4폭류四暴流라고도 하는데 네 가지 번뇌의 격한 흐름을 말한다. 이 4류가 좋은 일을 격하게 떠내려 보낸다는 것을 비유한 것이다. ①욕欲폭류; 욕계에서 일으키는 번뇌로 중생을 생사에 윤회케 하는 근본 원인, ②유有폭류; 색계와 무색계의 번뇌, ③견見폭류; 삼계의 견혹見惑 중 4성제마다 그 아래에서 일어나는 신견身見과 변견邊見 등의 그릇된 견해, ④무명無明폭류; 삼계의 4성제와 수도修道에서 일어나는 어리석음의 번뇌.

4지 __ 유식학에서 수행을 통해 네 가지 식을 변화시켜 얻은 부처님이 갖추신 네 가지 지혜를 말한다. 즉 부처님은 수행을 통해 제8 아뢰야식을 전환하여 대원경지大圓鏡智로, 제7말라식을 전환하여 평등성지平等性智로, 제6 의식을 전환하여 묘관찰지妙觀察智로, 전오식을 전환하여 성소작지成所作智를 증득하였다고 한다.

5대악 __ 다섯 가지 악으로 다른 생명을 죽이는 것, 다른 이의 물건을 훔치는 것, 삿된 음행을 하는 것, 거짓말, 음주. 또는 유교의 인의예지신인 오상五常과 반대로 행동하는 것이고, 우리의 참마음[自性]을 위배하는 가장 큰 죄업이다.

5소 ___ 다섯 가지 악을 범한 과보로 사후에 악도로 들어가는 것으로 이 고통은 마치 큰불에 타는 것과 같다고 하여 다섯 가지 불탐이라고 하였다.

5승 ___ 사람들을 운반하여 이상의 세계에 도달시키는 다섯 종류의 가르침, 또는 그 대상으로 인승人乘, 천승天乘, 성문승聲聞乘, 연각승緣覺乘, 보살승菩薩乘을 말한다.

5통 ___ 다섯 가지 악을 범한 것에 대한 현세의 과보로 나라로부터 죄[벌]를 받는 것.

8장 ___ 부처님이 설하신 법문을 8종으로 나눈 것. ①태화장; 부처님이 태胎 안에서 화현하신 일을 설한 처태경處胎經 ②중음장; 죽은 후 아직 태어나지 않은 중유中有 때를 설한 중음경中陰經 ③마하연방등장; 화엄경, 법화경, 열반경 등의 대승 경전 ④계율장; 부처님이 제정하신 대소승 출가 재가의 계율 ⑤십주장; 십지보살의 인행因行을 닦아 과를 증득하는 내용의 대승경전 ⑥잡장; 3승과 인천人天 등의 인행을 닦아 과를 증득하는 것을 설한 경전들 ⑦금강장; 등각等覺보살의 금강유정金剛喩定의 모양을 말한 것 ⑧불장; 일체 부처님께서 설하신 법문과 신통력으로 변화하여 중생을 교화하신 일을 설한 것.

오종공덕 ___ 정토에 왕생하여 얻는 다섯 가지 공덕으로 ①근문近門; 부처님의 깨달음에 가까이 감 ②대회중문大會衆門; 성스러운 무리들의 동료로 들어감 ③택문宅門; 수행을 완성함 ④옥문屋門; 법열을 얻음 ⑤원림유희지문園林遊戲地門; 중생을 인도함.

제 2 권

아미타참법 제2권

2. 의심을 끊고 믿음을 냄

(아, 중생들은 의심이 많고 배움이 적으며, 업장이 무겁고 복은 가벼워 만일 이끌어 주는 글이 없다면 어떻게 서방정토에 왕생하기를 구하는 법을 알겠습니까. 지금 방편으로 문답과 주객[主賓]을 시설하여 의심을 결단하고 믿음을 내게 하겠습니다.)

오늘 이 도량의 동업대중이여, 앞에서 시방 삼보께 귀의하기를 마쳤으니, 다음은 의

심을 끊고 믿음을 내어야 합니다.

중생들이 무시 이래로 지금에 이르도록 갖가지 의혹을 내어, 정토에 나기를 구하려 하지 않고, 설령 정토에 나고자 하더라도 법문을 몰라 잡다한 선만 많이 닦아 인간과 천상의 번뇌를 끊지 못하며, 화보인과花報因果가 윤회를 벗어나지 못하고 그 생사를 받아 고뇌가 한량없으므로, 이들 네 중생들을 위하여 이제 여러 성현의 가르침 중에서 중생들의 갖가지 의혹을 차단할 것을 가려내어 하나하나 풀이하겠습니다.

『칭찬소』에서, "인因은 단지 하루 내지 칠일만 닦아도 과위는 영원히 아비발치[不退轉地]를 얻는다."고 말씀하셨는데, 이와 같은 경계는 사람의 이목을 놀라게 합니다. 부처님께서 계실 때나, 혹 정법 중에는 중생들의 복이 훌륭하고 믿음과 지혜가 깊고 두터워 부처님께서 한번 말씀하심을 듣고 믿어 의심치 않으나, 상법과 말법 중에는 중생들의 복이 열등하고 믿음과 지혜가 얕아서 이와 같은 법을 들으면 곧 의심을 하고 비방합니다.

이런 까닭으로 석가세존께서 이 경을 말씀하실 때에 시방의 10항하사 같은 모든 여래께서 크게 신통 변화를 나타내시고 진실된 말씀을 하시어, 세존께서 말씀하신 것이 잘못이 아님을 증명하셨는데도 지금 믿음이 없는 자가 서방정토의 업을 닦는다는 말을 듣고는 삿되다고 물리쳐 버리니, 정법을 비방하는 죄가 어찌 두렵지 않다고 말하겠습니까.

무릇 삼보의 제자는 마땅히 오직 부처님 말씀 믿기를 마치 신하가 왕의 말을 믿듯이, 자식이 아버지의 교훈을 믿듯이 하여야 합니다. 만약 믿지 않는다면 어찌 충신 효자라는 이름을 얻을 수 있겠습니까. 사부대중이 다같이 부처님을 스승으로 삼으면서 부처님 말씀을 믿지 않으면 불자가 아니며, 이는 곧 악마의 권속이니, 이와 같은 사람은 깊이 두려워해야 합니다.

모든 중생들이 경의 말씀을 깊이 믿지 못하고 이런 의심을 갖는 것은, 모두 무명에 의한 미혹으로 전도된 생각을 망령되게 일으키기 때문이고, 의혹으로 인해 삼악도에 떨어질 것이니, 후회해서 무엇하겠습니까. 대중들은 마땅히 부처님 말씀에 의지해서 가르침대로 수행할 뿐 의심하지 마십시오.

우리가 무시 이래로 지금까지 지녀온 모든 의혹과 중죄 업장을 만약 참회하여 제거하지 않는다면 왕생할 길이 없으니, 마땅히 각각 사람마다 머리에 타는 불을 끄듯 예참을 구하여 속히 청정케 하여 아직 짓지 않은 죄는 감히 다시 짓지 않도록 하며, 서로 지심으로 오체투지하고 세간의 대자대비하신 부처님께 귀의합니다. (반배)

지심귀명례 **교주석가모니불** 教主釋迦牟尼佛

지심귀명례 **세자재왕불** 世自在王佛

지심귀명례 **서방아미타불** 西方阿彌陀佛

지심귀명례 **십항하사수구지불** 十恒河沙數俱胝佛

지심귀명례 **동방현재일체제불** 東方現在一切諸佛

지심귀명례 **부동불** 不動佛

지심귀명례 **산당불** 山幢佛

지심귀명례 **대산불** 大山佛

지심귀명례 **산광불** 山光佛

지심귀명례 **묘당불** 妙幢佛

이와 같은 항하사처럼 수많은 부처님들이 동방에 계시면서, 불정토에서 각기 삼천대천세계에 두루 미치도록 진실한 말씀으로 법을 설하십니다. '너희 중생들은 불가사의한 공덕의 칭찬', '모든 부처님이 한결같이 보호함' 이라고 하는 이 법문을 믿으라고.

지심귀명례 **문수보현양대보살** 文殊普賢兩大菩薩

지심귀명례 **관음세지양대보살** 觀音勢至兩大菩薩

지심귀명례 **청정대해중보살** 淸淨大海衆菩薩

또 다시 이와 같은 시방 진허공계의 모든 삼보와 한량없는 현성께 귀의합니다. (반배)

오늘 이 도량의 동업대중이여, 마땅히 마음과 귀를 기울여 자세히 듣고 의심과 장애를 없애며, 심신이 해탈하여 삼악도를 벗어나기를 원하고 아홉 등급의 연화대에 나기를 구하십시오.

과거 생사의 세월을 헤아리기 어려우니, 한량없는 미래의 윤회를 어떻게 다하겠습니까. 오직 세 가지 마음으로 뜻을 격려하여 십념의 공을 이루기 바랍니다. 이곳에 나는 인연이 이미 다하면 저 세계에 묘한 경계가 즉시 나타납니다. 상서로운 구름 뒤로 청정한 무리들을 받들고 앞에서 영접하면, 찰나에 바로 왕생하게 되어 아승지겁 동안 항상 극락에 머무릅니다. 이제 의심을 끊고 믿음을 내는 길을 차례로 말하겠습니다.

『칭찬소』에서 "어떻게 입으로 부르고, 마음으로 생각하면 바로 서방정토에 왕생하게 됩니까?"라고 물으니 대답하기를, "마음은 부처님의 경계를 인연하여 항시 생각하여 잊지 않고 입으로는 부처님의 명호를 부르면 내외가 상응하리라.

만약 아미타불을 한 번 칭념하면 팔십억 겁 생사의 죄업을 소멸할 수 있고, 팔십억 겁의 훌륭한 공덕을 성취할 수 있다. 한 구절이 이럴진대 하물며 십 · 백 · 천 · 만 구절은 어떠하겠는가. 이와 같이 하루 · 한 달 · 일 년 · 일생동안, 가거나 멈추거나 앉거나 눕거나 항상 주야로 정근하면 어떤 죄의 더러움이 소멸되지 않을 것이며, 어떤 공덕이 증장하지 않겠는가. 어떤 원인 때문에 극락국에 나지 못하며, 어떤 연유 때문에 아미타불을 뵙지 못하겠는가.

비유하면, 어린 아이가 두려운 것이 있어 그 부모를 부르면, 부모가 자비로운 마음으로 자식의 부르는 소리를 듣고 모든 일을 제쳐두고 급히 와서 구하여 보살피는 것과 같다.

지금 오탁악세의 중생들이 항상 생로병사와 삼악도와 같은 고통의 핍박이 심하여, 이미 이것을 알고 곧 놀라고 두려워하여 진실한 마음으로 소리 높여 저 부처님의 명호를 칭념하며 보살펴 주기를 구하면, 아미타불께서 천이통이 있으시므로 반드시 멀리서 들으시고, 천안통으로써 반드시 멀리서 보시며, 타심통으로써 반드시 멀리서 아신다.

부처님의 자비로우심은 인간 부모들의 어리석은 사랑과는 달라, 중생 보시기를 평등하게 한 자식과 같이 하시고 반드시 몸소 오시어 자비를 베풀어 인도해 주신다. 그런 까닭으로 서방 무량수불의 원력이 깊고 진중하여 항상 광명상호로써 중생들을 섭화하신다.

우리 불자는 이제 이미 부처님의 본래의 원력에 상응하였다. 이치가 반드시 이와 같으니 의심하는 생각을 내지 말라. 만약 모든 중생들이 지성스런 마음으로 일 념·십 념을 하루 또는 칠 일간 하면 부처님의 원력을 받아 모두 왕생하게 된다."고 하였습니다.

오늘 이 도량의 동업대중이여, 마땅히 용맹심勇猛心·은중심殷重心·지성심志誠心·결정심決定心·불퇴전심不退轉心을 내어 오체투지하고 세간의 대자대비하신 부처님께 귀의합니다.

(반배)

지심귀명례 **교주석가모니불** 敎主釋迦牟尼佛

지심귀명례 **서방아미타불** 西方阿彌陀佛

지심귀명례 **당래미륵불** 當來彌勒佛

지심귀명례 **용시불** 勇施佛

지심귀명례 **청정불** 淸淨佛

지심귀명례 **청정시불** 淸淨施佛

지심귀명례 **사류나불** 娑留那佛

지심귀명례 **수천불** 水天佛

지심귀명례 **견덕불** 堅德佛

지심귀명례 **전단공덕불** 栴檀功德佛

지심귀명례 **무량국광불** 無量掬光佛

지심귀명례 **광덕불** 光德佛

지심귀명례 **무우덕불** 無憂德佛

지심귀명례 **나라연불** 那羅延佛

지심귀명례 **공덕화불** 功德華佛

지심귀명례 **문수보현양대보살** 文殊普賢兩大菩薩

지심귀명례 **관음세지양대보살** 觀音勢至兩大菩薩

지심귀명례 **청정대해중보살** 淸淨大海衆菩薩

또 다시 이와 같은 시방 진허공계의 모든 삼보와 한량없는 현성께 귀의합니다. (반배)

『결의집』에서 묻기를, "단지 자신의 참된 성품을 깨달으면 곧 생사를 벗어난다고 하였는데, 어찌 저 부처님을 칭념하여 다른 곳에 태어나기를 구합니까?" 답하되, "다른 사람의 마음을 분명히 알아 성인과 범부를 측량하여 올바른 깨달음이 아니면 수기하기가 어려우니, 진실로 수행하는 사람은 마땅히 스스로 자세히 살펴야 합니다. 마치 사람이 물을 마심에 차고 따뜻함을 스스로 아는 것과 같습니다.

모든 인자는 자기의 행해行解를 관찰해 견성하여 깨달아 여래의 수기를 받고 조사위祖師位를 이으면 이는 마명馬鳴・용수龍樹보살과 같지 않겠습니까. 걸림없는 변재를 얻고 법화삼매를 증득한다면 지자대사와 같지 않겠습니까. 종설宗說을 다 통하고 수행하여 이해를 겸비한다면 혜충국사慧忠國師와 같지 않겠습니까.

이와 같은 대사들은 모두 가르침을 밝게 내려 왕생을 깊이 권하고 있는데, 대개 이것은 자기도 이롭게 하고 남도 이롭게 하는 것입니다. 어찌 남을 그르치고 자신도 그르치겠습니까. 하물며 부처님이 금구金口로 정토를 간절히 찬탄함이겠습니까. 옛날의 현인들이 우러러 부처님의 가르침을 따랐으니 잘못이 없습니다.

또 마땅히 스스로 헤아려야 합니다. 목숨이 다하려 할 때, '생사 거주가 결정코 자재한가?' '무시 이래의 악업과 무거운 업장이 앞에 나타나지 않겠는가?' '이 일보신一報身이 반드시 윤회를 벗어날 수 있는가?' '천상과 인간 시방세계에 마음대로 의탁하여 결정코 막히고 걸림이 없겠는가?' '만약 분명히 스스로 믿어 도달하게 되면 어떤 선행이 이와 같겠는가?' 만약 아직 그렇게 되지 못했으면 일시에 높은 데 이른 듯 하다가 오히려 영겁토록 악도로 떨어지니 스스로 좋은 이익을 잃지 마십시오. 장차 다시 누구를 탓하겠습니까.

아, 애닯구나. 탄식한들 무슨 소용이 있겠습니까. 고덕古德이, '유위有爲는 비록 의식적으로 버린다 하더라도 수행의 결과를 이루지 못하고, 무위無爲는 곧바로 도달한다 하더라도 성인의 과위를 이루기 어렵다. 찰나에 도를 깨닫는 것은 오랜기간 동안의 갈고 닦음을 필요로 하고, 몰록 마음을 깨닫는 것은 반드시 방편으로 만행을 닦아야 한다.' 고 말씀하였으니, 이 말은 진실합니다.

지금 말세의 한가한 무리는 배움은 적고 의심은 많아 망령되이 억지 말을 하여 자기도 그르치고 남도 그르치니 가련하다."고 하겠습니다.

오늘 이 도량의 동업대중이여, 서로 지심으로 오체투지하고 세간의 대자대비하신 부처님께 귀의합니다. (반배)

지심귀명례 **교주석가모니불** 敎主釋迦牟尼佛

지심귀명례 **서방아미타불** 西方阿彌陀佛

지심귀명례 **당래미륵불** 當來彌勒佛

지심귀명례 **연화광유희신통불** 蓮花光遊戲神通佛

지심귀명례 **재공덕불** 財功德佛

지심귀명례 **덕념불** 德念佛

지심귀명례 **선명칭공덕불** 善名稱功德佛

지심귀명례 **홍염제당왕불** 紅燄帝幢王佛

지심귀명례 **선유보공덕불** 善游步功德佛

지심귀명례 **보화유보불** 寶花游步佛

지심귀명례 **보련화선주사라수왕불**
寶 蓮 花 善 住 娑 羅 樹 王 佛

지심귀명례 **투전승불** 鬪戰勝佛

지심귀명례 **선유보불** 善游步佛

지심귀명례 **주잡장엄공덕불** 周匝莊嚴功德佛

지심귀명례 **문수보현양대보살** 文殊普賢兩大菩薩

지심귀명례 **관음세지양대보살** 觀音勢至兩大菩薩

지심귀명례 **청정대해중보살** 淸淨大海衆菩薩

또 다시 이와 같은 시방 진허공계의 모든 삼보와 한량없는 현성께 귀의합니다. (반배)

(대중) **문 시방이 다 정토이거늘 어찌 유독 서방정토만을 가리킵니까?**

(법사) **답 뛰어난 교주가 강력한 서원을 내셨으므로 모든 경전들이 함께 찬탄하고 받듦이니라.**

(다같이) 『십의론十疑論』 제 4 권에서 말하였습니다. "염불하여 한 불국정토에 나기를 구하는 것은 마찬가지인데, 어찌하여 시방의 불국토중에서 한 부처를 염하지 않고 오로지 서방의 아미타불만을 염하라 하십니까?" 라고 물으면, "범부는 무지하여 감히 자기 마음대로 하지 못하고 오로지 부처님 말씀만을 따릅니다. 그러므로 오직 아미타불만을 염하라는 것입니다.

어떻게 부처님이 설하셨는가? 석가모니 큰 스승님께

서 한평생 동안 행하신 성스러운 가르침에는 곳곳마다 중생들에게 오직 전심으로 아미타불만을 염하여 서방 극락세계에 나기를 구하라."고 권하셨습니다. 『무량수경』과 『관무량수경』 등의 일흔여섯 가지 인연에서 은근히 서방극락세계에 나기를 구할 것을 가르치고 있습니다.

또한 『원왕생경』에서 말하는 것을 살펴보면 "보광보살이 부처님께, '시방이 다 정토인데 세존께서는 어찌하여 오로지 서방의 아미타정토만을 찬양하시어 왕생토록 하십니까?' 라고 묻자, 부처님께서 보광보살에게 말씀하셨습니다. '염부제 중생들은 마음이 매우 혼탁하고 어지럽기 때문에 서방의 극락정토만을 오로지 찬양하여, 모든 중생들이 한 곳에 전심하여 쉽게 왕생할 수 있게 하기 위해서이니라.' 고 하셨습니다."

만약 모든 부처님을 염한다면 염불의 경계가 넓어 마음이 산만하여 삼매를 이루기 어려우니, 그 때문에 왕생을 얻지 못합니다. 또 부처님의 법성은 다르지 않기 때문에 한 부처님의 공덕을 얻음과 모든 부처님의 공덕을 얻음은 다르지 않습니다. 이 때문에 아미타불을 염하는 것은 곧 일체불을 염하는 것이고, 한 정토에 나는 것은 곧 모든 정토에 나는 것입니다.

그러므로 『화엄경』에서는, “모든 부처님의 몸은 곧 하나의 몸체이며, 일심一心 · 일지혜一智慧와 역力 · 무외無畏도 역시 그러하다.”고 말씀하셨고, 또, “비유하면 밝은 보름달이 모든 물에 비치는 그림자는 비록 한량없으나 본래의 달은 둘이 아닌 것과 같다.”고 말씀하셨습니다. 이와 같은 무애지로써 등정각을 이루어 모든 것을 나타내 보이시나 부처님의 몸은 둘이 아닙니다.

(대중) **문 지난 세월의 악업은 무겁고 열 번 염한 공덕은 가볍지 않습니까?**

(법사) **답 천 년의 많은 나무더미도 한 번의 불로써 재로 변합니다.**

(다같이) 『십의론十疑論』 제 8 권에서 말하였습니다. “중생이 무시 이래로 무량한 악업을 지어 지금 한 모습으로 태어나서 선지식을 만나지 못하면, 또 다시 온갖 죄를 지어 짓지 않는 악이 없을 터인데, 어떻게 임종할 때 열 번

염하면 곧 왕생하여 삼계를 벗어난다고 할 수 있으며, 지은 업은 어떻게 벗어날 수 있습니까?"라고 하면, "중생은 무시 이래로 선악업의 종류가 많고 적음과 강하고 약함을 아울러 알지 못합니다. 단지 임종시에 선지식을 만나 십념을 성취한 사람은, 지난 모든 세월의 선업이 강하여 비로소 선지식을 만나 십념을 성취하는 것입니다. 만약 악업이 많은 사람은 선지식을 만나지도 못할 터인데 어떻게 십념성취를 논할 수 있겠습니까.

또 그대가 무시 이래의 악업이 무겁고 십념은 가볍다고 하는 것은 이제 이치로써 세 가지로 비교해 보면, 가볍고 무거움이 일정치 않아 시절이 오래고 가깝고 많고 적음에 있지 않습니다.

무엇을 세 가지라고 하는가? 첫째는 마음에 있고, 둘째는 인연에 있고, 셋째는 결정하는 데 있습니다.

마음에 있다는 것은 죄를 지을 때는 스스로 허망한 망상을 따르고, 염불할 때는 선지식을 따라 아미타불의 진실한 공덕과 명호를 듣는 것이 허하고 실함을 어찌 서로 비교할 수 있겠습니까. 비유하면 만년 동안 어두웠던 방에 햇빛이 잠깐 비치면 어둠이 문득 사라지는 것과 같으니, 어찌 오래된 어둠이라 해서 소멸할 수 없겠습니까.

인연에 있다는 것은 죄를 지을 때는 마음이 어리석음을 따라 허망한 경계에 묶여 전도되고, 염불할 마음이 날 때는 부처님의 청정하고 진실한 공덕과 명호를 따라 위 없는 깨달음에 인연하니, 진실과 거짓이 어찌 서로 비교될 수 있겠습니까. 비유하면, 독화살을 맞은 사람이 화살이 깊이 박혀 독이 퍼져 피부가 상하고 뼈가 부서지려고 하는데, 한 번에 독이 제멸되는 약이 있다는 소리를 듣고 치료하면 곧 화살이 빠지고 독이 제거되는 것과 같으니, 어찌 화살이 깊이 박혀 독이 퍼졌다고 하여 뽑히지 않겠습니까.

결정하는 데에 있다는 것은 죄를 지을 때에는 머뭇거리는 마음과 뒤를 돌아보는 마음이 있고, 염불할 때에는 머뭇거리고 뒤돌아 보는 마음이 없어 드디어 수명이 다할 때 선한 마음이 맹렬하고 날카로워 그 때문에 곧 왕생하는 것이니, 비유하면 열 겹의 밧줄을 천 명의 남자가 끊지 못하지만, 동자가 칼 한 번 휘두르면 순간에 두 조각이 되는 것과 같습니다. 또 천 년동안 쌓은 섶이 작은 불씨를 만나면 잠깐 동안에 타서 없어지는 것과 같고, 또 평생 십선업을 닦아 마땅히 하늘 나라에 태어나야 할 사람이라도 임종할 때 삿된 견해를 한 번 일으켜 곧 아비지옥에 떨어지는 것과 같습니다.

악업은 허망하나 맹렬하고 날카로운 까닭에 오히려 일생 동안의 선업을 밀어내어 악도에 떨어뜨릴 수 있으니, 하물며 임종시에 맹렬한 마음으로써 염불하여 진실로 간격이 없으면 어찌 선업이 무시 이래의 악업을 밀어내어 정토에 날 수 없겠습니까.

또 한 번 염불하면 팔십억 겁의 생사의 죄를 멸한다고 하는 것은, 염불할 때 마음이 맹렬하고 날카로우므로 악업을 굴복시켜 소멸하여 반드시 왕생하기 때문이니, 모름지기 의심하지 마십시오. 옛부터 서로 전하기를 '십념이 다른 때에 성취된다' 고 하는 것은 반드시 옳지 않다." 고 하였습니다.

또 『나선경』에서 말하였습니다. "국왕이 나선스님에게 '사람이 세간에서 백 살까지 악을 짓고도 임종시에 염불하여 죽은 후에 불국토에 나게 된다는 것을 나는 믿지 못하겠습니다.' 라고 하자, 나선스님이, '백 개의 큰 돌을 배 안에 실으면 배로 인하여 돌이 가라앉지 않는 것과 같아, 비록 본래의 악업이 있다고 하더라도 한 번의 염불로 지옥 중에 빠지지 않습니다. 아무리 작은 돌이라도 가라앉는 것은 배에 싣지 않았기 때문이니, 마치 사람이 악을 짓되 염불할 줄을 몰라 문득 지옥에 들어가는 것과 같으니, 또 무슨 의심이 있겠습니까?' 라고 대답하였습니다."

(대중) **문 세속에 얽매인 범부들이 어떻게 저 극락세계에 날 수 있습니까?**

(법사) **답 제 힘으로는 다겁생이 걸리나, 부처님 위신력으로는 짧은 시간이 걸립니다.**

(다같이) 『십의론十疑論』 제 5 권에서 말하였습니다. " 범부는 악업이 두텁고 무거워 모든 번뇌가 조금도 끊어지지 않았으며, 서방정토는 삼계를 벗어나 있는데, 세속에 얽매인 범부가 어떻게 그곳에 태어날 수 있다고 하십니까?" 라고 물으니, "두 가지 인연이 있는데, 첫째는 자력

이요, 둘째는 타력입니다.

『십주비바사론』에서, '이 세상에 도를 닦는 두 가지 종류가 있으니, 첫째는 난행도難行道이고, 둘째는 이행도易行道이다.' 라고 말하였습니다. 난행도란 오탁악세에 있으면서 한량없는 부처님을 만나 불퇴전지를 구하여도 얻기가 매우 어려운 것입니다. 그 어려움은 아무리 말하여도 다함이 없으나, 그 다섯 가지를 대략 서술하면, 첫째는 외도의 선善과 비슷하여 보살법을 어지럽히는 것이고, 둘째는 무뢰악인이 저 뛰어난 덕을 무너뜨리는 것이고, 셋째는 선한 과위를 전도하고 맑은 행을 허무는 것이고, 넷째는 성문은 자신만을 이익되게 하여 대자비에 장애가 되는 것이고, 다섯째는 오직 자력만 있고 타력이 없는 것으로, 마치 절름발이가 종일 걸어도 몇 리 가지도 못하고 고생만 심하게 하는 것과 같습니다. 이와 같은 것을 자력이라고 합니다.

이행도란 부처님의 가르치심을 믿고 염불삼매를 닦아 정토에 나기를 원하여, 아미타불의 원력으로써 마침내 반드시 극락정토에 나게 되는 것입니다. 마치 사람이 강물을 건널 때, 배의 힘에 의지하여 잠깐 사이에 천만 리를 가는 것과 같습니다. 이와 같은 것을 타력이라고 합니다. 만약 속세에 얽매인 범부가 왕생하지 못한다고 말하는 것은 절름발이가 멀리 가지 못하는 것과 그 의미가 같습니다. 논論에서 또, '열등한 사람이라도 전륜왕을 따라 하루에 사천하를 주행하니, 이것은 자기의 힘이 아니라 전륜왕의 힘이다.' 라고 말하였습니다."

이제 자기 마음의 믿음을 들어 석가모니 부처님의 가르침의 배에 올라, 방편의 가벼운 돛을 펴고 정진의 바른 키를 잡고, 여러 성인들이 인도하여 맞이하는 길을 따라 아미타불의 원력의 바람을 타고 염불삼매의 법배를 타고 가면, 극락정토의 피안에 흘러 도달하게 됩니다.

(대중) **문 천궁의 즐거움도 적지 않거늘 어찌 굳이 서방정토만 권하십니까?**

(법사) **답 천상은 다섯 가지 쇠퇴하는 모습과 열 가지 열등함이 있어 영원하지 못합니다.**

(다같이) 『자은통찬慈恩通讚』에서 말하였습니다. "미륵불의 천궁도 쾌락이 적지 않아 훌륭한 사람들이 매우 많은데, 어째서 오직 굳이 서방정토만을 권하십니까?"라고 물으면, "도솔천은 인간세상보다 뛰어나나 서방정토보다는 열등합니다. 뛰어남과 열등함이 이미 다르니 피차가 각기 다릅니다. 서방정토에 나기를 권하는 것은 열등함을 버리고 뛰어남을 구하라는 것입니다. 뛰어남과 열등함에 다름이 있다는 것은 서방정토에는 열 가지 뛰어남이 있고 천궁에는 열 가지 열등함이 있습니다.

서방정토의 열 가지 뛰어남은 첫째, 화생하여 거처하는 곳이 뛰어남이요, 둘째, 화생하여 수명이 긴 뛰어남이요, 셋째, 국토가 삼계에 얽매이지 않는 뛰어남이요, 넷째, 정토에는 욕망이 없는 뛰어남이요, 다섯째, 여자가 살지 않는 뛰어남이요, 여섯째, 수행에서 물러나지 않는 뛰어남이요, 일곱째, 정토에는 더러움이 없는 뛰어남이요, 여덟째, 국토가 장엄한 뛰어남이요, 아홉째, 염불하는 중생을 섭수하는 뛰어남이요, 열째, 열번 염불하면 왕생하는 뛰어남입니다.

천궁의 열 가지 열등함은 첫째, 거처하는 국토가 열등

함이요, 둘째, 화생하여 수명이 짧은 열등함이요, 셋째, 삼계에 얽혀 속박된 열등함이요, 넷째, 그 천상에는 욕망이 있는 열등함이요, 다섯째, 남자와 여자가 섞여 사는 열등함이요, 여섯째, 수행에서 물러남이 있는 열등함이요, 일곱째, 더러운 곳으로 깨끗하지 못한 열등함이요, 여덟째, 국토의 장엄이 열등함이요, 아홉째, 염불을 잘해도 중생을 섭수함이 없는 열등함이요, 열째, 수행이 수고롭고 고달픈 열등함입니다.

또 천궁은 비록 수명이 사천 살이나, 이미 명이 다하려 할 때에는 다섯 가지 쇠한 모습이 나타나나니, 첫째, 머리 위의 꽃이 시드는 모습이고, 둘째, 겨드랑이에서 땀이 나는 모습이며, 셋째, 일어나 앉은 것이 불편한 모습이요, 넷째, 기력이 쇠미해져 모든 하늘들이 그 권속들을 격려하는 모습이고, 다섯째, 마음이 들뜨고 소란스러워지는 모습입니다. 이러한 열 가지 열등함과 다섯 가지 쇠퇴함이 있는 까닭에 극락세계에 나기를 권하는 것입니다."

또 "모든 하늘이 묘하게 즐겁고 수명은 겁으로 길어 족히 수행할 만하니, 선을 쌓은 사람들은 스스로 초월하고 또 아수라와 용과 귀신과 같은 삼악도의 악한 무리들도 틀림없이 고통을 없애고 중생들을 이롭게 할 수 있을 터인데, 어째서 오로지 극락에 나기만을 힘써 구하라고 하십니까?"라고 물으면, "욕계의 여러 하늘은 묘한 즐거움에 탐착하여 탐욕과 술에 취하고, 동쪽을 보면 서쪽을 잊어 미혹에 탐착하여 방일한 이가 많으며, 발심하여 선을 닦는 이는 적어 복이 다하면 공중에 쏜 화살처럼 떨어집니다. 색계의 여러 하늘은 비록 홀로 행하여 교제는 없으나, 몸 때문에 받는 장애를 다 없애지 못하였고, 무색계천 역시 윤회를 벗어나지 못합니다.

이러한 사실을 경전에서 판별하기는 어렵습니다. 부대사傅大士는 '팔만 겁을 지나도 마침내 공무空無에 떨어진다.'고 말하였고, 또 『능엄경』에서, '열 가지 선류仙類가 천만세를 살면서, 깊은 산이나 큰 바닷속 섬에서 조용히 쉬며 사람의 경계와 떨어져 있으나 과보가 다하면 다시 여러 갈래로 돌아간다.'고 말하였으니, 오직 서방정토 일문一門만이 성현과 벗이 되어 찰나 사이에 삼계를 초월하고 영원한 즐거움을 얻습니다. 그러므로 극락국은 삼계에 얽매이지 아니하여 뛰어나다"고 하였던 것입니다.

(대중) **문 도솔천에 나기를 좋아하면 내원內院에서 돌아옴이 없지 않습니까?**

(법사) **답 돌아오지만, 사자각같은 이는 외원外院에서 오히려 탐착하고 미혹했습니다.**

(다같이) 『십의론十疑論』 제 7 권에서, "미륵보살이 일생보처에서 곧 성불할 것이니, 상품의 십선행을 닦아 저곳에 태어나면 미륵보살을 볼 것인데, 어째서 모름지기 서방정토에 나기만을 구하십니까?"라고 물으니, 대답하기를, "도솔천에 나기를 바라는 것과 이치는 비슷한 것 같으나, 자세히 비교하면 우열이 큽니다. 먼저 두 가지를 논하겠습니다. 첫째는 비록 십선을 수지하나 도솔천에 태어나지 못할까 두려우니, 이런 사실은 어떻게 알 수 있는가. 『미륵상생경』에, '삼매를 많이 수행하여 선정에 깊이 들어가야 비로소 미륵정토에 태어나게 된다.' 고 하였고, 다시 다른 방편이 없으니 정토로 이끄는 뜻에 있어

'아미타의 본원력과 광명력으로 단지 염불하는 중생들이 있으면, 다시 거두어 버리지 않는 것' 과는 같지 못합니다.

둘째는 석가모니 부처님께서 계실 때에 부처님을 뵙고도 거룩한 과위를 이루지 못한 중생들이 항하사같이 많은 것처럼, 미륵부처님께서 출세하실 때에도 역시 거룩한 과위를 이루지 못하는 사람이 많습니다. 그러나 아미타정토에는 태어나기만 하면 모두 무생법인을 얻어, 한 사람도 삼계에 떨어져 생사업의 속박을 받지 않습니다.

또 『서국전西國傳』에서 말하는 것을 들으면, 도솔천에 나기 위해 수행하는 보살이 셋이 있었는데, 한 사람은 무착無着이고, 또 한 사람은 세친世親이고, 다른 한 사람은 사자각師子覺이었습니다. 서로 약속하여 말하기를, '먼저 도솔천에 태어나서 미륵부처님을 뵙게 되면 곧 와서 서로 알리자.' 고 하였는데, 사자각이 먼저 죽었으나 수년 동안 소식이 없었습니다. 다음에 세친이 죽어, 2~3년이 지나자 마침내 와서 알리기를, '천궁은 날이 길어, 자기가 도솔천에 나서 미륵부처님께 예배하고 그 설법을 듣고 곧 와서 알려주는 것인 데도 벌써 3년이나 지났다.' 고 하였습니다. '사자각은 어찌 되느냐?' 고 물으니, '도솔천 외원에 태어나 천상의 즐거움에 연연하고 탐착하여 아직 부처님을 뵙지 못했다.' 고 하였습니다. 이렇게 보살의 몸으로 수행하여 도솔천에 태어났으면서도 오히려 천상락에 연연하고 탐착하여 부처님을 뵙지 못하는 자가 있다."고 하였습니다.

이는 윤회의 근본이며 이것으로 도솔천은 닦기 어렵고 떨어짐이 있으며, 서방은 닦기도 쉽고 떨어짐도 없는 것과는 비교할 수 없음을 알 수 있습니다.

또 『백련집선사찬훼의白蓮集先師讚毁疑』 제4권에서 "자은법사는 '천불을 한 번에 만들었다.' 고 하였고, 『상생경소上生經疎』에서는 내원을 찬탄하여 '천궁에 태어나는 데 일곱 가지 쉬움이 있고, 정토에 태어나는 데는 열 가지 어려움이 있다.' 고 하였는데, 거룩한 스승의 말이 반드시 남을 그르치지 않아야 하거늘 이같이 잘 살피지 않는 것은 어찌된 일입니까?"라 하니, 화회和會가 "그대는 『자은상생소慈恩上生疏』만 알고 『자은통찬소慈恩通讚疏』는 모르는구료. 저 『통찬소』에서 '정토에는 갖가지 뛰어남이 있고 천궁에는 열 가지 열등함이 있다.' 고 하여 오히려 사람들에게 정토에 나기를 구하라고 권하였습니다. 거룩한 스승이 짓는 바가 어찌 서로 어긋나겠습니까. 대개 근기에 따라 가르침을 펼쳐 각기 방편을 보인 것이니, 이는 세존께서 친히 설하신 『아미타경』 등의 경전에서 서방에 나기를 권하시고, 또 『상생경』을 말씀하시어 내원에 나기를 권하신 것과 그 뜻이 무엇이 다르겠습니까. 중생들의 근기와 인연이 같지 않으니, 불국토를 섭수하는 것 또한 다릅니다.

(비유하면 만약 어떤 사람이 남쪽에 일이 있어 배를 준비하고 오월吳越로 가려 하여 여행할 준비를 하고 길을 물으면, 지혜로운 사람은 묻는 데 따라 대답할 것이니, 어찌 엉뚱하게 오히려 육지의 편리함이나 진촉秦蜀의 이로운 점만 칭찬하겠습니까. 이렇게 하면 더욱 의혹하고 당황하여 이익을 얻지 못합니다. 모든 것에 통달한 사람은 원하는 대로 돌아갈 곳을 알고, 견식이 얕고 의심이 많은 사람은 억지로 모순을 만드니, 이것이 소위 제호가 맛이 좋다고 세상에서 칭송하나, 그러한 사람들에게는 거꾸로 독약이 되는 것과 같습니다. 널리 후세의 사람들에게 권하여 좁은 소견으로 불도를 의심하고 비방하여 스스로 고

통의 인연을 맺지 않도록 깊이 경계하고 깊이 경계하라.” 고 대답하였습니다.

또 낭사공대사郎司空大師의 『염불삼매의念佛三昧儀』에서 흥종 황제興宗께서 어서를 내려 “금세의 범부가 서방 극락세계에 나기를 구하는 것이 합당한가?”라고 물으셨습니다. 내가 외람되이 “사람이 이 세상에 있는 것이 객이 여관에 있는 것과 같아서 설령 백년을 살더라도 마치 일순간과 같습니다. 육근根은 육진 밖의 분식坌識을 입어 세 가지 불을 만나 안으로 타는데, 하물며 탐할 만한 실제의 즐거움이 없고, 헛꽃이 있을 뿐인데 무엇을 연연하겠습니까?

그러므로 동서의 현철들이 끊임없이 이어받아 부지런히 힘써서, 이 세상에 거처하는 것을 싫어하고 생각생각에 부처님의 경지로 나가기를 즐겨하여, 더러는 위로 미륵부처님께 기도하여 천궁에 가기를 원하거나, 서방의 아미타불께 기도하여 정토에 나기를 구합니다. 이 모두가 범부를 뛰어넘는 지름길이고 성인에 들어가는 중요한 관문으로서, 만약 그 경지에 이르면 한 곳에서 다름을 보고, 보신과 화신이 함께 빛납니다.

더러는 자기 마음에 따라 판단하는데, 두 가지 뜻이 비록 다르다고 하나 쉽고 어려움은 양쪽이 다 구비하여, 이 도솔천이 화토化土라 하여 반드시 쉬운 것이 아니고, 저 정토가 보토報土라 하여 반드시 어려운 것이 아닙니다. 『도솔경兜率經』에 '다른 곳에서 와서 모인 여러 대보살들이 천관天冠에 머문다.' 하였으니, 만약 도솔천에 화생하기를 구하면 일곱 가지 쉬움이 있고, 도솔천에 보생하려 하면 어려움이 많습니다. 도솔천은 보토에도 통하고 화토에도 통하므로, 그곳에 나기를 구하는 데는 쉬움과 어려움이 있습니다.

서방정토도 두 가지가 있는데, 하나는 화정토化淨土로, 경에서 범부와 이승에게도 태어나기를 허락하고 있고, 또 하나는 보정토報淨土이니, 여인과 이승二乘이 없다고 하였습니다.

만약 보불정토報佛淨土에 나기를 구하고자 하면, 『상생경소上生經疏』에 의거하여 열 가지 어려움이 있고, 화불정토化佛淨土에 나려 하면, 여러 경설에 의하여 도리어 열 가지 쉬움이 있습니다. 첫째, 아미타불의 서원이 지중하여 태어나기가 쉬운 것이고, 둘째, 극락이 거부하지 않아 태어나기 쉽다고 『무량수경』에서 말씀하셨고, 셋째, 시방의 모든 부처님께서 섭수하시니 쉽다고 『칭찬정토경』에서 말씀하셨고, 넷째, 동방의 한 부처님께서 도우시어 이루기 쉽다고 『약사본원경』에서 말씀하셨고, 다섯째, 두 분의 대성자께서 오시어 영접하시니 쉽다고 『무량수경』에서 말씀하셨고, 여섯째, 여덟 분의 대보살께서 인도하여 가시니 쉽다고 『약사경』에서 말씀하셨고, 일곱째, 열 가지 원을 봉행하니 태어나기가 쉽다고 『화엄경행원품』에서 말씀하셨고, 여덟째, 한 가지 경을 베껴쓰면 왕생하기 쉽다고 『결정광명경』에서 말씀하셨고, 아홉째, 선을 회향하면 왕생할 수 있으니 쉽다고 『대보적경』에서 말씀하셨고, 열째, 조금만 염불하여도 왕생하게 되니 쉬운 것이라고 『관무량수경』에서 말씀하셨습니다. 극락정토는 보토에도 통하고 화토에도 통하므로 그곳에 태어나려 하는 데에도 어려움과 쉬움이 있습니다.

지금 황제 폐하께서 사람 중에 태어나시어 왕위에 계시니, 금세의 과보를 가지고 전세의 인행을 징험할 수 있는 것이므로 틀림없이 이미 전세에 큰 보리심을 내셨고 반드시 보살행을 닦으셨을 것입니다. 비록 바깥 경계가 강하고 정으로써 방일하여 때때로 어긋날 때도 있었겠으나, 믿음을 구축하여 뜻을 굳건히 하시고 생각생각마다 항상 그 선리善利를 생각하시어 일찍이 이미 보살계를 받으셨고, 금년에 다시 근주계近住戒를 온전히 받으셨습니다. 아울러 항상 여덟 보살을 염하시고 또 항상 대비심을 지니시고 여러 곳에서 선리를 넓게 지으시어, 절을 지으시고 경을 출판하시며 스님들께 공양을 베풀어 복을 지으시니, 만약 곧바로 보신불의 정토에 나기를 구하신다면 이것은 실로 어려울 것이나, 단지 서방화토에 나기를 구하시고 화신무량수불을 뵙기를 원하신다면, 이치가 매우 상응하여 분수를 넘지 않을 것입니다.

경전이나 주석서소에서 말한 바에 의하면, 만약 부처님의 계율을 하루 내지 칠일 동안 받아지니고, 부처님과 스님을 모시고 탑을 세우고 절을 짓고 경을 쓰고 불상을 조성하고 여덟 보살을 염하고 대비심을 지니며, 이 모든 것으로써 서방 극락세계에 태어나기를 회향 발원하면, 모두가 소원대로 왕생하게 되며, 왕생하고 나면 곧 무량수불과 여덟 보살을 뵙게 되고 무상도에서 다시는 퇴전치 않고, 삼악도에 떨어지지 않아 그간의 모든 고뇌가 아울러 없어지고 부귀와 장엄은 이루 말할 수가 없다고 합니다. 오직 모름지기 믿으시어 부지런히 염불하고 의심하지 않으시면, 나아가기도 물러서기도 하실 것입니다." 라고 하였습니다. 이러한 말은 다른 여러 경에서도 알 수 있습니다.)

(대중) **문 미륵불의 용화회龍華會에서 때를 만나면 역시 벗어날 수 있지 않겠습니까?**

(법사) **답 오십육억 칠천만 년 후에 하생할테니 너무 늦지 않습니까.**

(다같이) 『염불경』에서, "당래 미륵보살께서 하생하실 때 세 번에 걸쳐 설법하시어 모든 중생들을 제도하고 아라한과를 얻게 하신다고 하셨는데, 어찌하여 그곳에 나기를 원치 않고 아미타정토에 나기를 구하라고 하십니까?"라고 물으니, 대답하기를, "미륵불께서 아직 하생하시지 않으셨는데 어찌 알 수 있는가. 『상생경』에서 '석가

모니 부처님께서 열반하신 후 오십육억 칠천만 년이 지나서야 비로소 하생하신다.' 고 하였고, 또 『하생경』에서는, '바닷물이 모두 삼천 유순에 이르러야 미륵부처님께서 마침내 출현하신다.' 고 하였으며, 『법왕본기法王本記』에 의거하면 석가모니 부처님께서 열반하신 후 비로소 2천여 년이 되었으니, 미륵부처님의 하생은 헤아리기 어렵고 기다릴 수 없습니다. 중생들은 수명이 짧은데 고통의 바다에 빠져 많은 겁 동안 고통을 받으면서 미륵부처님을 만나지 못할까 두렵습니다. 지금 아미타불께서는 현재 극락세계에 계시면서 설법하시어 중생들을 널리 제도하시니, 서방에 귀의하여 일찍 도의 과위를 증득하라." 고 말씀하셨습니다.

오늘 이 도량의 동업대중이여, 다같이 지극한 마음으로 오체투지하고 세간의 대자대비하신 부처님께 귀의합니다. (반배)

지심귀명례 **교주석가모니불** 敎主釋迦牟尼佛

지심귀명례 **서방아미타불** 西方阿彌陀佛

지심귀명례 **당래미륵불** 當來彌勒佛

지심귀명례 **보광불** 普光佛

지심귀명례 **보명불** 普明佛

지심귀명례 **보정불** 普淨佛

지심귀명례 **다마라발전단향불** 多摩羅跋栴檀香佛

지심귀명례 **마니당불** 摩尼幢佛

지심귀명례 **환희장마니보적불** 歡喜藏摩尼寶積佛

지심귀명례 **일체세간낙견상대정진불**
一 切 世 間 樂 見 上 大 精 進 佛

지심귀명례 **마니당등광불** 摩尼幢燈光佛

지심귀명례 **혜거조불** 慧炬照佛

지심귀명례 **해덕광명불** 海德光明佛

지심귀명례 **금강뢰강보산금광불**
金 剛 牢 强 普 散 金 光 佛

지심귀명례 **대강정진용맹불** 大强精進勇猛佛

지심귀명례 **대비광불** 大悲光佛

지심귀명례 **자력왕불** 慈力王佛

지심귀명례 **자장불** 慈藏佛

지심귀명례 **전단굴장엄승불** 栴檀窟莊嚴勝佛

지심귀명례 **현선수불** 賢善首佛

지심귀명례 **선의불** 善意佛

지심귀명례 **광장엄왕불** 廣莊嚴王佛

지심귀명례 **금강화불** 金剛華佛

지심귀명례 **보개조공자재왕불** 寶蓋照空自在王佛

지심귀명례 **허공보화광불** 虛空寶華光佛

지심귀명례 **유리장엄왕불** 琉璃莊嚴王佛

지심귀명례 **보현색신광불** 普現色身光佛

지심귀명례 **부동지광불** 不動智光佛

지심귀명례 **항복중마왕불** 降伏衆魔王佛

지심귀명례 **재광명불** 才光明佛

지심귀명례 **지혜승불** 智慧勝佛

지심귀명례 **미륵선광불** 彌勒仙光佛

지심귀명례 **문수보현양대보살** 文殊普賢兩大菩薩

지심귀명례 **관음세지양대보살** 觀音勢至兩大菩薩

지심귀명례 **청정대해중보살** 淸淨大海衆菩薩

또 다시 이와 같은 시방 진허공계의 모든 삼보와 한량없는 현성께 귀의합니다. (반배)

(대중) **문** 고통이 싫어 극락에 나려 한다면 어찌 이것이 자비입니까?

(법사) **답** 다른 사람의 병을 고치려면 먼저 자신이 의사가 되어야 합니다.

(다같이) 『십의론十疑論』 제1권에서 말하였습니다. "모든 부처님과 보살들께서 대비심으로써 업을 삼으시는데, 만약 중생들을 구하려 하신다면, 다만 삼계에 태어나 오탁삼도 중에서 고통받는 중생들을 구하실 것이지, 어찌하여 정토에 나서 스스로 그 몸을 편안히 하려 하시고 중생들을 버리십니까. 이는 대비심이 없이 오로지 자기 이익만을 위한 것이어서 보리도에 장애가 되지 않습니까?" 라고 물으니, "지자대사가 보살에는 두 종류가 있다고 했는데, 첫째는 오랫동안 보살도를 수행하여 무생법인을 얻은 보살이니, 진실로 지금 물음에 해당됩니다.

둘째는 아직 무생법인을 얻기 전에 다시 돌아온 이와 초발심의 범부입니다. 범부보살은 항상 부처님을 떠나지 않고 인욕의 힘을 성취하여야 바야흐로 삼계에 있으면서 악한 세계에서 고통받는 중생들을 구제합니다. 그러므로 『대지도론』에서는 '세간에 얽매인 범부가 대비심을 가지고 악세에 태어나기를 원하여 고통받는 중생들을 구하는 그러한 일은 없다.' 고 했습니다. 왜냐하면 악한 세상에는 번뇌는 강하고 자신의 인내력은 없으므로, 마음이 경계를 따라 움직이고 소리와 모습에 얽매여 자기도 삼악도에 떨어지거늘 어찌 중생들을 구제할 수 있겠습니까.

가령 사람으로 태어나 국왕이나 대신이 되어 부귀가 자재하고 또 설령 선지식을 만난다 하더라도, 믿지 않고 탐욕스럽고 미혹하고 방일하여 많은 죄를 지으면 삼악도에 떨어집니다. 한 번 삼악도에 떨어지면 무량겁을 지나 지옥에서 나와도 가난하고 천한 몸을 받는데, 만약 선지식을 만나지 못하면 다시 지옥에 떨어지나니, 이와 같이 윤회하여 오늘에 이른 것입니다.

그러므로 『유마경』에서는, '자신의 병도 치료하지 못하면서 어떻게 다른 환자를 치료할 수 있느냐?' 고 하였고, 또 『대지도론』에서는, '비유하면 두 사람이 있어, 각각 친척이 물에 빠졌을 때 한 사람은 정에 급급하여 바로 물에 들어가 구하려 하지만 방편이 없어 둘 다 죽게 되고, 또 한 사람은 방편이 있어 배나 뗏목을 가지고 와서, 그것을 타고 가까이 가서 구하니 둘 다 빠져 죽는 것을 면하게 되는 것과 같다.' 고 말하였습니다. 신발의보살新發意菩薩도 역시 이와 같아서 인욕의 힘을 얻지 못하면 중생들을 구할 수 없습니다. 그러므로 항상 모름지기 부처님을 가까이 하여 무생법인을 얻고 나서야 비로소 중생들을 구할 수 있는 것이 마치 배를 얻는 것과 같다."고 하였습니다.

(대중) **문** **임종시 부처님께서 나타나실 때 삿된 것인지 바른 것인지 어떻게 알겠습니까?**

(법사) **답** **하늘의 악마는 감히 나타날 수 없으므로 이는 부처님이십니다. 그러니 다시 의심하지 마십시오.**

(다같이) 『백련집白蓮集』에서 말하였습니다. "좋은 경계가 나타날 때 그것이 일정하지 않습니다. 더러는 삿되고 더러는 올바른 것이니, 임종시 나타날 때 어떻게 판별합니까? 이것을 진실로 알 수 없다면 어떻게 버리고 취하겠습니까?"라고 물으니, "염불해서 왕생하는 사람은 모든 부처님의 호념을 받으므로 악마가 감히 나타나지 못하나니, 나타난 것은 부처님의 경계입니다. 그러므로 모든 부처님의 공덕을 칭송하고 드날리는 것입니다. 경에, '만약

무량수여래의 명호를 듣고 일심으로 즐겨 믿어 지녀 외우고 송념하면, 그 사람은 당연히 한량없는 복을 얻고 영원히 삼악도의 액난을 멀리 여읜다.' 고 하였습니다. 목숨이 다하려 할 때, 일심으로 즐겨 믿고 염하여 잊거나 버리지 않으면, 아미타불께서 여러 비구들을 데리고 그 사람 앞에 오시나니, 악마가 끝내 이러한 정각의 마음을 무너뜨리지 못합니다. 왜냐하면, 불세존께서 대비심을 내시어 한량없는 모든 중생들을 다 제도하시겠다고 서원하셨고, 또 다시 시방세계 모든 중생들을 호지하시기 때문" 이라고 하였습니다.

(대중) **문 수많은 사람이 화생하려 하니 아미타 부처님께서 어찌 두루 아시리요?**

(법사) **답 하늘에 뜬 달이 모든 곳을 비추는 것과 같습니다.**

(다같이) 『용서문龍舒文』에서, “수행 정진하는 사람은 목숨이 다하려 할 때 부처님께서 보살과 함께 오시어 영접하신다고 하는데, 시방세계에 수많은 중생들이 정진하고 있다면, 어떻게 모두 그 때를 아시고 가셔서 영접하실 수 있습니까?”라고 물으니, 답하기를, “부처님 몸은 달 그림자가 여러 물에 비치는 것과 같습니다. 물이 맑으면 나타나는 것이므로 전과 후, 가고 옴이 없습니다.

그러므로 옛 사람이, ‘큰 서원을 가지신 성인께서 정토에서 오시지만 오시되 실은 옴이 없고, 마음이 깊은 범부가 정토에 가서 나지만 가되 실은 감이 없어, 저 성인이 이곳에 오시지 않으시고 이 범부가 저곳에 가지 않아도 범부와 성인이 서로 만나 교제한다.’ 고 말하였습니다.

아미타불의 광명은 커다란 보름달과 같아 시방에 두루 나타납니다. 물이 맑고 고요하면 달 전체가 나타나는데, 이는 달이 물을 따라 오는 것이 아니고, 물이 탁하고 요동치면 달은 온전히 비칠 수가 없는데, 이는 달이 물을 버리고 가는 것이 아닙니다. 물에 맑고 탁함과 움직임과 고요함이 있을 뿐, 달에는 취하고 버리고 가고 옴이 없다.” 고 하였습니다.

(대중) **문 십만억 불토 떨어진 먼 서방길을 어떻게 돌아가리오.**

(법사) **답 꿈에서도 만리를 가나니, 부처님 위신력을 의지함에서라.**

(다같이) 『십의론十疑論』 제 9 권에서 말하였습니다. "서방은 이곳에서 십만억 불토 떨어져 있으니 못나고 약한 범부가 어떻게 도달할 수 있겠습니까?"라고 물으니, "그것은 범부의 육안을 대하여 생사의 마음으로써 헤아려 말하는 것입니다. 서방이 여기에서 십만억 불토 떨어져 있지만 정토업을 이룬 중생들에게는 임종시 그 마음이 곧 정토에 태어나는 마음이므로, 마음念을 움직이면 곧 태어나니 모름지기 의심하지 마십시오."

또, 『아미타초阿彌陀鈔』에 이르기를, "『관무량수경』에서 '서방이 멀지 않다.' 고 하였습니다. 그런데 서방이 이곳에서 십만억 불토 떨어져 있으니, 이제 멀지 않다고 한 것은 무슨 말입니까?"라고 하니, "두 가지 뜻이 있으니 하나는 '왕생하기에 멀지 않다' 는 뜻으로, 『관무량수경』에서, '손가락 튕기는 사이에 저 국토에 태어난다.' 고 한 것이고, 또 하나는 '서로 영접하기에 멀지 않다' 는 뜻으로 경에서, '수명이 다하려 할 때 아미타불께서 여러 성중과 함께 그 앞에 나타난다.' 고 한 것입니다. 멀고 가까운 것은 상대적인 것이어서 믿고 염하면 가깝고 믿지 않으면 멀다." 고 하였습니다.

(대중) **문 살생죄를 지었다면 원한의 업을 어찌 풀겠습니까?**

(법사) **답 왕생성불하면 모두 제도하여 해탈시키리니 다시 의심 마십시오.**

(다같이) 『용서문龍舒文』에서 말하였습니다. 묻기를, "임종할 때 선을 지어 문득 왕생한다면 어찌 미리 여러 훌륭한 업을 닦겠습니까?" 라고 하니, "정토에 태어나 도를 얻은 뒤에는 모두 온갖 원한과 친분을 벗어나니, 원망을 원망으로써 갚는다면 어찌 서로가 벗어날 날을 기약할 수

없겠습니까?"라고 하였습니다.

(대중) **문 임종시 열 번 염해서 왕생한다면 어찌 미리 닦아 지니겠습니니까?**

(법사) **답 목숨은 길고 짧아 열 가지 횡액을 당할까 알 수 없습니다.**

(다같이) 『자은통찬慈恩通讚』에서 말하였습니다. "임종 때 선을 지어 문득 왕생한다면 왜 미리 여러 훌륭한 업을 닦겠습니까?"라고 물으니, "사람의 수명은 길고 짧음을 알 수 없습니다. 더러는 병이 들어 혼미하거나, 더러는 때가 아닌데 갑자기 죽어, 미리 생전에 지은 선업이 없으면 후세의 재앙을 피하기 어렵습니다. 미리 선연을 지으면 아마 이러한 허물을 막을 수 있을 것입니다.

『군의론群疑論』에서, '임종시 염불할 수 없는 열 가지 경우가 있다.' 고 하였는데, 첫째, 좋은 친구를 만나지 못한 경우이고, 둘째, 병이 몸을 얽어 염불할 경황이 없는 경우이고, 셋째, 풍을 맞아 말을 못하여 부처님 명호를 부르를 수 없는 경우이고, 넷째, 미처 정신이 나가 쏟아지는 생각들을 억누를 수 없는 경우이고, 다섯째, 물에 빠지거나 불에 타서 지성으로 염불할 겨를이 없는 경우이고, 여섯째, 갑자기 승냥이나 여우를 만났으나 도울 친구가 없는 경우이고, 일곱째, 임종 때 나쁜 친구가 그 믿는 마음을 깨뜨리는 경우이고, 여덟째, 너무 많이 먹어 혼미한 중에 죽는 경우이고, 아홉째, 전투 중에 갑자기 윤회를 받는 경우이며, 열 번째, 갑자기 높은 벼랑에서 떨어져 다쳐 죽는 경우입니다. 이와 같은 경우에는 임종을 기다려 십념을 할 수 없다."고 하였습니다.

(대중) **문** **연꽃 속에 태어날 때 고통과 즐거움을 어찌 알겠습니까?**

(법사) **답** **야마천**夜摩天**에 있는 것처럼 즐거움이 한량없습니다.**

(다같이) 『백련집』에서 말하였습니다. "연꽃 속에서 고통을 받는지 즐거움을 받는지 모르지 않습니까."라고 물으니, "연꽃 속에 있을 때는 도리천과 야마천에서 받는 쾌락과 같습니다. 그러므로 『보적경』 제18권에서, '비유하면 삼십삼천 · 야마천 등 팔백 유순 혹은 오백 유순 떨어진 궁전 안에서 즐겁게 노는 것과 같다.' 고 하였습니다. 내가 극락 세계에 태어난 사람을 보니 야마천 궁전에 있는 것 같다."고 하였습니다.

(대중) **문 지혜로운 이는 마음이 곧 부처인데 어리석은 이가 왕생을 바라는 것 아닙니까?**

(법사) **답 근기의 인연은 날카롭기도 무디기도 하여 근기 따라 가르침을 줍니다.**

(다같이) 『적조집寂照集』에서 말하였습니다. "『육조단경』에서는, '대개 어리석은 이가 자성을 분명히 알지 못하여

몸 속에 부처가 있는 줄 모르고, 서방에서는 동방을 바라고 동방에서는 서방을 바라지만 깨달은 이는 오직 한 곳에 처한다.' 고 말씀하셨고, 지공誌公스님은 '지혜로운 이는 마음이 곧 부처인 줄을 알고, 어리석은 이는 서방에 왕생하기를 애착한다.' 고 말하였습니다. 만약에 과연 정토에 왕생하는 것이 참되고 바른 법문이라면, 무슨 까닭으로 두 대사가 다릅니까?"라고 물으니, "부처님의 설법에는 숨기고 드러냄이 있고, 가르침에는 방편과 실제가 있고, 사람의 근기에는 날카롭고 둔함이 있으며, 때때로 조사 스님은 긍정법과 부정법[抑揚]을 사용하여 중생들을 가르칩니다.

비유하면 병이 다르면 처방도 다른 것과 같습니다. 지금 열병이 나서 몸이 달아올라 바야흐로 크게 광란할 때, 훌륭한 의사가 있다면 반드시 한기를 다스리는 약으로써 치료할 것입니다. 어찌 유석계부乳石桂附가 한기를 없애 병을 낫게 하는 효능이 있다 하여 물리쳐 버리겠는가. 편벽된 견해를 가진 사람은 한기를 다스리는 약이 열을 다스리는 효능이 있다는 소리를 듣고, 마침내 유석계부乳石桂附를 영원히 쓰지 않겠다고 하니, 어찌 잘못이 아니겠습니까.

6조스님은 다만 심인을 전했을 뿐이고, 지공스님은 대승이 곧바로 사람의 마음임을 가리켜 견성성불하게 하는 것을 찬양한 것입니다. 당시 사람들은 부처와 법을 모두 부정하고 문자를 세우지 않는 이치를 아직 믿어 받아들이지 못했는데, 어찌 또 염불하여 왕생을 구하라고 가르치겠습니까. 원만한 근기를 가진 통달한 선비는 진실로 의심이 없을 것이나, 법을 구하는 초심자는 정말 망설이게 될 것입니다. 단지 언어가 뜻하는 취지를 알고 그 언어는 잊어 두루 통하여 분명히 알아서 스스로 모순이 없게 하라."고 하였습니다.

(대중) **문** **무상無想은 열반이요, 유상有想은 어리석음이 되지 않습니까?**

(법사) **답** **십육관법에 머무르면 누가 감히 부처님 말씀에 의심을 내리요.**

(다같이) 『백련집』에서 말하였습니다. 『반주삼매경』에

서, "'이 내 마음이 부처를 이루고 이 내 마음이 부처를 본다. 마음에 생각이 있으면 어리석음이 되고 생각이 없으면 열반이다.' 라고 하였는데, 지금 생각을 일으켜 부처님을 염하니 어찌 어리석지 않겠습니까?"라고 물으니, "근기와 가르침에 차별이 있어, 거룩한 뜻을 측량하기 어렵습니다. 방편에는 '긍정법 · 부정법으로 다양하여 글이 가리키는 것이 하나가 아니므로, 더러는 이치에 나아가 정을 차단하여 유상有想을 따르는 것이 모두 잘못이다' 말하고, 더러는 '경계를 가리고 대응하여 행함에 모름지기 거스르고 따름을 분명히 하여, 따르면 착하고 깨끗한 생각이고 거스르면 나쁘고 물든 생각이라' 말하며, '만약 깨끗한 생각으로써 선을 생각하면 선한 모습이 나타나고, 물든 생각으로써 악을 생각하면 악한 모습이 나타난다' 고 합니다. 그러므로 『방등현호경』에서는 '악하여 여자를 생각하면 꿈에 여자를 보고, 선하여 부처님을 생각하면 꿈에 부처님을 뵌다' 고 했습니다. 지금 두 가지 생각이 이름은 같으나 선악이 서로 하늘만큼 떨어져 있으니, 생각을 전부 싫어하는 것은 옳지 않습니다. 정말로 싫어한다면 부처님을 거스르고 법을 비방하는 것입니다.

부처님을 거스른다면 불자가 아니고, 법을 비방한다면 시방 지옥에 들어갈 것이니, 어찌 신중하지 않겠습니까. 하물며 이 관법은 삼세 모든 부처님의 정업正業과 정인正因이고, 모든 범부가 성인을 이루는 근본 토대[聖胎]가 되니 어찌 경솔히 따르지 않겠습니까?"라고 하였습니다.

(대중) **문** **논論에서, '여인은 극락세계에 날 수 없다.' 고 했지 않습니까?**

(법사) **답** **연지에 닿자마자 바뀌어 남자가 됩니다.**

(다같이) 『백련집』에서 이르기를, 논에서, "'여인이나 근기가 모자란 사람은 정토에 날 수 없다' 고 하였는데, 어떻게 태어날 수 있습니까?"라고 물으니, "이곳의 여인이 정토에 나기를 구하면 태어날 수 있는데, 저 나라에 태어날 때, 바뀌어 남자가 된다."고 하였습니다.

(대중) 문 수행하는 사람 중에 아미타불 보기를 즐겨하지 않는 사람이 있지 않습니까?

(법사) 답 숙세에 인연의 종자가 없어 업장이 무거워서이니, 무슨 의심이 있으리오.

(다같이) 『백련집』에서 이르기를, "극락에 나는 것을 즐거워하지 않는 사람이 있는데 어찌 그러합니까?"라고 물으니, "숙세에 인연의 종자가 없어, 견해를 내고 집착하여 분별하기 때문이다"라고 하였습니다.

(대중) 문 만약 믿어 공경하지 않고 헐뜯고 비방하면 어떤 허물이 있습니까?

(법사) 답 왕생을 구하는 이를 방해하면 많은 겁 동안 지옥에 떨어집니다.

(다같이) 『대승참회의大乘懺悔儀』 제 3 권에서 말하였습니다. "만약 믿지 않으면 어떤 허물이 있습니까?"라고 물으니, 『칭양제불공덕경』에서, "믿지 않고 아미타불의 명호 공덕을 칭양하는 것을 훼방하는 사람이 있으면, 이 사람은 죽어서 모두 5겁 동안 아비지옥에 떨어져 수많은 고통을 받고, 또 백천만 겁 동안 아귀가 되고, 또 백천만 겁 동안 축생이 되어 항상 칼날에 베이는 것같은 해를 당한다."고 하였습니다. (『득자호』에서 나왔다[出得字號])

또 『무량수경』에서는, "남자나 여인이 아미타불의 음성을 들은 사람이 있어도 그것을 믿지 않고, 경의 말씀도 믿지 않고 비구스님도 믿지 않아 마음에 의심을 내어 도무지 믿는 것이 없는 사람은, 모두 악도를 따라 어리석게 태어나 숙명을 알지 못하고 재앙과 악이 다 없어지지 않아 반드시 3악도를 벗어나지 못한다."고 하였습니다. 또 『감로소甘露疏』에서 전해 내려오는 이야기로서 징험하자면, "대력大歷 연간에 형주衡州에 사는 장원張瑗이라는 사람이 정토를 비방함으로써 병이 나서 몸이 문드러지고, 매일 날이 저물면 키가 석 장 쯤 되는 금강역사가 나타나, 앞으로 나아가면 불구덩이에 던져버려 몇십 일 동안 소 울음소리를 내면서 심한 고통을 받다가 혀를 늘어뜨리고 죽었다. 원瑗의 형제 몇 사람도 비방하는 것을 좋아 하였다가 모두 몸이 문드러지고 혀를 늘어뜨리고 차례대로 죽었다. 이런 종류의 일은 매우 많아 이루 다 말할 수 없다."고 하였습니다.

오늘 이 도량의 동업대중이여, 다같이 지극한 마음으로 오체투지하고 세간의 대자대비하신 부처님께 귀의합니다. (반배)

지심귀명례 **교주석가모니불** 敎主釋迦牟尼佛

지심귀명례 **서방아미타불** 西方阿彌陀佛

지심귀명례 **당래미륵불** 當來彌勒佛

지심귀명례 **일광불** 日光佛

지심귀명례 **무량보불** 無量寶佛

지심귀명례 **연화최존불** 蓮花最尊佛

지심귀명례 **신존불** 身尊佛

지심귀명례 **금광불** 金光佛

지심귀명례 **범자재왕불** 梵自在王佛

지심귀명례 **금광명불** 金光明佛

지심귀명례 **금해불** 金海佛

지심귀명례 **용자재왕불** 龍自在王佛

지심귀명례 **일체화향자재왕불** 一切花香自在王佛

지심귀명례 **수왕불** 樹王佛

지심귀명례 **용맹집지뇌장기사전투불**
勇 猛 執 持 牢 杖 棄 捨 戰 鬪 佛

지심귀명례 **내풍주광불** 內豊珠光佛

지심귀명례 **무량향광불** 無量香光佛

지심귀명례 **사자향불** 師子響佛

지심귀명례 **대강정진용력불** 大强精進勇力佛

지심귀명례 **과거견주불** 過去堅住佛

지심귀명례 고음왕불 鼓音王佛

지심귀명례 일월영불 日月英佛

지심귀명례 초출중화불 超出衆華佛

지심귀명례 세등명불 世燈明佛

지심귀명례 휴다이영불 休多易寧佛

지심귀명례 보륜불 寶輪佛

지심귀명례 상멸도불 常滅度佛

지심귀명례 정각불 正覺佛

지심귀명례 무량보화명불 無量寶花明佛

지심귀명례 수미보불 須彌步佛

지심귀명례 보련화불 寶蓮花佛

지심귀명례 일체중보보집불 一切衆寶普集佛

지심귀명례 법륜중보보집풍영불
法輪衆寶普集豊盈佛

지심귀명례 수왕풍장불 樹王豊長佛

지심귀명례 **위요특존덕정불** 圍遶特尊德淨佛

지심귀명례 **무구광불** 無垢光佛

지심귀명례 **일광불** 日光佛

지심귀명례 **과거무수겁 제불대사 해덕여래**
過去無數劫 諸佛大師 海德如來

지심귀명례 **무량무변 진허공계**
無量無邊 盡虛空界

무생법신보살 무루색신보살
無生法身菩薩 無漏色身菩薩

발심보살 무변신보살 (일배)
發心菩薩 無邊身菩薩

지심귀명례 **흥정법마명보살** 興正法馬鳴菩薩

지심귀명례 **흥상법용수보살** 興像法龍樹菩薩

지심귀명례 **문수보현양대보살** 文殊普賢兩大菩薩

지심귀명례 **관음세지양대보살** 觀音勢至兩大菩薩

지심귀명례 **청정대해중보살** 淸淨大海衆菩薩

또 다시 이와 같은 시방 진허공계의 모든 삼보와 한량없는 현성께 귀의합니다. (반배)

오늘 이 도량의 동업대중이여, 위와 같이 열어 보였으니 의심이 없어지고 마음이 태연할 것입니다. 이미 믿은 다음에는 다시 의심하지 마십시오. 지금부터 왕생에 이를 때까지, 원컨대 제자 ○○ 등은 이 참회 공덕의 힘으로써 속히 정토에 태어나며, 아울러 부처의 과위를 이루고 한없는 즐거움 받기를 바라나이다.

〈제 2권 끝〉

〈주註〉

화보인과華報因果 ___ 미래의 업보를 받기 전에 현세에서 비슷한 업보를 받는 것. 즉 열매를 맺기 전에 꽃을 피우는 것과 같으므로 화보華報라고 한다.

아비발치 ___ 범어 avaivartika를 음역한 것으로 야유월치라고도 하는데 불퇴전不退轉이라고 번역된다. 보살은 부처가 되는 것이 결정되어 더 이상 성문이나 연각, 또는 범부로 전락하지 않는다.

정상말 3시 ___ 부처님의 입멸 후 5백년간 바른 가르침이 행해지는 것을 정법正法, 이후 일천년은 깨달음을 얻는 자 없이 가르침[敎]과 실천법[行]이 존재하여 정법과 비슷한 법이 행해지는 시기를 상법像法, 이후 일만년간은 불교의 쇠퇴기로서 가르침은 있으나 실천과 증득이 없는 시기를 말법末法 시대라 한다.

십념十念***성취*** ___ 죽기 전에 열 번 나무아미타불을 불러 극락세계에 왕생하는 것.

일생보처 ___ 한 생이 지나면 다음 생에 부처가 될 수 있는 지위.

***보토**報土**와 화토**化土* ___ 보토란 보신불의 정토로서 법장비구가 수행을 완성하여 극락세계를 건립하고 아미타불이 된 것과 같은 정도의 수행을 통해 보신불로서 정토에 왕생하는 것이고, 화토란 아미타불의 변화한 화신불이 건립한 극락세계에서 중생이 염불을 통해 가피를 입어 왕생하여 그곳에서 수행을 완성하는 것.

***억양**抑揚* ___ 어떤 사건을 억누르거나 찬양하는 것으로 악에 대해 눌러 금하는 억지문抑止門은 부정법이고, 좋은 것에 대해 찬양하는 것은 섭취문攝取門으로 긍정법이라고 하겠다.

***유석**乳石* ___ 한기를 다스리는 약의 일종

***계부**桂附* ___ 저절로 땀이 나면서 멎지 않을 때 계지나 부자를 넣어 달여 먹는 약

차표다문 ___ 차전遮詮은 불不이나 비非, 무無 등을 사용한 부정적 표현이고[예; 不增不減], 표전表詮은 긍정적 표현방식이다. 즉 차표다문은 부정적 표현이나 긍정적 표현 등 글이 다양하여 하나가 아니라는 의미이다.

제 3 권

아미타참법 제3권

3. 가르침을 인용하여 비교 증명함

(무릇 가르침을 인용하여 비교증명함은 부처님과 조사의 말씀 중에서 요긴한 것을 모으고 여러 학자들의 문장에서 가려내어, 번거롭고 어수선한 것은 삭제해 버리고 그 정수를 뽑아내어, 한 마디 말에 윤회를 바로 벗어나는 첩경인 육자법문六字法門을 말하여 곧장 생사를 뛰어넘게 하는 것이니, 성인의 가르침을 의지해야만 생사윤회의 바다에 빠지는 것을 면할 수 있습니다.)

오늘 이 도량의 동업대중이여, 앞에서 이

미 의심을 끊고 믿음을 일으켜 의혹이 얼음 녹듯 풀어졌으니, 지금 다시 가르침을 인용해 비교 증명하여 나머지 의혹을 털어버려야 합니다.

또 무시 이래로 오늘에 이르기까지 악업을 쌓은 것이 항하의 모래알과 같고, 지은 죄가 대지를 가득 채웠으며, 몸을 버리고 다시 몸을 받으면서도 깨닫지도 알지도 못하였습니다. 이와 같은 갖가지 무량하고 무변한 죄와 허물의 인연을 오늘 모두 드러내어, 원컨대 제거해서 소멸시켜야 합니다.

『수참水懺』에서 간략하게 말하였습니다. "우선 다섯 가지 마음으로써 방편을 삼은 연후에 이 죄를 소멸시킬 수 있으니, 어떤 것이 다섯 가지인가. 첫째는 참괴심慚愧心이요,

둘째는 공포심恐怖心이요, 셋째는 염리심厭離心이요, 넷째는 원수와 친한 이를 평등하게 대하는 마음이요, 다섯째는 죄의 성품이 공한 것을 관하는 마음입니다.

첫째, 참괴심은 스스로 이렇게 생각하되, '나와 석가여래는 똑같은 범부였는데 지금 세존께서는 성불한 이래 진사겁이 경과하였다. 우리들은 서로서로 탐심을 내고 육진에 오염되어 생사윤회하면서 실로 이 세간을 벗어날 기약이 없으니 가히 부끄럽고 또 부끄러운 일이다.' 라고 생각하는 것입니다.

둘째, 공포심은 이전부터 범부여서 신구의 삼업이 항상 죄와 상응하고, 이러한 인연 때문에 목숨이 다한 후에 지옥·아귀·축생의 삼악도에 떨어져 무량한 고통을 받으니, 이와 같은 일은 실로 두렵고 또 두려운 일이라고 생각하는 것입니다.

셋째, 염리심은 서로 함께 항상 생사 가운데서 수레바퀴와 같은 생로병사와 여덟 가지 괴로움이 교대로 애를 태우면서 잠시도 쉼이 없고, 이 몸에는 온갖 괴로움이 모여 있어 모두 부정하다고 관하는 것입니다. 생사에는 갖가지의 악법이 있으므로 피하며 혐오하는 마음을 내어 떠나야 하나니, 지혜로운 이에게 어찌 이 몸을 즐김이 있겠습니까.

넷째, 원수와 친한 이를 평등하게 대하는 것은 모든 중생들에게 자비심을 일으켜 '너다' '나다' 하는 생각이 없는 것입니다. 무엇 때문인가? 만약 원수와 친한 이를 다르게 보면 이것은 분별입니다. 분별하기 때문에 모든 미움과 사랑을 일으켜 순리를 거스르는 인연 따라 모든 악업을 짓고 악업이 성숙하면 괴로움의 과보를 받습니다. 그러므로 다른 사람이 원수가 되어 찾아오면 친하게 응대하고, 원망을 품고 있는 사람에게 은혜로 보답하면서 이와 같이 관해야 합니다. '내가 과거에 그대를 괴롭혔기 때문에 지금 그대가 나에게 화를 내는 것이다. 내가 지은 과거 생의 죄는 이 몸을 죽인다 해도 마음에 달게 여겨야 하거늘 하물며 화를 참는 것 쯤이겠는가?'

가령 전생에 너그럽게 관용을 베풀어 죄가 없는데, 금세에 문득 원수가 되어 미워하고 별안간에 속이고 능멸하려 해도 그가 지혜가 있는 사람인지, 지혜가 없는 사람인지를 헤아려서 생각해 보아야 합니다.

그가 지혜가 있는 사람이라면, 인욕바라밀을 성취하게 해주려 하고 있으니 '이는 나의 은사이다. 어떻게 만나게 되었을까' 하고 생각하여 다만 우러르고 보답해야 하는 것이니, 어찌 감히 어기려는 생각을 품겠습니까.

만약 지혜가 없는 사람이라면 이는 자비심을 일으켜 주는 복전이다. 자식이 어머니의 뜻을 거스르고 욕할 때에도 어머니는 더욱 기쁜 마음으로 다만 어루만져 달래고 성내는 기색이 없으며, 그 어리고 어리석음을 가엾게 여겨 오직 깊은 은혜만을 베풀어 주는 것처럼 여기에서도 또한 마찬가지입니다.

그가 번뇌에 덮여서 안으로 공격을 받아 미혹해지고, 마군이 은밀하게 그의 성품을 부려 미친 기운을 쉬지 못하여 힘이 자유롭지 못하다고 생각해야 합니다. 이와 같은 자비심으로 다만 은혜를 드리워 구제하려 할 뿐 어찌 그를 탓하려는 생각을 하겠습니까. 그를 원수로 여겨 거스르는 마음을 일으킨다면 그의 어리석음과 무엇이 다르겠습니까.

다른 사람이 강해지려 하면 양보해서 그를 강하다고 여겨주고, 다른 이가 높아지려 하면 양보해서 그를 높게 받들어 주면, 그 사이에 무슨 어김과 따름, 미움과 사랑이 있겠습니까. 원수와 친한 이를 평등하게 대할 뿐입니다.

다섯째, 죄의 성품이 공한 것을 관찰하는 것은 죄에는 실체[體相]가 없는데 인연에 따라서 생기는 것이니, 전도된 망상 때문에 있는 것이라고 관하는 것입니다.

인연에 따라 생긴 것이라면 인연에 따라 소멸될 수 있습니다. '인연에 따라 생긴다'는 것은 나쁜 벗을 가까이 하여 좋지 못한 업을 짓는 것이고, '인연에 따라 소멸시킨다'는 것은 오늘 마음을 씻어 참회하는 것입니다.

이 때문에 경에서 '이 죄의 성품은 안에 있지도 않고 밖에 있지도 않으며 그 중간에 있지도 않다.'고 말하였습니다. 그러므로 이 죄의 성품이 본래 공한데 망상을 따라 일어난 것임을 알아야 합니다.

본래 육근이 청정하고 사대가 공하여 사물과 내가 원래 없는 것이니 무엇을 괴로움이라고 하겠습니까. 허망의 근본을 제거하려면 신령스러운 근원을 보아야 합니다. 그러므로 죄의 성품이 본래 공함을 깨달아 아는 것이 진실로 죄를 소멸시키는 것입니다."

오늘 이 도량의 동업대중이여, 오늘부터 왕생할 때까지 죄의 성품이 공함을 관하여 모든 장애가 없도록 하여야 할 것이니, 다 같이 한결같고 평등하며 지극하고 간절한 마음으로 오체투지하고, 세간의 대자대비하신 부처님께 귀의합니다. (반배)

지심귀명례 **교주석가모니불** 敎主釋迦牟尼佛

지심귀명례 **세자재왕불** 世自在王佛

지심귀명례 **서방아미타불** 西方阿彌陀佛

지심귀명례 **이십오구지불** 二十五俱胝佛

지심귀명례 **남방현재일체제불** 南方現在一切諸佛

지심귀명례 **일월광불** 日月光佛

지심귀명례 **명칭광불** 名稱光佛

지심귀명례 **대광온불** 大光蘊佛

지심귀명례 **미로광불** 迷盧光佛

지심귀명례 **무변정진불** 無邊精進佛

이와 같은 남방에 머물고 계시는 항하사 수 부처님들은 광장설로써 불토의 공덕을 칭찬하시고 이 법문을 섭수하고 계십니다.

지심귀명례 **문수보현양대보살** 文殊普賢兩大菩薩

지심귀명례 **관음세지양대보살** 觀音勢至兩大菩薩

지심귀명례 **청정대해중보살** 淸淨大海衆菩薩

또 다시 이와 같은 시방 진허공계의 모든 삼보와 한량없는 현성께 귀의합니다. (반배)

오늘 이 도량의 동업대중이여, 각각 지극하고 정성스럽게 마음을 잘 섭수하여, 고금의 부처님과 조사들이 서방정토에 왕생하도록 수행하기를 권한 무진의 법문을 들으십시오.

1) 석가모니 교주께서 두루 찬탄하신 법문

오늘 이 도량에 모인 동업대중이여, 『현호경』에서 다음과 같이 말씀하셨습니다.

“가령 어떤 사람이 일곱 가지 보배로 시방

의 헤아릴 수 없는 삼천대천세계를 가득 채워서 보시하고, 또 다시 의복과 음식 등 네 가지 물건으로써 모든 중생들에게 베풀어 모두 아라한과에 이르도록 한다면 그 복이 많겠느냐?"

현호가 세존께 말씀드렸습니다.

"그 복이 매우 많겠습니다."

부처님께서 현호에게 말씀하시기를, "어떤 사람이 한 번 아미타불을 부르도록 권하는 것만 같지 못하다. 그 공덕은 앞에서 말한 공덕을 능가하니, 다른 사람에게 권하는 것도 그러하거늘 하물며 자신이 염불하는 경우이겠는가. 또 한 번 염불하는 것도 그러하거늘 하물며 여러 번 칭념하는 것이겠느냐."라고 하셨습니다.

또 『다라니집경』에서 말하기를, “사부대중이 일곱 가지 보배를 세계에 가득 채워 놓고 시방의 모든 부처님께 공양을 올리는 것보다, 어떤 사람이 돈 한푼과 향 한개와 꽃 한송이를 좋은 마음으로써 아미타불께 공양 올리는 것이 더 뛰어나다. 이와 같은 공덕을 지으면 모든 부처님과 보살과 금강신과 하늘 사람 등이 모두 환희하며, 죽어서는 아미타불 국토에 태어난다. 만약 어떤 사람이 아미타불께 연등을 올리면 목숨이 다한 후에 저 아미타불 국토에 태어나 즉시에 천안통을 얻어 시방의 모든 세계를 꿰뚫어 본다.”고 하였습니다.

또 『다라니집경』에서 말하기를, “가령 전륜왕이 십만 세 동안 사천하를 일곱 가지 보배로 가득 채우고 시방의 모든 부처님께 공양 올리는 것보다, 어떤 사람이 손가락 한 번 튕기는 동안에 평등심으로써 좌선하여 모든 중생들을 가엾게 여겨 아미타불을 염하는 것이 더 수승하다. 이 공덕으로써 저 아미타불 국토에 태어나 아난의 입이 불에 타는 것을 구제한다."고 하였습니다.

『다라니경』에서 말하기를, "여러 불자들이여, 그대들이 아미타불의 명호를 들었다면 그대들로 하여금 서방의 극락정토에 왕생하여 연화대에 화생해서 불퇴전의 지위를 얻을 수 있으리라."고 하였습니다.

『약사경』에서, "만약 청정한 믿음을 지닌 남녀가 팔분재계를 수지하여 일 년을 지나고 혹 삼 개월을 지나면, 이 선근의 원력으로써 서방의 극락세계에 태어난다. 아직 왕생이 정해지지 않은 이未定者라도 만약 약사유리광여래의 명호를 들을 수 있으면, 임종할 때에 여덟 보살이 신통력으로써 와서 도로를 보여주어 즉시에 서방 극락세계의 보련화 가운데 자연히 화생한다."고 하였습니다.

오늘 이 도량의 동업대중은 다같이 지극한 마음으로 오체투지하고 세간의 대자대비하신 부처님께 귀의합니다. (반배)

지심귀명례 **교주석가모니불** 教主釋迦牟尼佛
지심귀명례 **서방아미타불** 西方阿彌陀佛
지심귀명례 **당래미륵불** 當來彌勒佛
지심귀명례 **범천불** 梵天佛
지심귀명례 **불퇴전륜성수불** 不退轉輪成首佛

지심귀명례 **대흥광왕불** 大興光王佛

지심귀명례 **법종존불** 法種尊佛

지심귀명례 **일월등명불** 日月燈明佛

지심귀명례 **수미불** 須彌佛

지심귀명례 **대수미불** 大須彌佛

지심귀명례 **초출수미불** 超出須彌佛

지심귀명례 **향상불** 香像佛

지심귀명례 **위요향훈불** 圍遶香勳佛

지심귀명례 **정광불** 淨光佛

지심귀명례 **향자재왕불** 香自在王佛

지심귀명례 **대집불** 大集佛

지심귀명례 **향광명불** 香光明佛

지심귀명례 **대광불** 大光佛

지심귀명례 **무량광명불** 無量光明佛

지심귀명례 **문수보현양대보살** 文殊普賢兩大菩薩

지심귀명례 **관음세지양대보살** 觀音勢至兩大菩薩

지심귀명례 **청정대해중보살** 淸淨大海衆菩薩

지심귀명례 **불타** 佛陀

지심귀명례 **달마** 達摩

지심귀명례 **승가** 僧伽

또 다시 이와 같은 시방 진허공계의 모든 삼보와 한량없는 현성께 귀의합니다. (반배)

2) 마명논주의 바른 믿음을 일으키게 하는 법문

『대승기신론大乘起信論』에서 이르기를, “수다라에서 말한 것과 같이 만약 어떤 사람이 서방 극락세계의 아미타불을 오로지 부르고, 수행한 선근을 회향하여 저 아미타불 세계에 태어나고자 하면, 즉시 왕생하여 항상 부처님을 뵙고 끝내 물러나지 않나니, 만약 저 부처님의 진여법신을 관하고 항상 부지런히 닦아 익히면, 마침내 왕생하여 올바른 선정에 머물 수 있다."고 하였습니다.

3) 탄연기주의 감로소기 법문 坦淵記註 甘露疏記 法門

『감로소기甘露疏記』 제 일에서 "염불하여 정토에 왕생하기를 구하는 이와 초심을 일으켜 여타의 선법을 닦는 자는 그 우열이 같지 않습니다.

여타의 선법을 수행하는 이는 오직 자력만을 의지하므로 오랜 겁이 걸려야 하고, 수행에서 퇴전하지 않아야만 거룩한 과위를 얻을 수 있어서 매우 어렵습니다.

염불하여 정토에 왕생하기를 구하는 이는 아미타불을 의지해서 그 원력을 섭지하여 버리지 않으면, 조금 퇴전하거나 타락함이 있더라도 왕생이 매우 쉬운 일입니다.

비유하면 두 사람이 모두 바다를 건너서 보배산에 가려 하는 것과 같습니다. 한 사람은 나무의 씨를 심어 그 나무가 성장하기를 기다렸다가 배를 만들려고 하여 매우 오랜 세월이 걸리고, 나아가 많은 장애와 어려움이 있어 자력으로써 결코 쉽게 바다를 건널 수 없으니, 여타의 선법을 닦는 자가 또한 이와 같습니다.

한 사람은 해안에서 큰 배가 있는 대상인을 만나 좋은 말로써 대상인에게 알려 가엾게 여겨 허락해 주기를 청하면, 즉시 배에 올라 오랜 세월이 걸리지 않고 보배가 있는 곳에 이를 수 있으니, 아미타불에 의지하여 그 원력을 섭지하고 염불하여 정토에 왕생하기를 구하는 이도 또한 이와 같다."고 하였습니다.

또, "과거로부터 한량없는 겁 동안 항상 고통과 괴로움을 받는 한 사람 한 사람의 중생이 일겁 동안에 쌓아놓은 뼈가 왕사성의 비부루산과 같고, 마신 모유의 양이 4대해수와 같으며, 흘린 피가 4대해수 만큼 많고, 부모 등이 임종했을 때 곡을 하고 울면서 눈에서 흘린 눈물이 4대해수 만큼 많아, 생사의 세계에 빠져 있으면서 오랜 겁 동안 부처님을 만나지 못하였습니다.

또 부처님께서 세상에 출현하셔도 인도 사

위성의 3억인은 보지도 듣지도 못하였고, 중국의 일방에서는 알지도 못하고 깨닫지도 못하였습니다. 삼악도 중생은 여덟 가지 어려움의 업장이 두터워 부처님을 만나지 못합니다. 부처님께서는 세상에 드물게 나타나시므로 부처님 계신 곳에 태어나기 어려우며, 인연이 없으면 태어난다 해도 부처님을 만나지 못하는데 경사스럽게도 우리는 이 경을 만났다."고 하였습니다.

4) 자각장로 어록법문

『권화문勸化文』에서 다음과 같이 말하였습니다.

"대개 초심을 일으켜 도에 들어가려 하는 사람은 참는 힘이 아직 순수하지 않았으므로 반드시 정토의 인연에 의탁해서 증상增上시켜야 합니다.

무엇 때문인가? 사바국토에서는 석가여래께서 이미

입멸에 드셨고 미륵부처님께서는 아직 탄생하시지 않았으며, 극락세계에서는 아미타불께서 현재 설법하고 계시기 때문입니다. 사바국토에서는 관세음과 대세지보살을 다만 우러르고 그 이름만 들어도 기뻐하지만 극락세계에서는 저 두 상인上人이 친히 뛰어난 벗이 되어줍니다.

사바세계에서는 모든 마군이 다투어 일어나 수행인을 괴롭히고 혼란하게 하지만, 극락세계의 대광명 가운데는 결코 마사魔事가 없습니다.

사바국토에서는 삿된 소리가 잡란케 하고 여색이 요망을 떨지만, 극락세계에는 물과 새와 나무와 숲이 모두 묘한 법을 선양하며, 바른 과보가 청정하여 실제의 여인이 없습니다. 그러므로 수행의 인연이 갖추어짐이 서방정토만한 곳이 없습니다.

신근이 얕은 사람이 방자하게 의심을 일으켜 비방하므로 나름대로 시험삼아 의론해 보겠습니다. 이 사바세계에 사는 사람은 세속의 시끄러움과 번잡함에 염증을 내고 암자의 적정함을 흠모하지 않는 이가 없습니다. 그러므로 집을 버리고 출가하는 이가 있으면 은근히 찬탄하는 것입니다.

사바의 온갖 고통이 어떻게 속세의 시끄러움과 번잡함을 중지시킬 수 있겠으며, 극락의 즐거움이 어찌 암자의 적정함을 당할 수 있겠습니까. 출가가 훌륭한 줄 알면서도 왕생을 원하지 않는 것이 그 첫 번째 미혹입니다.

만리 길에 모진 고통을 겪으면서 부지런히 먼 곳에 있는 선지식을 찾는 것은 대개 생사의 대사를 결택하여 지혜를 밝히고자 함입니다. 아미타세존은 몸과 마음의 업이 뛰어나고 원력은 넓고 깊어서 법문을 한 번 연설함에 명쾌하게 부합되지 않음이 없습니다. 선지식 참방하기를 원하면서 아미타불을 뵙고자 하지 않으니 그 두 번째 미혹입니다.

총림의 많은 대중들은 유유히 놀기를 즐기고, 도량에 있는 얼마 안 되는 대중들도 의지하려 하지 않습니다. 극락세계에는 일생보처 보살들의 수가 매우 많고 모든 상선인上善人들이 함께 한 곳에 모여 있습니다. 총림을 친근히 하려 하면서 극락세계의 청정해중을 흠모하지 않으니 그 세 번째 미혹입니다.

이곳 사바세계에 사는 사람은 수명이 백 세를 넘지 못하여 아이 때는 어리석고 늙어서는 질병이 들며, 게다가 혼침과 수면에 빠져있는 시간이 태반입니다. 보살도 혼미하여 오음에 간격이 막히고 성문도 오히려 태에서 나오면 우매하게 되어 기회와 시간[尺璧寸陰]을 열에 아홉은 잃어버려 불퇴의 지위에 오르지 못하니 가히 마음이 오싹하게 두려운 일입니다.

서방에 사는 사람은 수명이 한량없고 한 번 연꽃에 의탁하면 다시는 간단없이 상속되는 생사의 괴로움이 없고 곧장 보리에 이릅니다. 그 때문에 문득 아유월치의 지위를 얻어 부처의 계위에 오르는 것을 반드시 기약할 수 있습니다. 사바에 유전하면서 세월을 재촉하고 정토의 장년을 미혹하니 그 네 번째 미혹입니다.

불퇴전의 지위에 거처하고 무생의 과를 증득하여 욕계에 있으면서도 욕심이 없고, 티끌같은 세계에 거처하면서도 번뇌가 없어야만 비로소 무연의 자비를 일으켜 한몸같이 여기는 대비심을 운용하여 사바의 세계에 되돌아 들어가 오탁의 세계에서 중생을 교화[和光同塵]할 수 있습니다.

견문이 얕고 지혜가 단순한 사람이 간혹 적은 선과 상응하고는 문득 사류를 멀리 벗어나고 십지를 뛰어넘었다고 하며, 정토를 손가락질하고 사바세계에 탐을 내어 연모합니다. 눈을 가리고 공으로 돌아갔다고 하며 완연하게 유랑하면서 소 · 말과 어깨를 나란히 하고 진흙밭에서 뒹굴면서도 자신이 어떤 처지인지를 알지 못하고 대승권교 보살에 비교하여 헤아리고 있으니, 그것이 다섯 번째 미혹입니다.

그러므로 경에서 '마땅히 서원을 발하여 저 아미타불 국토에 왕생하기를 원해야 하는데, 부처님의 진실한 말씀을 믿지 않고 정토에 왕생하기를 원하지 않으니 어찌 크게 미혹한 것이 아니겠는가?' 라고 하였습니다.

고덕古德이 염불일문에 일곱 가지 뛰어남이 있다고 말하였습니다.

첫째, 말씀은 적고 행하기는 쉬운 뛰어남이요, 둘째, 염하는 부처님의 경계가 뛰어남이요, 셋째, 어려움을 떠나 안락함을 얻는 뛰어남이요, 넷째, 부처님의 명호를 염하여 부르며 죄를 소멸시키는 뛰어남이요, 다섯째, 수지염불하여 얻는 복이 뛰어남이요, 여섯째, 과를 얻어 부처님을 뵈음이 뛰어남이요, 일곱째, 부처님이 친히 맞이하시니 왕생함이 뛰어남입니다.

또 아미타불의 열 가지 뛰어남은 다음과 같습니다.

첫째, 구하는 바를 만족시켜 주는 뛰어남이요, 둘째, 부처님이 친히 맞이하여 왕생하는 뛰어남이요, 셋째, 광명을 입어 세간을 뛰어넘는 뛰어남이요, 넷째, 이름이 소문나고 법을 얻는 뛰어남이요, 다섯째, 이름이 멀리 들리고 바탕이 전환되는 뛰어남이요, 여섯째, 이름이 소문나고 공경함을 수행하는 뛰어남이요, 일곱째, 이름이 널리 들리고 과를 증득하는 뛰어남이요, 여덟째, 이름이 소문나고 생을 받는 뛰어남이요, 아홉째, 이름이 소문나고 덕을 갖추는 뛰어남이요, 열째, 이름이 널리 들리고 퇴전하지 않는 뛰어남입니다.

또 정토의 열 가지 뛰어남은 다음과 같습니다.

첫째, 태어나 삼보를 만나는 뛰어남이요, 둘째, 수승한 법을 속히 얻는 뛰어남이요, 셋째, 태어나 훌륭한 몸을 얻는 뛰어남이요, 넷째, 악은 없고 선만 있는 뛰어남이요, 다섯째, 고통은 없고 순수하고 즐거움만 있는 뛰어남이요, 여섯째, 필요한 것이 생각을 따라 얻어지는 뛰어남이요, 일곱째, 수명이 길어지는 뛰어남이요, 여덟째, 수행하여 물러나지 않는 뛰어남이요, 아홉째, 국토가 경계에 얽매이지 않는 뛰어남이요, 열째, 국토가 장엄한 뛰어남입니다.

왕생의 열 가지 뛰어남은 다음과 같습니다.

첫째, 경전의 말씀에 따라 쉽게 왕생하는 뛰어남이요, 둘째, 시간적으로 적게 닦는 뛰어남이요, 셋째, 성중이 호념하는 뛰어남이요, 넷째, 광명을 섭수하는 뛰어남이요, 다섯째, 부처님의 원력에 동승하는 뛰어남이요, 여섯째, 부처님이 친히 맞이하는 뛰어남이요, 일곱째, 모든 부처님이 증명하는 뛰어남이요, 여덟째, 모든 죄를 소멸시키는 뛰어남이요, 아홉째, 모든 경이 다 같이 찬탄하는 뛰어남이요, 열째, 법이 소멸되어도 홀로 수행하는 뛰어남입니다.

또 왕생의 열 가지 쉬운 점은 다음과 같습니다.

첫째, 신해하고 발심하여 쉽게 왕생할 수 있는 것이요, 둘째, 적은 선을 닦고도 그에 따라 쉽게 왕생할 수 있는 것이요, 셋째, 모든 수행이 하나를 관하여 쉽게 왕생할 수 있는 것이요, 넷째, 자비의 광명으로 원을 섭수하여 쉽게 왕생할 수 있는 것이요, 다섯째, 모든 가르침이 찬탄하고 권하여 쉽게 왕생할 수 있는 것이요, 여섯째, 모든 부처님이 찬탄하고 권하여 쉽게 왕생할 수 있는 것이요, 일곱째, 모든 성인이 가호하여 쉽게 왕생할 수 있는 것이요, 여덟째, 관음•세지보살이 섭수하고 교화하여 쉽게 왕생할 수 있는 것이요, 아홉째, 모든 죄의 소멸을 염하여 쉽게 왕생할 수 있는 것이요, 열째, 임종할 때 성인이 맞이하여 쉽게 왕생할 수 있는 것입니다."

오늘 이 도량의 동업대중이여, 앞에서 말한 것과 같이 부처님과 조사께서 대자비심을 드리워 정토왕생을 권하는 염불법문을 들었으니, 우리는 마땅히 다같이 지극한 마음으로 오체투지하고 세간의 대자대비하신 부처님께 귀의합니다. (반배)

지심귀명례 **교주석가모니불** 教主釋迦牟尼佛

지심귀명례 **서방아미타불** 西方阿彌陀佛

지심귀명례 **당래미륵불** 當來彌勒佛

지심귀명례 **자재왕불** 自在王佛

지심귀명례 **무량음불** 無量音佛

지심귀명례 **정광명불** 定光明佛

지심귀명례 **보광명불** 寶光明佛

지심귀명례 **보개조공불** 寶蓋照空佛

지심귀명례 **묘보불** 妙寶佛

지심귀명례 **제당불** 諦幢佛

지심귀명례 **범당불** 梵幢佛

지심귀명례 **아미타불** 阿彌陀佛

지심귀명례 **수승불** 殊勝佛

지심귀명례 **집음불** 集音佛

지심귀명례 **금강보정진불** 金剛步精進佛

지심귀명례 **자재왕신통불** 自在王神通佛

지심귀명례 **보화불** 寶火佛

지심귀명례 **정월당칭광명불** 淨月幢稱光明佛

지심귀명례 **묘락불** 妙樂佛

지심귀명례 **무량당번불** 無量幢幡佛

지심귀명례 **무량번불** 無量幡佛

지심귀명례 **대광보변불** 大光普遍佛

지심귀명례 **보당불** 寶幢佛

지심귀명례 **정광불** 淨光佛

지심귀명례 **보왕불** 寶王佛

지심귀명례 **수근화왕불** 樹根華王佛

지심귀명례 **유위장엄불** 維衛莊嚴佛

지심귀명례 **개화보살불** 開化菩薩佛

지심귀명례 **견무공구불** 見無空懼佛

지심귀명례 **일승도불** 一乘度佛

지심귀명례 **덕내풍엄왕불** 德內豊嚴王佛

지심귀명례 **금강견강소복괴산불**
金剛堅强消伏壞散佛

지심귀명례 **보화불** 寶火佛

지심귀명례 **문수보현양대보살** 文殊普賢兩大菩薩

지심귀명례 **관음세지양대보살** 觀音勢至兩大菩薩

지심귀명례 **청정대해중보살** 淸淨大海衆菩薩

또 다시 이와 같은 시방 진허공계의 모든 삼보와 한량없는 현성께 귀의합니다. (반배)

5) 향산거사 서원법문

『백련집』에서 말하기를, 향산거사 백거이白居易의 자字는 낙천樂天이라고 하는데, 서방정토의 족자를 만들고 서원을 부기하였습니다.

"제자 거이는 향 사르고 머리 조아려 부처님 전에 무릎꿇고 자비심을 일으켜 큰 서원을 발합니다. 원하건대 이 공덕을 회향하여 모든 중생들에게 베풀고자 합니다.

저와 같이 늙은 이와 저와 같이 병든 이가 있으면 원컨대 모두 고통을 떠나 즐거움을 얻고, 악업을 끊고 선업을 닦으며, 남섬부주를 건너지 않고 곧바로 서방정토를 보고, 백호의 대광명이 일념을 따라 나타나며, 청색 연화대 상품에 원을 따라 왕생하고, 현재의 몸으로부터 미래의 경계가 다할 때까지 항상 친근히 하고 공양을 올리기 바랍니다."

이 서원을 거듭 선양하기 위해서 게송으로써 찬탄하였습니다.

극락세계의 청정한 국토에는
모든 악도와 온갖 고통 없나니
원컨대 늙은 이와 병들어 괴로운 이
무량수불 계신 곳에 왕생하여 지이다.

6) 당 이태백 찬서법문

『백련집』에서 말하기를, 당나라 이백李白의 자字는 태백太白이라 하는데, 금색 진흙으로 서방정토의 변상도를 그려서 만들고 서문을 함께 썼습니다.

"우리 부처님께서는 저 하늘의 서쪽에 계시니, 이 곳에서 십만억찰 떨어진 해가 지는 곳에 극락세계가 있습니다. 저 국토에 계신 부처님은 키가 육십만억 유순이며, 미간의 백호가 오른쪽을 향해 굽어져 있어 다섯 수미산과 같고, 눈의 광채는 맑고 깨끗해 사대해수와 같으며 단정하게 앉아서 설법하고 계십니다.

그 곳에는 맑고 긴 연못이 있으며 밝은 금모래 언덕에는 보배나무가 줄지어 서 있는데 그 나무를 그물이 뒤덮고 있습니다. 난간이 죽 둘러진 누각과 전각은 파리와 유리로 장식되어 있고, 파려와 마노가 섬돌과 계단을 번쩍번쩍하게 치장하고 있습니다. 이는 모든 부처님께서 증명하신 것이니 헛된 말이 아닙니다.

원을 발하려 하면서 아직 원을 발하지 않은 이와, 왕생하려 하면서 아직 왕생하지 않은 이가 칠일 동안 정진하여 염불하면 반드시 그 국토에 태어납니다. 그 공덕은 끝이 없고 빛나는 것이어서 무어라 이름붙이기 어렵습니다."

게송으로써 찬탄하였습니다.

서쪽 해지는 곳을 향하여
대비의 원을 세워 멀리 바라봅니다.
눈은 깨끗해서 사해수 같고
몸의 광채는 금빛산 같으셔라.

정근하여 염불하면 반드시 왕생하나니
이 때문에 극락이라 부르네.
보배나무 그물에 구슬이 달려 있고
천인들이 누각에 향기로운 꽃 뿌리네.
눈眼 속에 있는 것을 모두 그려서
원컨대 저 도량에 의탁코자 합니다.

이 공덕의 바다가
그윽하게 도와주는 배나 교량이 되어
팔십억 겁 지은 죄가
바람이 서리를 쓸어내듯 사라지나니
바라건대 무량수불 친견하고
길이길이 옥호광을 뵙고자 합니다.

7) 동파거사 게송법문

『백련집』에서 말하기를, 동파거사 소식蘇軾의 자字는 자첨子瞻이라 하였는데, 아미타불을 찬탄하는 게송을 지었습니다.

부처님께서는 대원각으로
항하사수 세계를 가득 채우시고 있고
나는 전도된 망상으로
생사 중에 출몰하고 있네.

어떻게 일념으로써
정토에 왕생할 수 있는가.
우리가 무시이래 지은 죄업이
본래 일념을 따라 일어났기 때문일세.

이미 일념을 따라 일어났다면
도로 일념 따라 소멸시킬 수 있으리라.
생멸이 소멸되어 사라진 곳에

나와 부처 한 몸이 되네.

바다에 물 한 방울 던짐이요
바람 속에서 풀무를 부는 격이라,
대성인의 지혜가 있다 해도
저희는 또한 분별할 수 없사옵니다.

원컨대 우리 돌아가신 조상님과
모든 중생들이 있는 곳 서방정토가 되고
만나는 곳마다 극락이어서
사람사람마다 무량수불 되어
가고 옴이 없게 하여 주시옵소서.

8) 양무위자 서찬법문

『결의집』에서 말하기를, 무위자無爲子 양걸楊傑의 자字는 차공次公이라 하는데, 그는 『결의집』 서문에 아래와 같이 설명했습니다.

『화엄경』에서 "해탈장자가 '모든 부처님께서 그림자

와 같으시고 자신의 마음이 물과 같음을 알면, 저 모든 여래께서 이곳에 오시는 것도 아니고 내가 저 부처님 국토에 가는 것도 아니다. 내가 극락세계의 아미타불을 뵙고자 하면 뜻에 따라 즉시에 볼 수 있다.' 고 하였습니다."

이로써 중생이 온 생각을 기울여 칭념하면 결정코 아미타불을 뵐 수 있다는 것입니다. 그렇다면 아미타불께서 오시어 맞이하시고 극락이 멀지 않다는 말이 실제의 성품에 걸맞는 말이요, 방편의 권교가 아닙니다.

정토에는 욕심이 없으므로 욕계가 아니고, 그 국토는 지거천이므로 색계가 아니며, 중생에게 형상이 있으므로 무색계도 아닙니다.

모든 중생들은 바르게 깨닫지 못하고 큰 꿈 속에 있으면서 일찌기 쉼없이 육도에 떠다녔습니다. 여러 하늘은 비록 즐겁지만 업보가 다하면 형상이 쇠잔해지고, 아수라는 화를 내어 전쟁을 일삼는 것을 뛰어난 것으로 여기고, 짐승은 날아다니고 뛰어다니며 음식을 다투고 서로 해칩니다. 귀신은 유명세계의 그늘에서 기갈에 곤핍을 당하고 있고, 지옥중생은 밤낮으로 고통을 부르짖고 있습니다. 인간 세계에 태어난 것이 실로 다행스럽긴 하지만 생로병사의 온갖 고통에 얽매입니다.

오직 이 서방정토만이 다시는 모든 고통이 없습니다. 연꽃에 몸을 의탁하면 태어나는 고통이 없고, 추위와 더위가 바뀌지 않으므로 늙는 고통이 없고, 수명이 무량하여 죽는 고통이 없습니다. 부모와 처자가 없어 사랑하는 이와 이별하는 고통이 없고, 상선인上善人들이 모여 있으므로 원수와 미운 사람을 만나는 고통이 없습니다. 화계華褉와 향기로운 음식과 보배구슬을 수용하여 구해도 얻지 못하는 고통과 빈궁의 고통이 없으며, 육신이 공적함을 관조하여 오취온의 고통이 없습니다.

유정에게 자비의 은혜를 베풀어 태어나고 싶으면 태어나지만, 적멸에 안주하지 않으므로 2승의 경계가 아니며, 지혜로 생사를 관조하여 퇴전하지 않으므로 범부의 경계가 아닙니다. 만약 저 국토에 태어나면 모든 고뇌가 없는데도, 듣지도 못하고 알지도 못하는 사람이 있으니 가히 애닯고 가여운 일입니다.

또한 훌륭한 선비들도 세 가지의 믿지 않는 마음을 일으켜 왕생을 구하지 않으니 더욱 애석하고 탄식할 일입니다. 첫째, '나는 부처님과 조사를 뛰어넘을 것이므로 정토는 족히 왕생할 곳이 아니다' 하는 것이요, 둘째, '처처가 정토이므로 꼭 서방에 왕생할 것이 없다' 하는 것이요, 셋째, '극락은 성역이어서 우리와 같은 범부의 무리는 왕생할 수 없다' 하는 것입니다.

저 행원行願이 다함이 없는 보현보살도 아미타불의 국토를 보기를 원하였고, 비록 공의 이치를 알았지만 유마거사도 항상 정토의 업을 닦았으며, 시방의 여래께서 광장설로 찬탄하셨고, 시방의 보살들도 다 같이 왕생하려는 마음이 있습니다. 모든 성인들과 비교해서 누가 나은지를 스스로 헤아려 보십시오. 그런데도 족히 왕생할 것이 없다 하니 무엇 때문에 자신을 속입니까.

용맹스러운 조사의 경우에도 마찬가지입니다. 『능가경』에는 미리 수기를 주는 글이 있고, 천친天親보살도 근본종지로써 가르쳤으며, 『무량론』에도 왕생하기를 구하는 게송이 있습니다. 저들은 모두 상철上哲인데도 왕생하려고 정진하였습니다. 반드시 왕생할 필요는 없다고 하니 어찌 그리 스스로 교만합니까.

『반주삼매경』에서 말하기를, "발타화보살이 석가모니 부처님께, '미래의 중생들이 어떻게 해야 시방의 모든 부처님을 뵐 수 있습니까?' 라고 여쭈자 부처님께서, '아미타불을 칭념하면 곧 시방의 모든 부처님을 볼 수 있다.' 고 말씀하셨습니다."

또 『대보적경』에서, "만약 타방의 중생들이 무량수 여래의 명호를 듣거나 일념에 청정한 믿음을 발하여 환희하고 즐거워하며, 소유하고 있는 선근을 회향하여 무량수 국토에 태어나고자 원하는 이는 모두 왕생하여 불퇴전의 지위를 얻는다."고 말하였습니다.

이는 모두가 부처님의 말씀입니다. 부처님 말씀을 믿지 않으면 어떤 말을 믿을 수 있으며, 정토에 왕생하지 않으면 어느 국토에 왕생하겠습니까. 자신을 속이고 스스로 교만하여, 자신을 포기하고 신령스런 흐름을 버리면서 윤회의 세계에 들어가니, 이는 그 누구의 허물입니까.

오늘 이 도량의 동업대중이여, 다같이 지극한 마음으로 오체투지하고 세간의 대자대비하신 부처님께 귀의합니다. (반배)

지심귀명례 **교주석가모니불** 敎主釋迦牟尼佛

지심귀명례 **서방아미타불** 西方阿彌陀佛

지심귀명례 **당래미륵불** 當來彌勒佛

지심귀명례 **보월광명불** 寶月光明佛

지심귀명례 **현최불** 賢最佛

지심귀명례 **보련화보불** 寶蓮花步佛

지심귀명례 **괴마라망독보불** 壞魔羅網獨步佛

지심귀명례 **사자후력불** 師子吼力佛

지심귀명례 **비정진불** 悲精進佛

지심귀명례 **금보광명불** 金寶光明佛

지심귀명례 **무량존풍불** 無量尊豊佛

지심귀명례 **무량존이구왕불** 無量尊離垢王佛

지심귀명례 **덕수불** 德首佛

지심귀명례 **무수정진흥풍불** 無數精進興豊佛

지심귀명례 **무언승불** 無言勝佛

지심귀명례 무우풍불 無憂豊佛

지심귀명례 월영풍불 月英豊佛

지심귀명례 무이광풍불 無異光豊佛

지심귀명례 역공광명불 逆空光明佛

지심귀명례 최청정무량번불 最淸淨無量幡佛

지심귀명례 호제주유왕불 好諦住唯王佛

지심귀명례 성취일체제찰풍불 成就一切諸刹豊佛

지심귀명례 정혜덕풍불 淨慧德豊佛

지심귀명례 정륜번불 淨輪幡佛

지심귀명례 유리광최풍불 琉璃光最豊佛

지심귀명례 보덕보불 寶德步佛

지심귀명례 최청정덕보불 最淸淨德寶佛

지심귀명례 도보광명탑불 度寶光明塔佛

지심귀명례 무량참괴금최풍불 無量慚愧金最豊佛

지심귀명례 문수보현양대보살 文殊普賢兩大菩薩

지심귀명례 **관음세지양대보살** 觀音勢至兩大菩薩

지심귀명례 **청정대해중보살** 淸淨大海衆菩薩

또 다시 이와 같은 시방 진허공계의 모든 삼보와 한량없는 현성께 귀의합니다. (반배)

9) 효상장원 서인법문

장원장대狀元張待가 『용서정토문龍敍淨土文』의 서문에서 말하였습니다.

"'아미타불께서 대원력으로써 많은 중생들을 섭수하시되 생각을 한곳에 집중하는 것이 매우 간단하고 결과를 증득함이 매우 신속하다.' 하자, 어떤 사람이 의심하므로 내가 일찍이 그를 위해서 말해주었습니다. '아미타불은 그대의 성품이 바로 이것이요, 극락국토는 그대의 마음 바로 이것이다.'

중생들은 깨달음을 등지고 번뇌에 합치하여 일곱 갈래에 빠져 있으면서 나와 부처는 하늘과 땅처럼 현격하게 차이가 난다는 견해를 가지고 있습니다. 부처님께서 이 때문에 자비의 방편으로써 불지견을 열어 보이시어 깨달아 들어가게 하고, 무량한 여환삼매如幻三昧를 모두 나타내시어 그 국토를 장엄하시고 지극히 좋은 꽃들을 갖추게 하셨습니다.

또 교묘한 지혜로 연설하시어 중생들로 하여금 환희하고 애락하게 하시며 일용 생활 가운데 일념을 발하도록 하셨습니다. 저 여래를 칭념하여 그 국토에 태어나고자 하면 즉시 이 일념이 청정하고 견고해져서 자신의 부처님과 다름이 없게 됩니다. 이렇게 염할 때는 자리에서 일어나지 않은 채 아미타불의 극락국토가 모두 눈앞에 나타납니다.

이와 같이 닦아 익혀 순숙한 경지에 이르면 허깨비같은 이 몸이 무너질 때 이 성품은 무너지지 않습니다. 그 타고난 성품을 말미암아 금색 연화대 가운데 왕생하면 내 집에 돌아간 것과 같으며, 모든 불보살이 바로 나의 권속이어서 본성품과 다르지 않기 때문에 자기 모습처럼 친애하게 됩니다.

친구인 용서龍舒 왕허중王虛中은 단아하고 조용하며 간소

하고 고결한 사람입니다. 여러 서적에 박통하여 육경과 제자백가의 수십만 문장을 가르치고 전수하다가 하루아침에 버리고는 말하였습니다. '이는 모두가 분별하는 업을 익히는 것일 뿐 최상의 법은 아니다. 나는 오직 서방정토에 귀의할 뿐이다.'

이로부터 정진하여 오로지 부처님만을 염하고 나이 육십에 베옷을 입고 채소음식을 먹었고, 발이 부르트도록 천리 길을 오가며 사람들을 가르치고, 비바람과 추위 · 더위에도 서두르지 않고 근심거리를 놓아버리고 거처하면서 천 배를 일과로 삼아 밤이 깊어야 침상에 들었습니다. 눈 앞에 혁혁한 광채가 있어 보는 사람들이 도가 있는 선비라고 말하였습니다.

10) 용서허중 정토법문
집과 우산을 비유로 삼아
정토에 태어나길 구하도록 권하다

『용서정토문』에서 말하였습니다.

"비유하면 큰 성에 들어가면 반드시 먼저 안전한 숙소를 찾아놓고 나와서 일을 보아야, 날이 저물어 어두워져도 투숙할 곳이 있게 되는 것과 같다." 먼저 안전한 숙소를 찾는다는 것은 정토를 수행하는 것을 말하고, 날이 저물어 어두워진다는 것은 임종이 도래하는 것을 말하며, 투숙할 곳이 있다는 것은 연화대 가운데 태어나 악한 세계에 떨어지지 않는 것을 말합니다.

또 봄에 먼 길을 갈 때 먼저 우산을 준비해야 소나기가 갑자기 내려도 비를 맞아 낭패를 보게 되는 근심이 없는 것과 같습니다. 먼저 우산을 준비한다는 것은 정토의 업을 닦는 것을 말하고, 소나기가 갑자기 내리는 것은 수명이 장차 다하려 함을 말한 것이며, 비에 젖어서 낭패를 당하는 근심이 없다는 것은 악한 세계에 빠져 고뇌를 받는 것이 없다는 말입니다.

또 먼저 안전한 곳을 찾아 머무는 것이 그 일처리를 하는데 해롭지 않고, 먼저 우산을 준비하는 것이 먼 길을 가는데 방해를 주지 않으며, 이 정토의 업을 수행하는 것 모두가 일체 세간의 업무를 방해하지 않는데 사람들은 무엇 때문에 수행하지 않습니까.

나와 서로 알고 지내는 한 사람이 평생 동안 물고기를 많이 죽이는 죄를 짓더니 만년에 중풍과 흡사한 병을 얻었습니다. 내가 그 사람이 죄보를 받아 나쁜 병에 걸려 고통을 받는 것을 불쌍히 여겨 찾아가서 보고 아미타불 염불을 권하였더니, 완강하게 부정하면서 즐거이 염불하려 하지 않고 다만 나에게 잡다한 이야기만을 하였습니다.

어찌 악업의 장애를 받아 질병 때문에 혼미해진 것이 아니겠습니까. 한 마음 돌이켜 선을 염하지 못하고 눈을 감아버린 뒤에는 어찌하겠습니까. 그러므로 이 정토문을 수행하는 사람은 시급하게 서둘러 한 생각을 돌이켜야만 합니다.

세간에서 낮이 있으면 반드시 밤이 있고, 추위가 있으면 반드시 더위가 있다는 것은 사람들이 모두 아는 것으로 숨길 수가 없는 일입니다. 그런데 생이 있으면 반드시 죽음이 있다고 말하면 사람들은 꺼리면서 즐겁게 말을 하지 않는 것은 무엇 때문입니까.

이는 사리에 통하지 못해서 크게 어두운 것이니, 소위 '나' 라는 것은 애초에 죽지 않고 오직 업연이 다해서 떠나는 것임을 알지 못하기 때문일 것입니다. 그러므로 반드시 정토문을 수행해야 합니다. 정토의 업을 수행함으로써 연화대 가운데 태어나 청허한 몸과 한량없는 수명을 받고, 온갖 생사의 고뇌에서 벗어날 수 있기 때문입니다.

부처님께서 아난에게 교시하셔서 정토에 왕생함을 구하도록 권하다

『용서문龍舒文』에서 말하였습니다.

『무량수경』에서, "석가모니불께서 하루는 용안이 평상시와 다르자 시자인 아난이 괴이하게 생각하여 여쭈었다. 부처님께서 말씀하셨다. '너의 질문은 매우 훌륭하구나. 너의 질문이 한 천하의 성문과 연각에게 공양을 베풀고 여러 천인과 이 세인들과 곤충 · 벌레의 부류에게 보시하는 것보다 뛰어나다. 여러 겁 동안 백천만 배의 공양을 베풀고 보시한다 하더라도 너의 질문에는 미치지 못한다. 무엇 때문인가 하면, 여러 하늘과 여러 왕과 백성과 나아가 곤충 · 벌레들이 모두 너의 질문을 말미암아 해탈의 도를 얻기 때문이다."라고 말씀하셨습니다.

이로써 관찰해보건대, 이것은 석가모니불께서 처음에 아미타불을 말씀하시려 하실 때, 그 마음속에 간직한 것이 얼굴에 나타난 것입니다. 석가모니불의 얼굴이 평상시와 달랐다면 아미타불이 제불에게 감응해 줌도 실로 비상한 것입니다. 하물며 모든 중생들에게 감응해 줌에 있어서이겠습니까.

아난이 질문한 데에 이르러서는, "여러 하늘과 여러 왕과 백성과 나아가 곤충 · 벌레들이 모두 그대의 질문을 말미암아 해탈의 도를 얻게 되었다."고 말씀하셨습니다.

이것은 위로는 여러 하늘로부터 아래로는 곤충 · 벌레들에 이르기까지 모두 동일하게 삼계 안에 있어 윤회를 벗어나지 못하여 이 때문에 해탈의 도를 얻지 못하는데, 아미타불의 대원력은 구제하지 못하는 것이 없어 모두 제도하여 해탈시킴을 말한 것입니다.

그 처음에 발원한 게송을 보면 다음과 같습니다.

내가 성불할 때에 이르러서
명성이 시방세계를 뛰어넘어

인천이 즐거이 그 소식 듣고
모두 나의 국토에 와서 태어나며
지옥 · 아귀 · 축생들도
또한 나의 국토에 나게 하리라.

이러하다면 아미타불께서 삼계 내의 육도에 윤회하는 자들을 모두 제도하지 않음이 없습니다. 이 때문에 이 경전에서, "아미타불께서 현재 서방 극락세계에 계시며, 또 시방세계에 계시면서 헤아릴 수 없이 많은 여러 하늘과 백성과 나아가 곤충 · 벌레의 무리들을 교화하여 해탈을 얻지 못하게 함이 없다."라고 말씀하셨습니다.

연비蜎飛는 날아다니는 미세한 곤충을 말하고, 윤동蠕動은 작은 구더기 같은 벌레를 말합니다. 이와 같은 벌레들도 부처님께서 교화하여 제도하시는데 하물며 사람인 경우이겠습니까. 이것이 널리 중생을 제도하여 다함이 없는 까닭입니다. 그러므로 사람이 일념에 귀의하면 마침내 그 국토에 태어난다는 것은 족히 의심할 것이 없습니다.

현세와 미래세에 다같이 이익이 있음을 말씀하시어 정토에 왕생함을 구하도록 권하다

정토 교설의 이익 대부분이 일상 생활하는 사이에 나타나고 그 나머지 공덕은 몸이 죽은 후에 나타납니다. 모르는 사람은 몸이 죽은 후에 나타나는 일일 뿐이라고 여기니, 이는 살아 생전에 큰 이익이 있음을 전혀 모르기 때문입니다. 무엇 때문에 그러한가 하면 부처님께서 사람들을 가르치신 것은 선 아님이 없습니다. 유교에서 사람을 가르치는 것과 무엇이 다르겠습니까. 다만 그 이름이 다를 뿐입니다.

정토를 마음에 두면, 마음 속으로 생각하고, 입으로 말하고, 몸으로 행동하여 일상 생활에 나타나는 것이 하는 것마다 선 아닌 것이 없게 됩니다. 선하게 되면 군자 대현이 되어 현세에서 공경을 받고 신들이 도와주며 복록이 더욱 증가하고 수명이 연장됩니다. 이를 연유해서 말한다면, 부처님의 말씀을 따라 정토를 마음에 두는 사람에게 생전에 이익이 없다고 누가 말하겠습니까.

그 다음으로 업연 때문에 본심을 빼앗겨 이 정토문에 전심으로 지향할 수 없었던 사람도 이 정토에 뜻을 두는 순간부터 악연을 반성하여 좋은 인연을 증장시킬 수 있습니다. 악연을 반성하기를 계속하여 가면 반드시 그 악은 끊어지고, 선연을 증장시키기를 끊임이 없으면 마침내 선에 도달합니다. 악을 이미 끊고 선이 순숙해지면 그가 군자가 아니고 무엇이겠으며, 대현이 아니고 무엇이겠습니까. 이를 말미암아 말해본다면, 부처님의 말씀에 따라 정토에 뜻을 둔 사람에게 생전에 이익이 없다고 누가 말하겠습니까.

그 다음에 예의의 소재를 알지 못하고 형벌의 두려움을 알지 못하며, 오로지 기력을 숭상하고 세력과 이익만을 쫓아가던 사람도 이 정토문으로써 자신의 중심을 삼을 줄 알면 또한 반드시 자신의 허물을 반성할 줄 알게 됩니다. 이른바, "비록 모두가 예의에 합당하게 될 수는 없다 하더라도 한편으로는 예의에 가까워지며, 형벌에서 모두 벗어날 수는 없다 하더라도 또한 형벌에서 반드시 멀어진다. 그리하여 점차로 소인의 영역에서 벗어나 군자의 본분에 돌아간다."고 한 것이 이 경우를 말하는 것입니다.

보통 사람이 차츰차츰 불교의 이치를 알게 되면 세인들이 그 사람을 지목하여 선인이 되었다고 하는데 이것은 그 효험입니다. 이를 말미암아 말한다면, 부처님의 말씀을 따라 정토문으로 자신의 중심을 삼은 사람에게 생전에 이익이 없다고 누가 말하겠습니까.

어떤 사람이, "공자의 말씀을 따라 유교의 가르침을 자신의 중심으로 삼으면 어찌 살아 생전에 이익이 되지 않겠습니까. 하필 정토를 말할 필요가 있습니까?"라고 하였습니다. 이에 대답한다면, "이는 세간법일 뿐 출세간법이 아니다. 세간법은 윤회에서 벗어날 수 없지만 출세간법은 곧장 윤회를 벗어나게 한다. 정토문의 수행은 생전에도 이익을 주고 또 몸이 죽은 후에도 이익이 있으니, 출세간법을 겸하고 있기 때문이다."라고 하였습니다.

인을 적게 심어도 결과는 많음을 말씀하시어 중생들에게 정토에 왕생함을 구하도록 권하다

이 법문을 수지하는 데 아홉등급이 있어 사람들마다 수행할 수 있으니, 비록 죄악을 범한 사람이라도 부처님께서는 버리지 않으십니다. 한 마음을 돌이켜 선을 향하면 선하게 되기 때문입니다.

그러므로 이 십념법문은 사람들이 모두 함께 수행할 수 있으니, 비유하면 오랫동안 어두웠던 방이라도 등불이 한 번 비치면 밝아지는 것과 같습니다. 따라서 소와 말을 잡는 사람이라도 칼을 놓으면 또한 수행할 수 있습니다.

어렵지도 않고 모든 세속의 일을 방해하지도 않습니다. 그 때문에 관직에 있는 사람에게는 업무를 보는 데 방해가 없고, 선비에게 있어서는 독서하고 수양하는 데 방해가 없고, 상인이 물건 파는 것을 방해하지 않고, 농부에게는 씨뿌리고 밭가는 데 방해가 되지 않고, 공직에 있어서는 사무를 처리하는 데 방해가 되지 않고, 스님들에게는 좌선하거나 독송하는 데 방해가 되지 않아 일체 모든 일을 행함에 서로 방해가 되지 않습니다.

그렇기 때문에 그 수지공부는 아침에 차 한 잔 마시는 짧은 시간에도 나타난다고 한 것입니다. 그리하여 마침내는 만겁에 무너지지 않는 자신이 되는 데도 사람들은 무엇 때문에 공부하지 않는지 모르겠습니다.

지금 여기에 물건을 파는 사람이 있다고 합시다. 그 사람이 일전으로 이전의 이익을 얻으면 반드시 기뻐하면서 이익을 많이 얻었다고 생각합니다. 또 길을 가는 사람이 하루에 이틀 일정의 거리를 가면 또한 기뻐하면서 간 거리가 많다고 여깁니다. 이는 외부의 사물에서 조금 얻고 기뻐하는 것입니다.

어떤 사람이 이전으로 일전 가치의 물건을 얻으면, 반드시 근심하면서 본전을 잃었다고 생각하고, 이틀에 하루 일정의 거리를 가면, 또한 근심하면서 하루를 허비했다고 여깁니다. 이는 외부의 사물을 조금 잃고 근심하는 것입니다.

무엇 때문에 우리 몸에 주어진 세월은 유한한데 잘못

된 일에 골몰하면서 큰 것을 잃어버리는 데도 근심하지 않으며, 정토의 인연을 만나기 어려운데 지금 다행하게 만나서 얻은 것이 큰 데도 기뻐하지 않습니까. 이는 다만 조그만 득실만을 보고서 기뻐하고 근심할 줄 알면서 득실이 큰 것에 이르러서는 모르는 것이니, 깊이 생각하지 않음이 어찌 그리 심합니까.

더구나 시간을 허비하지도 않고 힘을 매우 적게 쓰면서도 그 효험과 공덕은 말로 다할 수 없는 것이 있는데 무엇 때문에 닦지 않습니까. 이치가 이와 같은 데도 수행하지 않으니, 가히 애통하고 애석하기 그지없습니다.

우열을 비교하여 미혹한 이에게 정토에 왕생함을 구하도록 권하다

사람들이 갑자기 정토의 영상에 관해서 들으면 대부분의 사람들이 믿지 않는 것은 족히 괴이할 것이 없습니다. 대개의 사람들은 눈 앞에 보이는 것에 구애되어 보이지 않는 것을 말하면 일축해 버립니다. 이것도 또한 이와 같을 뿐입니다. 가령 누추한 시골의 더러운 땅에 거처하는 사람이 어떻게 넓은 저택의 청정함을 알겠으며, 조그만 그릇의 변변치 않은 음식을 먹은 사람이 어떻게 식전의 방장方丈을 알겠으며, 다 떨어진 궤짝에 변변치 않은 물건을 넣어둔 사람이 어찌 하늘 창고가 가득 차서 넘치는 것을 알겠습니까.

그러므로 사바의 혼탁한 세계에 거처하면서 청정불토가 있다는 것을 믿지 않습니다. 그 때문에 어머니의 태로부터 태어나서 생장한 사람은 연화대 가운데 화생하는 것을 모르고, 수명이 백 년에 불과한 사람은 저 항하사수와 같은 수명이 있다는 것을 모르며, 옷과 음식을 지어서 얻은 사람은 자연의 의식을 모르고, 근심과 고뇌를 떠나야 쾌락이 있다고 생각하는 사람은 순일한 쾌락이 있다는 것을 모릅니다.

그렇다면 부처님의 말씀이 목전에 보이지 않는다고 해서 믿지 않아서는 안 됩니다. 더욱이 부처님께서 허망한 말로써 사람들을 그토록 간절하게 경계하셨겠습니까. 반드시 허망한 말로써 사람을 속인 것이 아닙니다.

세상 사람들이 거짓말을 하는 것은 이익을 얻으려고

하는 것이 아니면 해로움을 피하고자 하는 것입니다. 부처님께서는 세상에서 구하는 것이 없는데 무슨 이익을 엿봄이 있겠으며, 부처님께서는 생사를 칼로써 허공을 베는 것처럼 보시는데 무슨 해로움을 피하려 함이 있겠습니까.

이러하므로 부처님께서 망어를 하실 까닭이 없습니다. 세간의 중간 이상되는 사람도 오히려 본성을 상하게 하는 것이기 때문에 망어를 긍정하지 않는데, 하물며 부처님의 경우이겠습니까. 그 말씀을 믿을 수 있다는 것은 족히 의심할 것이 없는 일입니다.

십계를 쌍으로 밝혀 유생들에게 정토에 왕생함을 구하도록 권하다

유생들은 불교도들이 계행이 없다는 이유 때문에 그 가르침을 경시하고 그로 인해 정토를 믿지 않는데, 이는 그렇지 않습니다. 어찌 도사가 불초하다고 해서 노자를 경시하며, 선비들이 불초하다고 하여 공자를 경시할 수 있겠습니까. 지혜있는 자는 사람으로 인해서 그 말을 폐지하지 않는 법이거늘, 하물며 그 교도들 때문에 그 종교를 경시할 수 있겠습니까.

석가모니불의 가르침에는 출세간법과 세간법이 있습니다. 그 세간법과 유교의 가르침은 같은 것이 이루 다 헤아릴 수 없을 정도입니다. 그 중에서 크게 같은 것을 들어서 말해보겠습니다.

부처님이 부지런히 힘써 세인을 가르친 것은 악을 경계하고 선을 권한 것입니다. 유교의 가르침도 어찌 악을 경계하고 선을 권한 것이 아니겠습니까.

부처님이 살생 · 투도 · 사음 등 몸으로 짓는 삼업을 경계한 것과, 공자가 말한 '훌륭한 정치로 백성을 감화시켜 살생을 물리침[勝殘去殺]'과, 시경을 편찬한 사람이 말한 '문왕의 덕이 짐승과 곤충에게까지 미쳤다.'고 한 것이 어찌 살생을 경계한 것이 아니겠습니까. 투도偷盜는 진실로 말할 필요가 없습니다.

공자가 말한 '나는 덕을 좋아하기를 여색을 좋아하는 것만큼 하는 이를 아직 보지 못했다.'고 한 것과 시경을 편찬한 이가 '덕을 좋아하지 않고 미색을 즐긴다.' 고 풍자한 것이 어찌 사음을 경계한 것이 아니겠습니까.

불교에서는 망언妄言 · 기어綺語 · 양설兩舌 · 악구惡口의 입으로 짓는 네 가지 업을 말합니다. 공자가 '사람이 신의가 없으면 그가 옳은 지 알 수 없다.' 고 한 것이 어찌 망언을 경계한 것이 아니겠습니까. '말을 교묘하게 하고 얼굴빛을 꾸미는 사람은 인을 갖춘 사람이 드물다.' 고 한 것이 어찌 기어를 경계한 것이 아니겠습니까. 『서경』에서 "너는 면전에서는 복종하고 뒤에서 다른 말을 하지 말라."고 한 것이 어찌 양설을 경계한 것이 아니겠습니까.

악구는 증오와 분노에서 나오는 소리를 말합니다. 오히려 추잡한 말에 미치지 못하는데, 순자荀子가, "다른 사람을 상하게 하는 말은 창으로 찌르는 것보다 심하다." 고 말하였는데, 이것은 아닌 게 아니라 증오와 분노에서 나오는 말을 경계한 것입니다.

불교에서는 탐 · 진 · 치의 뜻으로 짓는 삼업을 말합니다. 공자가 말한 '이득을 보면 의를 생각하라.' 고 한 것은 탐욕을 경계한 것이며, 백이와 숙제가 '구악舊惡을 생각하지 않는다.' 고 한 것은 성내는 진심을 경계한 것이며, '곤란을 겪으면서 배우지 않으면 백성은 하열한 일을 한다.' 고 한 것은 어리석음을 경계한 것입니다. 이와 같은 말을 연유해 볼 때 유교와 불교의 가르침은 일찍이 다르지 않습니다. 다만 유가의 가르침은 세간법에 그치고 불교의 가르침엔 출세간법이 있습니다.

유가는 세간법에 그치기 때문에 유독 한 세상을 말하고 하늘에 귀결시켰으며, 불교의 가르침엔 출세간법이 있기 때문에 여러 세상이 있음을 알고 중생업연의 본말을 보여주니, 이 점이 다를 뿐입니다.

불교의 장점을 알고자 한다면 반드시 『능엄경』·『능가경』·『원각경』·『무개장보살소문경』을 보아야 하고, 『금강경』의 이치를 깨우쳐야 합니다. 이와 같이 하지도 못하면서 비난한다면 공자가 말한 '알지도 못하면서 행한다.' 고 한 경우에 해당되는 것이니, 경계하지 않아서야 되겠습니까.

진실로 이와 같다면 불교의 가르침은 믿을 수 있을 것이니, 그 정토에 관한 말을 어찌 믿지 않을 수 있겠습니까. 소위 출세간법에서도 정토의 가르침은 그 요체이니 힘써 행하지 않으면 안 됩니다.

부지런히 수행하고 집착을 끊어 왕생을 구하도록 권하다

세상에서 외골수로 집착하는 사람들은 "유심정토인데 어떻게 다시 정토가 있겠으며, 자성이 아미타이므로 다시 아미타를 볼 필요가 없다."고 말합니다.

이 말은 그럴 듯하지만 사실이 아닙니다. 무엇 때문에 그러한가 하면, 서방정토에는 이치理와 자취迹가 있습니다. 그 이치를 의논해 보면, 그 마음을 청정하게 할 수 있으면 모두가 청정해지므로 진실로 유심정토라고 할 수 있으나, 그 자취를 의논해 보면 실제로 극락세계가 있습니다. 부처님께서 정성스럽고 상세하게 반복해서 말씀하셨으니 어찌 허망한 말이겠습니까.

사람마다 성불할 수 있기 때문에 자성미타自性彌陀라고 말하는 것은 실로 허망한 것이 아닙니다. 하지만 이 말만으로는 끝내 여기에 이를 수 없습니다. 비유하면 좋은 재목으로 지극히 화려한 물상을 조각할 수 있지만, 반드시 조각하는 공을 들인 연후에야 이룰 수 있는 것이니, 좋은 재목을 가리켜 물상이 화려하다고 할 수 없는 것과 같습니다. 이것이 소위 유심정토이므로 다시 다른 정토가 없으며 자성이 아미타이므로 새삼 아미타불을 볼 필요가 없다고 하는 사람들이 범하는 잘못입니다.

또 어떤 사람은 정토를 믿으면서도 유심이라는 말에 빠져 서방세계에 태어날 필요가 없다고 하는데, 모두가 근본 뜻을 잃은 것입니다. 무엇 때문인가. 이 유심이라는 말은 너무 고원하기 때문에 도달하기가 쉽지 않습니다. 때문에 고인이 말하기를, '도를 보아야만 도를 닦는다.' 고 하였고, 또 '한 바퀴로는 구르지 못하며 날개 하나로는 날지 못한다.' 고 했고, '행해行解가 서로 상응해야 조사라 한다.' 고 하였습니다.

규봉스님은 '본래 부처이지만 부지런히 수행해야 하고, 무명이 본래 없지만 모름지기 끊어야 한다.' 고 했으며, 조사스님께서는 '만약 털끝만큼이라도 습기의 번뇌가 다하지 않으면, 지옥에 가서 쇳물을 머금고 안장을 짊어진 채 그 과보를 보상하는 것을 면치 못하리라.' 고 말씀하셨습니다.

그러므로 우리 마음이 정토라고 할 수 있지만 끝내 정

토라고 하지 못하며, 우리의 성품이 아미타라고 할 수 있지만 끝내 아미타라고 하지 못합니다. 어찌 마음이 정토라고 하며 닦지 않고, 아미타를 버리고 보려 하지 않습니까.

『무량수경』에서 '시방세계는 아미타국에 왕생하려는 무형의 보살들이 있다.' 고 말씀하셨습니다. 저 보살들도 도리어 왕생하려 하는데 내가 어떤 사람이기에 저곳에 가려 하지 않습니까. 과연 저 모든 보살들보다 더 뛰어나다고 할 수 있겠습니까.

오늘 이 도량의 동업대중이여, 백거이로부터 왕허중에 이르기까지 선세의 이름있는 선비들이 모두 서방정토를 찬탄하는 법문을 들었으니 우리는 다같이 지극한 마음으로 오체투지하고 세간의 대자대비하신 부처님께 귀의합니다. (반배)

지심귀명례 **교주석가모니불** 教主釋迦牟尼佛

지심귀명례 **서방아미타불** 西方阿彌陀佛

지심귀명례 **당래미륵불** 當來彌勒佛

지심귀명례 **연화존풍불** 蓮花尊豊佛

지심귀명례 **정보흥풍불** 淨寶興豊佛

지심귀명례 **전등번왕불** 電燈幡王佛

지심귀명례 **법공등불** 法空燈佛

지심귀명례 **일체중덕성불** 一切衆德成佛

지심귀명례 **현번당왕불** 賢幡幢王佛

지심귀명례 **일체보치색지불** 一切寶緻色持佛

지심귀명례 **단의발욕제명불** 斷疑拔欲除冥佛

지심귀명례 **의무공구위모불수불**
意 無 恐 懼 威 毛 不 堅 佛

지심귀명례 **사자불** 師子佛

지심귀명례 **명칭원문불** 名稱遠聞佛

지심귀명례 **법명호불** 法名號佛

지심귀명례 **봉법불** 奉法佛

지심귀명례 **법당불** 法幢佛

지심귀명례 **문수보현양대보살** 文殊普賢兩大菩薩

지심귀명례 **관음세지양대보살** 觀音勢至兩大菩薩

지심귀명례 **청정대해중보살** 清淨大海衆菩薩

또다시 이와 같은 시방 진허공계의 모든 삼보와 한량없는 현성께 귀의합니다. (반배)

오늘 이 도량의 동업대중이여, 색신을 보존하기 어려우니 강건할 때를 놓치지 말고 이 대사를 완성해야 하는 것이니 항상 이와 같이 생각해야 합니다.

'우리는 무시이래로 육도에 윤회하여 일찍

이 이 법문을 만나지 못했기 때문에 생사를 벗어나지 못하였다. 오늘 이 법문을 만났으니 어찌 즉시 손을 쓰지 않을 수 있겠는가.'

나이 많은 사람은 마땅히 힘써서 행해야 하고 나이 어린 사람도 머뭇거려서는 안 됩니다. 삼교三教를 함께 수행하면 구류九流가 다 같이 왕생하는데, 목숨을 마치고 극락세계에 태어나러 가는 길에 죽은 사람이 저승에 들어가는 것을 돌아보나, 공포심을 느끼는 사람이 지인이라 하더라도 어찌 할 수가 없으니, 언젠가는 반드시 대자대비로 육도에 윤회하는 모든 중생들을 구호하여야 합니다.

지금부터 왕생에 이르기까지 원하옵건대 제자 ○○ 등은 이 법문을 받들어 탐 · 진 · 치 등 모든 번뇌로 지은 죄업을 참회하고,

삼계가 감옥과 같고 사대가 독사와 같으며, 오음이 원수와 같음을 잘 알아 의혹의 뿌리를 뽑아내고, 무명의 근원을 끊어 십바라밀을 쉬지 않고 수행하여 열반이 항상 현전할 수 있도록 하겠습니다. 참회를 마치고 항상 머무시는 삼보님께 지극한 마음으로 예경합니다.

〈제 3권 끝〉

〈주註〉

수참 ___ 『神僧傳』에 의하면 "당나라의 의종毅宗 때에 오달悟達 법사 지현知玄의 무릎 위에 면창面瘡이 생겨서 신승神僧의 말에 의해 참회를 닦고 삼매의 물로 씻으니 병이 나았다. 이에 『자비수참법』3권을 지어 수참법이라." 하였다.

팔분재계 ___ 8정도의 가르침대로 수행하는 것.

난야*蘭若* ___ 아란야라고도 하는데 적정처寂靜處로서 수행자가 거처하는 숲 속의 조용한 암자.

척벽촌음*尺璧寸陰* ___ 尺璧非寶[한자되는 구술이 보배가 아니요] 寸陰是競[한치의 짧은 시간을 아껴야 한다.]에서 기원하는데, 회남자淮南子 원도훈原道訓에 "성인은 한자나 되는 보배를 귀하게 여기지 않으며, 짧은 시간을 귀히 여긴다[故聖人不貴尺之寶而重寸之陰] 시간은 얻기는 어려워도 잃기는 쉽기 때문이다"라고 했고, 주자의 시에도 "소년은 늙기 쉽고 학문은 이루기 어렵다[少年易老 學難成]"고 하였다.

화광동진*和光同塵* ___ 이 말은 『노자』"和其光 同其塵[그 빛을 부드럽게 하여 속세의 더러움과 융합하는 것]"에서 연원하여 불보살님이 스스로의 빛을 온화하게 하여 번민하는 중생들과 같이 하는 것을 의미한다.

승잔거살*勝殘去殺* ___ 이 말은 『논어』에 나오는 내용이다. 공자께서 말씀하셨다. "착한 사람이 백 년 동안 나라를 다스리면 잔혹한 자를 물리치고 살인이 없도록 할 수 있다고 했다. 이는 옳은 말이다.[子日 善人爲邦百年 亦可以勝殘去殺矣 誠哉 是言也]"

제 4 권

아미타참법 제4권

4. 왕생전록

(『왕생전록』을 지은 이유는 다음과 같습니다.

시대가 삼재의 겁에 가까워지고 오탁의 시기에 임하면 지옥에 들어가는 자가 소털처럼 많고 극락 연지蓮池에 태어나는 이는 기린의 뿔처럼 적어집니다. 이 때문에 석가모니 부처님께서 성스러운 가르침을 남기시어 염부제에서 아미타세존이 말법에 중생들을 제도하도록 하셨으니, 그 때문에 자비의 광명을 얻어 원력으로써 섭수하였습니다. 부처님의 힘은 생각이나 말로 하기 어렵지만 원을 세우면 반드시 맞아주어 중생의 근기에 따라 가피를 내리십니다.

우리들은 숙생에 어떤 다행한 인연이 있어서 이 정토문을 만날 수 있었는가. 부처님의 은혜에 보답하기 위해 바로 아미타참법을 편집하고 이에 왕생한 사적들을 모았으니 절대로 이단을 공격하려는 것이 아닙니다. 전기에 의지하여 문장을 밝혔으니, 이것은 '조술할 뿐 창작하지 않는다述而不作' 고 하는 것입니다.

극락으로 가는 길을 알고자 한다면 우선 다음의 왕생한 사람들의 발자취를 살펴보십시오.)

오늘 이 도량의 동업대중이여, 앞의 가르침에서 이미 인용하여 비교 · 증명하였으니, 다음에는 『왕생전록』을 밝히겠습니다. 이것은 교전教典에서 널리 채록하고 고금을 모두 묶어 의심을 활짝 열어서 풀어주어 십신十信의 경지를 뛰어넘게 하는 것입니다.

피안의 언덕에 오르면 배는 잊어버려야 합니다. 찾아와서 나루터를 묻는 사람이 있으면, 이 말을 소홀히 여기지 말아야 그 뜻을 잘못 오인하여 그곳에 떨어져 후회하는 일이 없습니다. 정토왕생을 구하고자 하면 우선 마땅히 예참을 통해 우리가 무시로부터 지금까지 지은 죄장을 뽑아서 소멸시켜야 합니다.

다같이 한결같고 평등하며 지극하고 간절한 마음으로 오체투지하여 세간의 대자대비하신 부처님께 귀의합니다. (반배)

지심귀명례 **교주석가모니불** 教主釋迦牟尼佛

지심귀명례 **세자재왕불** 世自在王佛

지심귀명례 **서방아미타불** 西方阿彌陀佛

지심귀명례 **삼십육구지불** 三十六俱胝佛

지심귀명례 **서방현재일체제불** 西方現在一切諸佛

지심귀명례 **무량수불** 無量壽佛

지심귀명례 **무량온불** 無量蘊佛

지심귀명례 **무량광불** 無量光佛

지심귀명례 **무량당불** 無量幢佛

지심귀명례 **대자재불** 大自在佛

지심귀명례 **대광불** 大光佛

지심귀명례 **광염불** 光談佛

지심귀명례 **대보당불** 大寶幢佛

지심귀명례 **방광불** 放光佛

이와 같이 항하사수 부처님께서는 서방에 머무시면서 광장설로 부처님의 공덕을 찬탄하시고 법문을 섭수하십니다.

지심귀명례 **문수보현양대보살** 文殊普賢兩大菩薩

지심귀명례 **관음세지양대보살** 觀音勢至兩大菩薩

지심귀명례 **청정대해중보살** 淸淨大海衆菩薩

또 다시 이와 같은 시방 진허공계의 모든 삼보와 한량없는 현성께 귀의합니다. (반배)

오늘 이 도량의 동업대중이여, 마음과 귀를 잘 섭수해서 하나하나 자세히 들으십시오. 뜻으로나 흩어진 마음으로나 부처님을 생각하고 부르며 관상하여 1일에서 7일 동안, 한결같은 소리로써 십념十念을 하고, 경에 의지하여 수지하고, 보고 듣고 따라 기뻐하면 모두가 극락세계에 왕생하나니, 각각 『왕생전록』에 나오는 것과 같습니다.

(※『왕생전록』에 나오는 것은 출처를 생략하고 그 이외 다른 것은 개별적으로 출처를 밝힘.)

여산 혜원 스님(335~417)이 백련결사를 하여 왕생하다

『양고승전梁高僧傳』 제 6 권에서 말하기를, "동진東晋의 혜원스님은 안문鴈門사람인데, 여산에 거처하면서 유유민劉遺民 등 승속 백 이십삼 인과 백련결사를 하여 정토문을 수행하면서 뒷날에 연화대 가운데 태어나고자 하였습니다.

유유민이 감응을 찬송하는 글을 지었습니다. 한 선인仙人이 구름을 타고 와서 공중에서 법을 청하였는데, 혹은 맑은 범패성을 연주하기도 하고 장풍을 몰아오기도 하였습니다.

혜원스님은 맑은 마음으로 관상하여 처음 십 년 동안 세 번 거룩한 모습을 보았지만, 성품이 깊고 후덕하여 말하지 않았습니다. 이후 칠월에 혜원스님은 또 아미타불신이 허공에 가득하고 원광圓光 가운데 모든 화신 부처님과 관세음과 대세지보살이 좌우에서 시립하고 있는 것을 보았습니다. 또 물이 흐르는 것과 같은 광명이 열네 줄기로 나누어지고 하나하나의 줄기에서 상하로 물이 흐르면서 자연히 공 · 무상 · 무아의 묘법을 연설하시는 것을 보았습니다.

『관무량수경』에서 설하신 것처럼 부처님께서 혜원법사에게 말씀하셨습니다. "내가 본원력으로 그대를 안위케 해주기 위해서 왔노라. 칠일 후에 나의 국토에 태어나리라." 가서 보니 불타야사 스님과 혜지담순 스님이 부처님 곁에 있다가 앞을 향해 읍을 하면서 혜원법사에게 말하였습니다. "법사께서 정토에 뜻을 둔 것이 우리보다 먼저인데 어찌 오는 것이 그리 늦습니까?"

혜원스님은 자신이 분명하게 보고서 그 문도들에게 말하였습니다. "내가 정토에 왕생하기를 바라고 이곳에 거처하면서 처음에 세 번 거룩한 모습을 보았다. 지금 다시 거룩한 모습을 보았으니, 내가 정토에 태어날 것이 분명하다."

다음날 병들어 누워서 칠 일째에 이르러 성중聖衆이 멀리서 맞이하러 오자 적연히 천화하였습니다. 때는 의희義

熙 십이 년 팔월 육일이었는데, 함께 모여 수행했던 백 이십삼 인도 전후로 모두 정토에 왕생한 사실이 비문에 나열되어 있습니다.

진나라 궐공이 수행의 과보로 왕생하였음을 시현하다

『고승전高僧傳』에서, 동진의 궐공은 혜원스님의 백련결사에 참여한 사람이라고 하였습니다. 그가 죽자 도반이 동경東京 백마사白馬寺에서 기일을 지냈는데, 숲에 있는 나무와 전각과 집이 모두 금색이 되면서 공중에서 소리가 들렸습니다. "나는 궐공이다. 바라던 대로 극락보국에 마침내 왕생하였다. 그래서 이곳에 와서 수행의 과보가 있음을 보여준다."

말을 마치자 보이지 않았습니다.

천태지자(538~597) 대사가 삼매에 들어 왕생하다

천태지자 석지의釋顗顗의 자字는 덕안德安이며, 영천潁川 사람인데, 개황開皇 십칠 년에 황제로부터 보살계를 내려달라는 청을 받아 수행한 이후 산으로 돌아가 일심으로 삼매에 들었습니다. 다음 날에 삼매로부터 일어나 제자인 지월智越에게 말하기를, "나의 허깨비같은 형질이 내일 아침 해돋을 무렵에 입멸하리라. 너는 석성石城에서 엄숙하게 향을 수지하고 기다려라. 나는 이 업보로 받은 몸을 바꾸어야겠다."고 하였습니다.

지의스님이 시상施牀에 이르러 서쪽을 향해 오로지 아미타불과 두 보살을 칭념하고, 정토의 화불과 보살들이 와서 수호해주기를 염하였습니다. 또 시자에게 『무량수경』을 독송하라고 명하고 일심으로 고요하게 삼매에 들었습니다. 독경이 끝나자 대중을 돌아보면서 합장하고 찬탄하며 말했습니다.

"사십팔원으로 정토를 장엄하니, 연화지와 보배나무

로다. 도달하기 쉬우나 사람이 없네. 불타는 수레가 나타나는 것을 보고 일념으로 참회하는 사람도 오히려 왕생할 수 있거늘 하물며 계와 정을 거듭 닦아 성스러운 수행과 도력이 실로 허망하지 않은 사람이야 어찌 왕생할 수 없으리요."

그리고 제자에게 향과 촛불을 많이 켜라고 부촉하고 또 가사와 발우와 주장자를 집어서 몸 곁에 놓았습니다. 재식齋食을 올리려는 사람이 있었는데 스님께서 말씀하시기를, "모두에 반연하지 않을 수 있는 것이 진실한 재식이다."라고 하였습니다.

또 향을 잡고 입을 깨끗하게 씻고 나서 십여시十如是·사불생四不生·십법계十法界·삼관三觀·사지四智·사무량四無量·육바라밀六波波羅蜜 등의 법을 말씀하셨습니다.

어떤 스님이 그 증득한 것을 묻자 스님께서 대답했습니다. "내가 대중에게 알려주지 않았더냐. 육근을 청정하게 하고 타인을 위해 자기가 손해를 보라. 나는 오품의 계위[五品弟子位]에 들었을 뿐이다."

또 말하기를, "인명이 다하려 할 때 경쇠소리를 들으면 정념正念이 증장된다. 그대는 경쇠를 울려 나의 정념을 증장시켜라.” 하고 즉시에 아미타불과 관음 · 세지 보살들의 성중이 깃발과 꽃을 들고 맞이하러 오는 것을 보고 아미타불의 불상 앞에 단정히 앉아 목숨을 마쳤습니다. 이에 제자들은 법구를 불감암佛龕嵓에 모셨습니다.

대업大業 원년元年 구월에 양제煬帝가 사신을 보내 산에 들어가 기재를 올리게 하였습니다. 승려들이 모여 석실石室을 열어보니 다만 빈 걸상만이 있을 뿐이었습니다.

후위의 담란스님(476~542)이 신이를 보이고 왕생하다

후위 벽곡壁谷의 담란스님은 처음에 자도自陶에 은거하면서 선경仙經 열 권을 얻었습니다. 담란은 흔연히 기뻐하면서 스스로 신선을 극치의 경지로 여길 수 있다고 생각하였습니다.

후에 보리유지菩提留支 스님을 만나서 질문하였습니다. “불도에 장생이 있습니까. 늙어서도 죽지 않을 수 있습니까.” 보리유지스님이 말하기를, “장생불사는 우리 불도의 가르침이다."라 하고, 『관무량수경』을 주면서 일렀습니다. "그대가 이 경을 독송하면 삼계육도에 다시는 태어나지 않으며, 그 수명은 겁석劫石과 항하사수가 된다. 겁석과 항하사의 수는 오히려 한계가 있지만 무량수의 수는 무궁하다. 이것이 우리 부처님의 장생이다."

담란은 이 말을 깊이 믿고 드디어 선경을 불사르고 오로지 『관무량수경』을 수행하면서 추위와 더위가 변화하고 질병에 걸려도 게으름을 피우지 않았습니다. 위나라 왕이 그 뜻이 고상함을 어여삐 여기고, 스스로 수행하여 남을 교화해 그 가르침이 유전하여 널리 퍼짐을 치하하며 신란神鸞이라고 호를 내렸습니다.

어느날 제자에게 말하기를, "지옥의 모든 고통은 두려워하지 않아서는 안 되며, 아홉등급의 연화대에 태어나는 정업을 닦지 않아서는 안 된다." 따라서 제자들에게 "고성으로 아미타불을 칭념해야 한다."고 말하였습니다. 담란스님은 서쪽을 향해서 눈을 감고 머리를 조아리며 세상을 떠났습니다. 이 때에 승속이 다같이 여러 악기소리가 서쪽에서 들려오다가 한참 지난 후에야 그치는 것을 들었습니다.

당나라 정관貞觀 삼년 사월 팔일에 이르러 스님과 신도들이 다 같이 그 절에 모였으니 여래께서 탄생하신 날입니다. 이 때 담란법사가 공중에 칠보로 된 배를 타고 나타나 제자인 도작道綽을 손으로 가리키며, "정토에 그대의 당우가 이미 지어져 있는데, 다만 업보의 수명이 다하지 않았을 뿐이다."라고 말하는 것을 보았습니다. 또 화불과 보살들이 표표히 공중에 떠 있는 것을 보고 대중이 이에 경탄하면서 큰 신심을 일으켜 복종하였으니, 선근 종자가 없는 무리인 일천제一闡提도 또한 복종하였습니다.

전당의 소강이 광명을 놓으며 왕생하다

당나라 목주睦州 사람인 석소강釋少康은 정원貞元 초에 백마사白馬寺에 내려왔다가 전각 가운데서 문자가 여러 차례 광명을 발하는 것을 보고 찾아가서 알아보니, 선도善導 스님이 서방에서 화도化導하고 있다는 글이었습니다.

소강이 말하기를, "만약 나에게 정토에 인연이 있다면 마땅히 이 문자가 다시 광명을 발하리라."하니, 말이 끝나기도 전에 광명이 번쩍번쩍 빛나면서 장안에 있는 선도의 영당影堂에 이르렀습니다.

선도스님이 공중에서 말하였습니다. "그대가 나의 일에 의지해서 모든 유정들을 이롭고 즐겁게 하면 그대의 공덕으로 다 같이 극락에 왕생하리라."

또 한 스님이 그에게 말하길, "그대가 사람들을 교화하려면 신정新定으로 가야 한다." 하고 말을 마치자 사라졌습니다. 그 곳에 이르니 아무도 아는 사람이 없었습니다. 소강스님은 돈을 얻어 어린 아이를 꾀어 돈을 주면서 이렇게 약속했습니다. "아미타불께서 본래 너의 스승이시니 한 번 염불하면 일전을 주겠다." 어린 아이가 그 돈을 얻으려고 큰소리로 염불하였습니다.

몇 달 지난 후에 염불하여 돈을 얻으려는 어린 아이들이 많아졌습니다. 그래서 소강이 말하기를, "염불 십성十聲하면 너에게 돈을 주겠다." 어린이들이 이와 같이 따라서 염하여 부른 지 일 년이 되자 어른과 어린이, 귀하고 천한 이를 가릴 것 없이 소강을 보는 사람은 모두 아미타불을 염불하게 되었습니다. 이리하여 염불하는 사람이 도로에 넘치게 되었습니다.

후에 소강스님은 오룡산烏龍山에 정토도량을 세웠는데, 소강이 자리에 올라 사람들을 서쪽으로 향하게 하고서 소강이 아미타불을 선창하고 여러 사람들이 따라하게 하였습니다. 소강이 선창할 때 대중들이 그 입으로부터 부처님 한 분이 나오는 것을 보았습니다. 연이어서 십성을 창하면 열 부처님이 나와 구슬을 꿰어놓은 것 같았습니다.

소강스님이 말하였습니다. "그대들은 부처님을 보았는가. 부처님을 보면 결정코 정토에 왕생하리라." 그래서 부처님께 예를 올리는 이가 수천 명이었지만 또한 끝내 보지 못하는 자도 있었습니다. 후에 대중들에게 부촉하기를, "극락에 가려는 마음을 증진시키고 염부제가 싫어서 벗어나고 싶은 마음을 일으켜야 한다." 또 "그대들이 지금 광명을 볼 수 있으면 진실로 나의 제자이다."라고 말하자 드디어 기이한 광명을 여러 줄기 발하면서 세상을 떠났습니다.

계방과 원과스님이 종소리를 듣고 왕생하다

당나라 분주汾州의 스님 계방啓芳과 원과圓果 두 법사가 정심으로 정토를 관상하여 일곱 달 뒤에 관상하던 가운데 다 같이 칠보로 장엄된 큰 연못에 몸이 이르는 것을 느꼈습니다. 연못에는 큰 보배가 있었습니다. 몸을 움직여 그 안에 들어가 관음 · 세지 두 보살께서 두 개의 대보련화에 앉아 있는 것을 보았는데, 그 아래는 천만이나 되는 연꽃이 가득 차 있었습니다.

또 아미타불께서는 서쪽에서 오시어 가장 큰 연꽃에 앉아 계신 것을 보았는데, 이 연꽃들이 번갈아가며 광명을 내어 서로를 비추어 주고 있었습니다.

계방 등이 부처님께 예를 올리고 여쭈었습니다. "염부제에 있는 중생이 경에 있는 가르침에 의지하여 염불하면 이 곳에 태어날 수 있습니까?" 부처님께서 대답하시기를, "나의 명호를 염하여 부르면 모두가 나의 국토에 태어날 수 있다. 염불하여 부르고도 태어나지 못하는 이는 한 사람도 없다.” 또 석가모니불과 문수보살께서 그 앞에서 정토를 찬탄하는 것을 들었습니다.

또 큰 전각이 있어 그 전각에 길이 세 개 있고 보배로 계단이 되어 있었습니다. 첫 번째 길에는 모두 속인들만 있었고, 두 번째 길에는 승속이 서로 반씩 있었고, 세 번째 길에는 스님만 있고 속인은 없었습니다.

부처님께서 계방과 원과에게 말씀하셨습니다. “이들은 모두 남염부제의 중생들인데 염불하여 마침내 이곳에 태어났느니라. 너희들도 마땅히 스스로 힘쓰도록 하라.”

계방과 원과가 깨어나서 이것을 생생하게 그 문도들에게 말하였습니다. 그 뒤 다섯 달 후에 병도 없이 번갈아서 종소리를 들었는데 다른 사람은 듣지 못했습니다. 계방과 원과가 말기를, “종소리가 났으니 우리 일이 다하였다.”하고는 순식간에 두 사람이 함께 목숨을 마쳤습니다.

태주의 회옥스님이 금대를 타고 왕생하다

회옥懷玉은 단구丹丘 사람인데 사십 년 가까이 정토업을 관상하는 데 주력하였습니다.

대보大寶 원년元年에 회옥스님이 염불을 하다가 홀연히 항하의 모래알만큼 많은 서방의 거룩한 대중을 보았습니다. 그 중에서 한 사람이 손에 은대銀臺를 가지고 와서 회옥에게 보여주었습니다. 회옥스님이 말하기를, "나는 금대를 바라는 사람인데 무엇 때문에 은대인가?" 하자 대도 사라지고 사람도 곧 사라졌습니다. 이에 더욱 힘써 가행정진하여 삼칠일에 이르자 지난 번에 대를 가지고 왔던 사람이 다시 와서 고하였습니다.

"법사께서 힘써 정진하였기 때문에 상품에 오르게 되었습니다." 또 말하길, "상품에 왕생하여 반드시 부처님을 뵐 것입니다."라 하고 가부좌하여 부처님 오시기를 기다리니, 얼마 있지 않아 발꿈치에서 기이한 광명이 나와 방안을 비추고 또 삼일 뒤에 다시 기이한 광명을 발하였습니다.

회옥스님이 말하길, "만약 기이한 향냄새가 나면 나의 업보신이 다한 것이다." 하고 다음날 게송을 지어서 말하였습니다.

청정하고 교결하여 때가 없으니
연화대에 화생하여 부모 삼았네.
내가 수도한 지 십 겁이 지났으니
염부제의 온갖 고통 벗어남을 보여주리라.
일생의 고행이 십 겁을 뛰어 넘으니
원컨대 사바 떠나 정토에 돌아가리라

게송을 마치자 사방에서 향기가 났습니다. 제자들은 부처님과 두 보살이 금대를 타고 곁에 있는 천백의 화불과 함께 서쪽으로부터 내려와서 회옥을 맞이하는 것을 보았습니다. 회옥이 공경스럽게 합장하고 미소를 머금은 채 먼 길을 돌아갔습니다.

상주의 도앙스님이 기악소리를 들으며 왕생하다

『속고승전續高僧傳』 제20권에 이르기를, 당나라 상주相州 한릉산寒陵山의 석도앙釋道昻은 성씨가 미상으로 뜻을 서방정토에 두고 극락에 태어나기를 원하였습니다. 후에 스스로 목숨이 다함을 알고 봄春에 인연있는 모든 사람들에게 고하기를, "팔월 초에 이르러 이별하리라." 하였지만 그 뜻을 아는 사람이 없었습니다.

기약한 달이 되어도 아픈 곳이 하나도 없었습니다. 재를 지낼 때에 높은 자리에 올랐는데, 몸에 기이한 모습을 머금고 향로에서는 기이한 향내음이 났습니다. 이에 대중을 모아놓고 보살계를 내렸는데, 그 말씀이 긴요하고 간절하여 듣는 사람이 오싹하였습니다.

이 때에 대중들이 에워싸고 있었는데 도앙스님이 눈을 높이 들어 바라보니 하늘의 무리들이 화려하게 현악기와 관악기를 연주하고 있었습니다. 공중에서 맑은 음성이 먼 곳까지 들리면서 대중들에게 고하였습니다. "도솔천이 음악을 연주하면서 내려와 도앙스님을 맞이하고자 합니다."

도앙스님이 말하기를, "천도는 생사의 근본이라 본래부터 내가 원하는 바가 아니다. 나는 항상 마음으로 정토를 바라고 있는데, 이것은 무슨 말인가. 진실로 따를 수 없다." 말을 마치자 문득 모든 하늘 음악이 위로 올라가서 사라졌습니다.

그리고는 바로 서방의 향화와 기악이 뭉게 구름과 같이 가득히 날리며 와서 정수리 위에서 빙빙 도는 것을 모든 대중들이 보았습니다. 도앙스님이 대중들에게 말하기를, "지금 서방에서 신령한 모습으로 나를 맞이하러 왔다. 원하던 일이니 이제 가리라." 말을 마치고 다만 향로만을 보면서 손을 고좌高座 위에 내려놓고 단정하게 앉아 목숨을 마쳤으니, 이때가 정관 칠년 팔월입니다.

수나라의 두 사미가 동시에 왕생하다

수나라의 병주并州 문수현文水縣에 있는 개화사開化寺에 두 사미가 있었는데, 나이 어린 사람이 나이 많은 사람에게 말하였습니다. "사형은 정토업을 닦을 것이요, 한가롭게 나날을 보내지 마십시오." 그 말에 따라 함께 아미타불을 염하여 부르며 잠깐 사이에 오 년이 지났습니다.

그 나이 많은 사미가 먼저 죽어 정토에 왕생하여 아미타불께서 백 가지 보배와 자금색으로 된 연화대에 앉아 계신 것을 보고 우러러 예를 올린 다음 기쁜 마음을 못이겨 즉시에 부처님께 말씀드렸습니다.

"제자에게 나이 어린 동학이 있는데 지금 염부제에 있습니다. 함께 정토업을 행하여 이 국토에 태어나게 해주시지 않으시겠습니까?"

세존께서 대답하시기를, "너는 본래 무심으로 나의 명호를 염하여 불렀다. 이것은 그가 너에게 가르친 것이니 어찌 그를 의심하겠느냐. 그대를 보내줄테니 다시 돌아가 부지런히 정업을 행하되 나의 명호를 정념하여 삼 년 후에 그와 함께 오라."고 하셨습니다.

드디어 다시 살아났는데 어린 사미가 아미타불의 자비로운 말씀을 전해듣고 기뻐서 눈물을 흘리며 밤낮을 가리지 않고 전심으로 염불하였습니다. 삼 년이 지나자 두 사미는 심안이 밝게 열려 즉시에 아미타불과 여러 거룩한 무리들이 대지를 진동시키며 맞으러 오는 것을 보았으며, 또 허공에 천상의 꽃들이 가득찬 것을 보았습니다. 두 사미는 이를 보고 나서 홀연히 병도 없이 같은 시간에 목숨을 마치고 함께 정토에 왕생하였습니다.

명주의 가구스님이
믿은 과보로 왕생하다

명주明州의 가구可久스님은 항상 『법화경』을 독송하였기 때문에 구법화久法華라고 불렸으며, 평생 동안 정토업을 닦았습니다.

원우元祐 팔년, 나이 여든 한 살에 앉은 채로 천화하였다가 다시 살아나 정토에서 있었던 일을 말하는데 『관무량수경』에서 말한 것과 동일하였습니다.

"정토에 가서 연화대를 보았더니 합동으로 태어난 이들의 이름이 모두 표시되어 있었다. 한 자금대에는 송나라 성도부城都府의 광교원이 『법화경』을 익혔기 때문에 그 가운데 앉을 것이라고 표시되어 있고, 또 다른 금대에는 명주의 손자 십이랑十二郎이 그 가운데 함께 태어날 것合生이라고 표시되어 있고, 또 한 금대에는 구법화라고 표시되어 있고, 또 한 은대에는 명주의 서도고徐道姑라고 표시되어 있더라."라는 말을 마치고 다시 천화하였습니다.

오 년이 지나 서도고가 죽자 기이한 향기가 방에 가득 찼고, 또 십이 년이 지나 손자인 십이랑이 죽자 하늘 음악이 허공에 가득 찼습니다.

오늘 이 도량의 동업대중이여, 위에서 말한 바와 같이 왕생한 비구스님들의 사실을 알았으니, 오늘날 승려된 이들은 마땅히 이와 같이 스스로 생각해야 합니다. "나는 출

가인이다. 생사를 요달하는 것이 본분이니 이와 같이 티끌 세계인 속세에 골몰해서는 안 된다. 하루 아침에 죽음이 오면 무엇을 의지할 것인가. 세간의 선업을 짓는다 해도 생사윤회를 면할 수 없다. 만약 정토를 수행하면 속히 생사를 벗어나 면전에서 아미타불을 뵐 수 있다. 이렇게 해야만 비로소 출가한 일을 마치는 것이다. 또 나아가 이로써 다른 이를 교화하는 것을 승려라 한다."

앞의 왕생한 사실을 믿고 따라 행하면 이익이 무궁하여 반드시 상품에 왕생할 것입니다. 다같이 지극한 마음으로 오체투지하고 세간의 대자대비하신 부처님께 귀의합니다. (반배)

지심귀명례 **교주석가모니불** 教主釋迦牟尼佛

지심귀명례 **서방아미타불** 西方阿彌陀佛

지심귀명례 **당래미륵불** 當來彌勒佛

지심귀명례 **구루손불** 拘樓孫佛

지심귀명례 **구나함모니불** 拘那含牟尼佛

지심귀명례 **가섭불** 迦葉佛

지심귀명례 **사자불** 師子佛

지심귀명례 **명염불** 明炎佛

지심귀명례 **모니불** 牟尼佛

지심귀명례 **묘화불** 妙華佛

지심귀명례 **화씨불** 華氏佛

지심귀명례 **선숙불** 善宿佛

지심귀명례 **도사불** 導師佛

지심귀명례 **대비불** 大臂佛

지심귀명례 **대력불** 大力佛

지심귀명례 **수왕불** 宿王佛

지심귀명례 **수약불** 修藥佛

지심귀명례 **명상불** 名相佛

지심귀명례 **대명불** 大明佛

지심귀명례 **염견불** 炎肩佛

지심귀명례 **조요불** 照曜佛

지심귀명례 **일장불** 日藏佛

지심귀명례 **월씨불** 月氏佛

지심귀명례 **중염불** 衆炎佛

지심귀명례 **선명불** 善明佛

지심귀명례 **무우불** 無憂佛

지심귀명례 **문수보현양대보살** 文殊普賢兩大菩薩

지심귀명례 **관음세지양대보살** 觀音勢至兩大菩薩

지심귀명례 **청정대해중보살** 淸淨大海衆菩薩

또 다시 이와 같은 시방 진허공계의 모든 삼보와 한량없는 현성께 귀의합니다. (반배)

장안의 정진 스님이 수기를 받고 왕생하다

당나라 장안의 비구니 정진淨眞은 적선사積善寺에 거주하면서 가사를 입고 걸식을 하며 일생 동안 화를 내지 않고 『금강경』 십만 번을 독송하고 전심으로 정진하며 염불하였습니다.

현경顯慶 오년 칠월에 병이 들어 제자에게 말하였습니다. "오일 안에 아미타불과 관음 · 세지 보살과 헤아릴 수 없는 스님들을 열 번 보리니, 여래께서 광명을 놓아 나의 몸과 실내를 모두 환하게 밝혀줄 것이다. 또 극락국토를 장엄하는 일을 두 번 보리니, 보배 누각이 있고, 연못에는 온갖 색깔의 연꽃이 피어 물에 떠 있고, 금모래와 공덕수가 있으며, 여러 하늘의 동자들이 연못에서 유희하면서 자욱하고 기이한 향기를 맡느니라. 또 자금대를 보는데 하늘의 음악을 들으며 천만의 부처님은 모두가 진금색이며 나에게 미래에 성불하리라는 수기를 줄 것이다. 나는 상품왕생을 얻었다."

말을 마치고 가부좌하여 목숨을 마치니 광명이 그 사찰을 비추었습니다.

단양의 도원이 부처님을 뵙고 왕생하다

유송劉宋 단양의 비구니 도원道瑗은 어려서부터 총명하고 성장해서 계를 받은 후에 삼장을 깊이 있게 연구하여 그 요점을 더욱 크게 얻었고, 불상을 조성하여 복업을 증진시켰습니다. 금으로 아미타불 한 분을 조성하고 그 복에 의해서 서방에 태어나길 원하였습니다.

다음해 여름 사월 십이일 불상의 미간에서 대광명을 놓아 절 안을 모두 금색으로 비추었습니다. 그 금색광명 가운데서 무량수불이 도원에게 수기를 주시니, "그대가 이 업보신을 버릴 때 반드시 나를 의지하면 내가 잘 보호할테니 의심하거나 교만심을 내지 말라.”

도원이 그 수기를 얻고 기쁜 마음이 더욱 증가하였습니다. 그 달 보름날에 그 불상 앞에 나아가 단정히 앉아 입멸하였습니다.

낙양의 오성이 중품왕생하다

비구니 오성悟性은 낙양 사람이니 형주衡州에서 조사리照闍梨를 만나 염불수행을 발원하였습니다. 이로 인해 대력大曆 육년에 여산에 들어갔습니다.

홀연히 병이 들었는데 공중에서 음악소리가 들렸습니다. 스님이 말하기를, “나는 중품상생을 얻었다. 함께 염불한 사람을 보니 모두 서방의 연화대에 있는데 몸이 다 금색이다.” 그 때 나이 스물 네 살이었습니다.

비구니 대명월이 향기를 맡고 왕생하다

분주汾州의 평요平遙 도탈사度脫寺의 대명월大明月 비구니와 현중사玄中寺의 작선綽禪 스님은 염불삼매를 익혀 이를 진리의 극치로 여겼습니다. 아미타불을 염하여 부르고자 할 때는 항상 깨끗한 옷으로 갈아입고, 입에 침향을 머금고 온갖 이름난 향을 살라 거처하는 방에 향냄새를 피웠습니다.

이렇게 삼 년을 끊이지 않고 했는데, 임종할 때 온 절의 사람들 모두 거룩한 분들과 기이한 광명을 보았습니다. 광명 가운데서 침수향기를 맡고 바로 목숨을 마쳤습니다.

오늘 이 도량의 동업대중이여, 위와 같이 비구니들의 왕생을 설하였으니, 오늘날 비구니들은 마땅히 발원해야 합니다.

"항상 삼보에 귀의하여 받들고 반드시 다섯 가지 장애를 제멸하리라."

정심으로 관상하면 오래지 않아 부처님을 보고 이 업보신이 다하면 반드시 왕생할 것이니, 다같이 지극한 마음으로 오체투지하고 세간의 대자대비하신 부처님께 귀의합니다. (반배)

지심귀명례 **교주석가모니불** 敎主釋迦牟尼佛

지심귀명례 **서방아미타불** 西方阿彌陀佛

지심귀명례 **당래미륵불** 當來彌勒佛

지심귀명례 **제사불** 提沙佛

지심귀명례 **명요불** 明耀佛

지심귀명례 **지만불** 持鬘佛

지심귀명례 **공덕명불** 功德明佛

지심귀명례 **시의불** 示義佛

지심귀명례 **등요불** 燈曜佛

지심귀명례 **흥성불** 興盛佛

지심귀명례 **약사불** 藥師佛

지심귀명례 **선유불** 善濡佛

지심귀명례 **백호불** 白毫佛

지심귀명례 **견고불** 堅固佛

지심귀명례 **복위덕불** 福威德佛

지심귀명례 **불가괴불** 不可壞佛

지심귀명례 **덕상불** 德相佛

지심귀명례 **나후불** 羅睺佛

지심귀명례 **중주불** 衆主佛

지심귀명례 **범성불** 梵聲佛

지심귀명례 **견제불** 堅際佛

지심귀명례 **불고불** 不高佛

지심귀명례 **작명불** 作明佛

지심귀명례 **대산불** 大山佛

지심귀명례 **금강불** 金剛佛

지심귀명례 **장중불** 將衆佛

지심귀명례 **무작불** 無作佛

지심귀명례 **진보불** 珎寶佛

지심귀명례 **문수보현양대보살** 文殊普賢兩大菩薩

지심귀명례 **관음세지양대보살** 觀音勢至兩大菩薩

지심귀명례 **청정대해중보살** 淸淨大海衆菩薩

또 다시 이와 같은 시방 진허공계의 모든 삼보와 한량없는 현성께 귀의합니다. (반배)

오장국의 왕이 부처님을 뵙고 왕생하다

오장국의 왕이 업무를 보던 여가에 군신들에게 말하였

습니다. "짐이 임금이긴 하지만 생로병사와 무상의 괴로움과 육취에 윤회함을 면하지 못한다. 여기에 무슨 귀천의 구분이 있겠는가. 들으니 서방에 불국토가 있다고 하는데 그 곳에 정신이 깃들도록 서원하겠다."

이로부터 밤낮으로 정근하여 염불하고 도를 닦아 보시를 널리 행하여 중생들을 이익되고 안락하게 하였습니다. 매일 백 명의 스님들에게 재를 베풀었는데 왕과 왕후가 친히 음식을 날랐고, 때로는 이름난 스님을 청하여 묘한 법을 들었습니다.

이렇게 삼십여 년을 오로지 정진하여 폐지하지 않았습니다. 하루는 궁중에 아미타불께서 나타나시고, 서방의 성중들이 맞이하러 왔는데 상서로운 일이 하나 둘이 아니었습니다. 왕은 기쁜 얼굴 빛으로 단정하게 앉아 시멸하였습니다.

학사 장항이
과제를 수지하여 왕생하다

진晉의 한림학사翰林學士 장항張抗은 평생 적선하고 불법을 믿고 존중하였습니다.

대비심주 십만 번 독송하는 것을 과제로 삼아 서방정토에 태어나기를 서원하였습니다. 과제를 마치자 나이 육십이 지났는데 홀연히 병들어 누워 아미타불만을 염하여 부르면서 집안 사람들에게 말하였습니다.

"서방정토는 원래 집 안에 있다. 서쪽 집에 모신 아미타불께서 연화대 위에 앉아 계시고 옹아翁兒가 연화지蓮花池에 있는데, 금으로 된 연못에서 부처님께 예를 올리며 즐겁게 지내고 있다." 말을 끝내고 염불하면서 목숨을 마쳤습니다. (옹아는 손자의 이름인데 방년 삼십이 세에 죽었다.)

진나라 유유민이
마정수기를 받고 왕생하다

동진東晋의 일사逸士 유정지劉程之의 자는 중사仲思요, 호는 유민遺民인데, 혜원법사에게 의지해서 함께 정토를 수행하고 좌선에 전념하여 관상법을 하였습니다. 바야흐로 반년이 지나자 삼매 가운데서 부처님의 광명이 비추고 땅이 모두 금색이 되는 것을 보았습니다. 산에 십오 년을 거처하였는데 말년에 또 부처님을 상념하던 중에 아미타불신에서 자금색의 백호광명을 비추고, 손을 드리워 그 방에 임하시는 것을 보았습니다.

그가 위로를 받고 다행으로 여겨 그 자비로움에 눈물을 흘리며 스스로 진술하여 말했습니다. "여래께서 저를 위해 이마를 만져주시고 옷으로 덮어주실 수 있습니까." 부처님께서 이에 그 이마를 만져주시고 가사를 가져다가 덮어주셨습니다.

다른 날에 상념하던 중 또 몸이 칠보로 장식된 큰 연못에 들어가는 것을 보았습니다. 연꽃이 맑고 깨끗한데 그 사이에 있는 물은 담담해서 가이없는 것 같았습니다. 언덕에 한 부처님께서 계시는데 목에는 원광圓光이 있고, 가슴엔 만자卍字가 있는데 연못물을 가리키며 "팔공덕수이니 마셔라."하자, 그 물을 마시니 감미로움이 입에 가득했습니다.

깨어났는 데도 도리어 기이한 향기가 털구멍에서 나는 것 같았습니다. 이에 말하기를 "정토의 인연이 이르렀다." 여산의 모든 승려들이 와서 모였고 그가 불상 앞에서 향을 살라 예배하고 축원하였습니다.

"석가여래의 남기신 가르침이 있었기 때문에 아미타불께서 계신 줄 알았습니다. 이 향을 먼저 석가여래께 공양 올립니다. 다음에 아미타불께 공양 올리고, 다시 법화회중의 불보살님께 공양 올리고, 시방의 모든 불보살님들께 공양 올립니다. 원하옵건대 모든 중생들로 하여금 다 함께 정토에 태어나도록 해주시옵소서."

축원을 마치고 대중들에게 이별을 말한 다음 서쪽을 향해 단정하게 앉아 손을 거두어 들이고 숨을 거두었는데 나이 오십구 세였습니다.

청신사 목경이 깃발을 잡고 왕생하다

당나라의 청신사 정목경鄭牧卿은 형양滎陽 사람인데, 집안 전체가 부처님을 받들어 모셨으며 모친과 자매와 함께 서방정토에 태어나길 기도하였습니다.

개원開元 이년에 이르러 병에 걸려 위독해지자 의원과 법우들이 모두 권유하여 말하기를, "어육을 먹어서 마른 몸을 회복시킨 후에 정계淨戒를 수지해도 되지 않겠는가." 하니, 목경이, "슬프다. 이 뜬 구름과 같은 몸이 오신채와 고기를 먹어서 낫는다 해도 끝내는 마멸된다. 부처님께서 금하신 것을 받들지 않고 이 미미한 목숨을 아껴서 무엇하겠는가."하며 굳게 허락하지 않고 계를 근엄하게 지키면서 손으로 깃발과 다리달린 향로를 잡고 일심으로 아미타불을 염하고 불렀습니다.

다시 이렇게 말하기를 "대장부 일심으로 퇴전치 않겠으니, 원하옵건대 서방정토에 태어나길 바라나이다." 하고는 엄연히 먼 길을 갔습니다.

기이한 향기가 정원에 가득 차서 인근 마을 사람들이 모두 알았으며, 삼촌이 꿈에서 보배연못에 꽃이 피고 목경이 합장하여 위로 오르는 것을 보았는데 당시의 나이 오십구 세였습니다.

경조의 방저가 다른 사람에게 왕생을 권하다

『미타감응도彌陀感應圖』에서 말하기를, 당나라 방저房翥는 경조京兆 사람인데, 갑자기 죽어 저승에 이르러 염라왕을 뵈오니 왕이 말하였습니다.

"명부를 조사해보니 그대가 일찍이 한 노인에게 염불을 권하여 이미 정토에 왕생하였다. 그대도 이 복으로 또한 정토에 태어날 것이다. 그래서 불러와서 서로 만나게 해주는 것이다."

방저가 말하기를, "먼저 『금강경』 만 번을 독송하고 오대산을 순례하도록 허락해 주십시오. 아직 정토에 왕생하고 싶지 않습니다." 왕이 말하기를, "경을 독송하고 오대산을 순례하는 것이 진실로 좋은 일이긴 하지만 일찍 정토에 태어나는 것만 못하다."

왕이 그 뜻을 바꿀 수 없음을 알고 다시 방면해 주었습니다. 이로써 알 수 있는 것은 다른 사람에게 정토수행을 권하면 서방에 왕생할 뿐만 아니라 유명까지도 감동시킨다는 것입니다.

송나라 소희문이
꿈에서 신이하게 노닐고 난국을 벗어나다

『용서문』에서 말하기를, 진강鎭江 소표昭彪의 자字는 희문希文이니 아직 급제하지 못한 선비였습니다. 어느 때 꿈 속에서 한 관부에 이르렀는데 사람들이 모두 안무사安撫使라고 불렀습니다. 소표가 스스로 기뻐하면서 말하였습니다. "아마도 내가 급제한 후에 안무사가 되려는 것이 아닐까?"

앞으로 더 나아가 한 관원을 만났는데 그가 물었습니

다. "그대는 그대가 급제하지 못한 원인을 아는가?" 모른다고 대답하니 그가 소표를 이끌고 가서 참조개를 삶는 큰 솥을 보여 주었습니다.

조개들이 소표를 보더니 사람 소리를 내어 소표의 성명을 부르짖었습니다. 소표가 바로 아미타불을 염하여 부르자 염불 일성에 조개들이 모두 누런 공작으로 변하여 날아갔습니다. 소표는 그 후에 정말로 급제하여 벼슬이 안무사에 이르렀습니다.

이를 통해서 알 수 있는 것은 살생은 사람의 앞길을 가로막으므로 경계하지 않아서는 안 된다는 것입니다. 또한 부처님의 힘은 광대무변하므로 공경하지 않아서는 안 되며, 관직은 본래 분수가 정해져 있어서 억지로 구할 수 없다는 것입니다.

참군 중회가
의문점을 묻고 왕생하다

왕중회王仲回는 광주光州의 사사참군司士參軍이었습니다. 무위군無爲郡 사람들이 본군의 수리 시설을 해 달라고 진정하므로 대사농大司農이 그 실정을 알고 조정에 은혜를 내려줄 것을 청했는데 이 명령이 있자 그가 갔습니다.

사람이 믿음이 두터워 일찍이 다른 사람과 장단점을 비교하지 않았습니다. 천의회天衣懷 선사가 철불도량에 주석하고 있을 때에 일찍이 청문請問했는데 향리 사람들이 그를 선인이라고 칭찬하였습니다. 이윽고 정토를 믿기로 마음을 먹었는데 다만 깊은 마음을 갖추지 못했을 뿐이었습니다.

원우元祐 초에 이르러 나에게 질문하여 말하였습니다.

"경전에서는 대개 아미타불을 염하면 정토에 태어난다고 가르치는데, 조사들은 마음이 바로 정토이니 새삼 정토에 태어나는 것이 필요없다고 합니다. 그 가르침이 같지 않은 것은 무엇 때문입니까?"

"실제의 이지理地에 있어서는 부처도 없고 중생도 없으며, 낙도 없고 고도 없고 장수하고 요절함도 없다. 또 무슨 더럽고 깨끗함이 있겠으며, 어떻게 마음이 생한다 불생한다 하겠는가. 이것은 이치로 실제 현상을 부정하는 것이다.

그러나 이 세계에 처해 있는 사람은 중생인가, 부처인가. 만약에 이곳이 불경계佛境界라면 중생이 아니니 또 무슨 고락 · 수요 · 정예가 있겠는가. 시험삼아 스스로 잘 생각해보라. 혹 중생의 경계를 아직 벗어나지 못했다면, 어찌 교전을 믿고 지심으로 아미타불을 염하여 정토왕생을 구하지 않을 수 있는가.

청정하면 더러움이 없고, 즐거우면 괴로움이 없고, 수명을 누리면 요절함이 없다. 무념 중에서 망념을 일으키고, 생사가 없는 가운데 생을 구하는 것은 이치보다 실제 현상을 강조해서 말한 것이다. 그러므로 『유마경』에서, '비록 모든 불국토와 중생이 공한 줄 알지만 항상 정토문을 수행하여 여러 중생을 교화한다.' 고 한 것이다."

"어떻게 해야 끊임없이 염불할 수 있습니까?"

"한 번 믿은 후에 다시는 의심하지 않는 것이 끊임없는 염불이다."

사사司士가 뛸 듯이 기뻐하면서 돌아갔습니다.

원우 이년 십이월 초하루 저녁이었습니다. 내가 단양군丹陽郡의 태수로 있었는데 홀연히 꿈속에서 사사가 말하기를, "지난 번에 지시해 주신 은혜를 입어 지금 이미 왕생을 얻었습니다. 특별히 찾아와서 감사를 표합니다." 하고 두 번 절하고 물러갔습니다. 이튿날 단도령丹徒令 진안지陳安之를 불러 그 꿈을 말해 주었는데 그가 정토문을 깊이 믿기 때문이었습니다.

그 후 수일이 지나서 사사의 아들인 진사 술애계術哀計를 만났는데 믿을 만한 일임을 알았습니다. 또 들으니 사사는 죽기 칠 일 이전에 시각이 이르러 옴을 미리 알고 향리의 친구들에게 작별을 했다고 하였습니다. 나의 동생 오忤도 또한 그 자리에 있었는데 여러 차례 감사하다는 말을 하는 것을 보았다고 합니다. 그렇다면 사사는 결정코 정토에 태어난 것입니다.

오늘 이 도량의 동업대중이여, 위에서와 같이 청신사들이 왕생한 것을 말하였으니 지금 우바새들은 마땅히 스스로 다음과 같이 생각해야 합니다.

"세월은 신속하고 허깨비 같은 몸은 보존

하기 어렵다. 매일 아침 짧은 여가에 서방정토의 법문을 수행하는 것만 한 것이 없다."

서방정토의 법문을 수행하면 현세의 재앙은 소멸되고 몸이 죽은 다음에는 다시는 괴로운 갈래에 태어남이 없습니다.

만약 대보리심을 발하고 이로써 나아가 다른 사람을 교화하면 그 복의 과보를 어찌 쉽게 헤아릴 수 있겠습니까. 몸이 죽은 후에 반드시 정토에 왕생할 수 있을 것이니, 다같이 지극한 마음으로 오체투지하고 세간의 대자대비하신 부처님께 귀의합니다. (반배)

지심귀명례 **교주석가모니불** 教主釋迦牟尼佛

지심귀명례 **서방아미타불** 西方阿彌陀佛

지심귀명례 **당래미륵불** 當來彌勒佛

지심귀명례 **칠불** 七佛

지심귀명례 **시방십불** 十方十佛

지심귀명례 **삼십오불** 三十五佛

지심귀명례 **오십삼불** 五十三佛

지심귀명례 **백칠십불** 百七十佛

지심귀명례 **장엄겁천불** 莊嚴劫千佛

지심귀명례 **현겁천불** 賢劫千佛

지심귀명례 **성수겁천불** 星宿劫千佛

지심귀명례 **시방보살** 十方菩薩

지심귀명례 **십이보살** 十二菩薩

지심귀명례 **문수보현양대보살** 文殊普賢兩大菩薩

지심귀명례 **관음세지양대보살** 觀音勢至兩大菩薩

지심귀명례 **청정대해중보살** 淸淨大海衆菩薩

또 다시 이와 같은 시방 진허공계의 모든

삼보와 한량없는 현성께 귀의합니다. (반배)

수나라 문제의 황후가 기이한 향기를 내며 왕생하다

『왕생징험전往生徵驗傳』에서 말하였습니다.

수나라 문제文帝의 황후는 비록 왕궁에 거처했지만, 여인의 몸을 매우 싫어하여 항상 아미타불을 염송하였습니다. 임종할 때에 이르러 기이한 향기가 공중으로부터 와서 방안을 가득 채웠습니다. 문제가 사제闍提 삼장법사에게 물었습니다.

"이것이 무슨 상서입니까?" 하니, 이에 "서방에 아미타불이 계시는데 황후께서 정토업이 수승하시니, 저 국토에 태어나실 것입니다. 더욱이 성인의 가르침은 분명하여 의심할 것이 없습니다."라고 대답하였습니다.

형왕 부인이 선 채로 천화하여 왕생하다

『용서문』에서 말하기를, 형왕 부인이 원우元祐 연간에 비첩들과 함께 서방정토에 왕생하고자 정진 수행하였는데, 유일하게 한 첩이 게으름을 피워 부인이 쫓아냈습니다.

그 첩이 후회하고 깨우친 바 있어 정진을 오래하고는 다른 첩에게 말하였습니다. "내가 오늘 밤에 서방에 왕생하리라." 이날 밤 기이한 향기가 방을 가득 채우더니 아픈 데도 없이 목숨을 마쳤습니다.

다음날 함께 수행하던 첩이 부인에게 말하였습니다. "어젯밤 꿈에 극락에 화생한 첩이 기거처를 부탁하면서 '부인이 가르치고 책망해준 덕분으로 서방정토업을 닦아 이제 왕생하게 되었으니, 그 은덕에 감개무량합니다.' 라고 하였습니다."

부인이 말하기를, "나에게도 꿈을 꾸게 해야 믿으리라."고 말하니, 그날 밤에 부인이 꿈에서 죽은 첩을 보았는데, 감사를 표하는 것이 앞에서 말한 것과 같았습니다.

부인이 묻기를, "나도 서방에 갈 수 있겠느냐?"하니,

첩이 대답하기를, "갈 수 있습니다. 저를 따라오기만 하십시오."

부인이 따라 가서 광대한 연못을 보니 홍련화 · 백련화가 피어 있는데 크고 작은 것 사이에서 어떤 것은 싱싱하고 어떤 것은 시들고 갖가지여서 같지 않았습니다.

부인이 묻기를, "무엇 때문에 이와 같느냐?"하니, 첩이 대답하기를, "이것은 모두 세간에서 일념을 발하여 서방정토업을 수행하는 사람들입니다. 일념을 발하자마자 연못에 바로 연꽃 한 송이가 피어납니다. 만약 서원하는 마음으로 정진하면 꽃이 하루하루 싱싱하게 피어나서 큰 것은 수레바퀴처럼 됩니다. 만약 서원하는 마음이 물러나면 꽃은 하루하루 시들어 소멸하게 됩니다."라고 하였습니다.

그 다음에 연꽃 위에 앉아 있는 한 사람을 보니 그 옷이 표표하게 흩날리고 보관과 영락으로 그 몸을 장엄하고 있었습니다. 부인이 누구냐고 물으니 양걸楊傑이라고 대답했습니다. 또 한 사람이 연꽃에 앉아 있는 것을 보았는데 첩이 말하길 마우馬玗라고 하였습니다.

부인이 묻기를, "나는 어느 곳에 태어나느냐?"하니,

첩이 인도하여 몇 리를 가니 멀리 한 금단金壇이 있는데 금이 푸르게 빛나는 것이 보였습니다. 첩이 말하였습니다. “이곳이 부인께서 화생할 곳이니 상품상생입니다.” 부인이 깨어나고 나서 양걸과 마우가 있는 곳을 방문해 보니, 양걸은 이미 죽었고 마우는 무고하였습니다. 이로써 정진하여 물러나지 않는 사람은 비록 몸은 사바 세계 안에 있어도 그 정신은 이미 정토에 가 있다는 것을 알 수 있습니다.

후에 부인이 생일날에 향로를 잡고 향을 사르면서 관음각觀音閣을 바라보며 서 있다가, 자손인 방구方具가 수명을 누리라는 의식을 올리는데 이미 선 채로 숨을 거두었습니다.

부인 풍씨가 병이 낫고 왕생하다

『용서문』에서 말하기를, 풍씨부인馮氏夫人의 이름은 법신이며 소사少師를 추증받았는데 이름은 순지諭之였습니다.

부인이 진선사陳宣使에게 시집을 갔는데 진선사가 사랑

하고 공경하였습니다. 어려서부터 병이 많았는데, 시집 가고 나서 병이 더욱 심해졌습니다. 의사가 치료할 수 없다고 하자, 자수심慈受深 선사를 찾아 뵙고 병을 치유하는 방법을 물으니, 심선사가 청정하게 계[齋]를 지키고 염불하라고 시켰습니다.

부인은 고기와 오신채, 그리고 화려하게 장식된 옷을 모두 버리고 탑을 청소하며 서방정토에 왕생하고자 전념하였습니다. 가고 앉고 말하고 침묵하고 움직이고 고요한 가운데 언제나 서방정토를 염하였습니다. 그리하여 한 찰나에 털끝만큼이라도 선한 생각이 일어나면 물을 뜨고 꽃을 바쳐 경전을 독송하고 도를 실천함을 한결같이 하였습니다.

이로써 서방으로 가는 양식을 삼아 십 년간 나태함을 용납하지 않자, 마음이 안정되고 몸이 건강해졌으며, 신기가 왕성해져 사람들이 모두 존경하였습니다.

하루는 홀연히 게송을 써서 말하였습니다.

인연을 따라 죄업 지음이 그 몇 해인고,
늙은 소가 헛되이 밭을 갈았네.

신심身心을 거두어 일찍 돌아갔으면
사람들에게 콧구멍 뚫림은 면했을 것을.

가족들이 괴이하게 생각하자 부인이 말하길, "가면 서방으로 가는데 무슨 괴이함이 있으랴?" 하고는 이내 병들어 누웠는데 미미한 천식 기운이 있었습니다.

홀연히 눈을 크게 뜨고 일어나 말하기를, "나의 정신이 정토에서 노닌다. 면전에서 아미타불께 예를 올리는데, 왼쪽에는 관세음보살이 계시고 오른쪽에는 대세지보살이 계시며, 돌아보니 백천만억의 청정한 불자들이 머리를 조아려 내가 극락국토에 태어남을 경축해주고 있다. 궁전과 숲과 연못에서 나오는 광명이 신기하고 아름다워 『화엄경』과 『관무량수경』에서 말씀하신 것과 동일하다."고 하였습니다.

다음날 편안하게 숨졌고, 집안사람들이 기묘한 향내음을 맡았는데, 인간세계의 것과 같지 않았으며, 삼일이 지나 다비를 하였는데, 시신은 살아있는 것과 같았다고 합니다.

관음현군의 시녀가 왕생하다

『용서문』에서 말하기를, 관음현군觀音縣君의 성은 오씨吳氏이며, 그의 남편인 도관원외랑都官員外郎 여굉呂宏도 또한 불교의 이치를 깨달아 부부가 각각 재계하고 정진수행하였습니다.

오씨에게 두 시녀가 있었는데, 그들도 또한 고기와 오신채를 끊고 부지런히 힘써 훌륭한 수행업을 도왔습니다. 그 중 한 시녀가 자못 선리禪理를 좋아하였고 병이 들어서도 기쁜 듯이 웃고 말하며 숨졌는데 허물을 벗는 것과 같았습니다.

그 중 한 시녀는 계율을 지키고 고행을 하였으며, 어떤 때는 한 달 내내 먹지 않고 하루에 물만 마시는데, 오씨가 송주한 관음정수 한 잔을 마실 뿐이었습니다.

홀연히 황금빛 연꽃의 몽둥이金蓮棒와 같은 다리가 셋 달린 것을 보았는데 수일이 지나자 그 무릎이 보이고, 또 수일이 지나자 그 몸이 보이고, 다시 수일이 지나자 그 얼굴이 보였습니다. 그 가운데 아미타불과 관음 · 세지 보살이 계셨습니다. 집과 국토의 경계가 밝아 마치 손바닥을 가리키는 것과 같아서 그곳이 정토임을 알았습니다. 그 자세한 것을 물으니, "그곳에는 모두 청정한 남자들만 즐거이 노닐면서 경행하고 여인은 없다."고 하였습니다.

또, "그 부처님은 무엇을 설법하는가?" 하고 물으니, "나는 천안은 얻었지만 아직 천이天耳를 얻지 못했기 때문에, 다만 묻고 대답하고 지시하고 돌아보는 것만 볼 뿐 그 설법하는 것은 듣지 못한다."고 하였습니다. 이와 같은 것이 삼 년 동안 일찍이 눈앞에 한 순간도 나타나지 않은 때가 없었는데 홀연히 병이 들었고 스스로 말하기를 왕생한다고 하면서 목숨을 마쳤습니다.

오씨는 영감靈感이 있는 관세음을 모셨는데, 항상 정실에 가마솥과 장군 모양의 물통을 수십 개 줄지어 세워두고 물을 가득 채워두었습니다. 손으로 버들가지를 잡고 송주를 하면 반드시 관세음보살이 놓은 광명이 가마솥과 장군 모양의 물통 속으로 들어가는 것이 보였는데, 환자가 그 물을 마시면 즉시 치유되었습니다. 송주를 한 물은 몇 년을 두어도 썩지 않았고 대한에도 얼지 않았으므로 세상에서 관음현군이라고 불렀습니다.

청신녀 양씨가 눈이 밝아져 왕생하다

당나라의 청신녀 양씨는 괄주括州 사람인데, 숙세의 재앙으로 태어나면서 두 눈이 보이지 않아 스님을 만나 염불을 하도록 권유받았습니다.

한 번의 가르침을 듣고 마음이 계합하여 정념이 상속되었습니다. 그런지 삼 년 후에 두 눈이 환하게 열려 다시는 티끌만큼도 가리는 것이 없었습니다. 그 뒤에도 부지런히 간절하게 정진하였습니다.

정관 삼년 이월 중에 이르러 알리지 않았지만, 스스로 업보신이 다하여 임종때가 되었음을 알았습니다. 마을 사람들 모두가 아미타불과 여러 보살들이 깃발과 꽃을 들고 내려와서 맞이하는 것을 보았고 마침내 세상을 떠나 그렇게 목숨을 마쳤습니다.

온문정의 아내가
어버이에게 하직하고 왕생하다

당나라 병주并州 진양현晋陽縣의 온문정溫文靜의 아내는 선천적인 질환으로 반신불수여서 침상에 누워 지냈습니다. 그 남편이 말기를, "하루종일 누워 있으면서 무엇 때문에 염불하지 않소?" 하니, 이에 그 아내가 묻기를, "어느 부처님을 염하지요?" 남편이 말하였습니다. "아미타불을 염하도록 하시오."

아내는 가르침을 받들어 이년 동안 정진하여 뜻이 끊어지지 않게 하니 죄장이 소멸되었고, 아미타불께서 현전하여 금색광명을 환하게 비추시니 모두가 이 성스럽고 신묘한 일을 보았습니다.

이때에 서럽고 부끄러운 생각이 들어 그 남편에게 지극히 감사하면서 말했습니다. "오랫동안 병이 들어 고뇌와 환난이 적지 않았으나 가르쳐주신 염불의 은혜를 입어 특수하고 기이한 감응을 보았으니, 후일 업보가 다하면 저 국토에 왕생할 것입니다. 청컨대 부모형제와 모든 친척들에게 음식을 베풀어 이별할 수 있도록 해주십시오."

문정이 처음에는 믿기지 않았지만 한 번의 소청이라 시험삼아 친척과 손님을 모았습니다. 재가 끝나자 신녀가 작별의 말을 하였습니다. "지금 부처님의 뒤를 따라 서방으로 왕생합니다. 바라건대 부모님과 친척권속들도 부지런히 한마음으로 염불하여 후에 와서 왕생하십시오. 염불 일문의 공덕은 불가사의합니다."

말을 마치자 곧바로 서쪽을 향해 정좌하여 스스로 부처님의 명호를 염하며 불렀고, 온 가족이 함께 염불하면서 부처님이 오시어 맞이하는 것을 보는 가운데 고요히 목숨을 마쳤습니다.

요행파가 부처님을 기다리게 하고 왕생하다

요행파姚行婆는 상도上都 사람인데, 범행파范行婆가 권하므로 아미타불을 염하여 임종할 때 부처님께서 맞이하러 오시는 것을 보았습니다.

이에 말하기를, “아직 범행파에게 작별을 하지 않았습니다. 청컨대 부처님께서는 잠시만 머물러 주십시오.” 서로 인사하는 동안 부처님께서 허공에 계시면서 기다렸으며 요행파는 손에 향로를 잡고 엄연하게 숨을 거두었습니다.

세자 동녀가 모친에게 왕생을 권하다

『법원주림法苑珠林』에서 말하기를, 동녀 송조宋朝와 위세자魏世子는 양군梁郡 사람으로 부자 삼인이 함께 서방정토업을 수행하였는데, 유독 그 처만 수행하지 않았습니다. 동녀가 열네 살에 죽어 칠일 후에 다시 돌아와 어머니께 말씀드렸습니다.

“이 여아는 서방에 왕생하였습니다. 아버지와 형제도 이르렀고, 이미 연화대가 있으므로 후에 화생할텐데 유독 어머니의 연화대만 없습니다. 여아가 잠시 돌아와 수행의 과보를 보여드립니다.”

후에 모친이 여아의 가르침에 의지하여 날마다 아미타불을 염하여 불렀고, 네 사람이 모두 극락에 왕생할 수 있었습니다.

오늘 이 도량의 동업대중이여, 위에서와 같이 부인들의 왕생을 설하였으니 오늘날 여인이 된 이들은 마땅히 다음과 같이 스스로 생각해야 합니다.

"부처님 말씀에 의거하면 욕심이 많은 사람이 부녀의 몸을 받는다고 하였다. 이미 선업을 짓지 않았는데 만약 자성하지 않고 다시 질투하고 탐욕을 부리면, 업연이 더욱 깊어지니 과보가 가히 두렵다."

만약 마음을 돌려 참회하고 잘못된 생각을 끊어 비첩을 인자하게 대하고 위아래 사람에게 온화하게 예를 갖추며 항상 아미타불을 염하여 부르면 결정코 극락세계에 태어나며, 만약 나아가 친척과 비첩을 교화하면 그 복이 무궁하여 반드시 상품에 왕생할 것이니, 다같이 지극한 마음으로 오체투지하고 세간의 대자대비하신 부처님께 귀의합니다. (반배)

지심귀명례 **교주석가모니불** 敎主釋迦牟尼佛
지심귀명례 **서방아미타불** 西方阿彌陀佛
지심귀명례 **당래미륵불** 當來彌勒佛

또 다시 시방 진허공계의 무량한 형상인 우전왕 금상優塡王金像과 전단상栴檀像과 아육왕 동상阿育王銅像과 오중 석상吳中石像과 사자국 옥상師子國玉像과 제국토중 칠보상諸國土中七寶像과 진주상眞珠像과 마니보상摩尼寶像과 자마상색염부단금상紫磨

上色閻浮檀金像께 귀의합니다. (일배)

또 다시 이와 같은 시방 여래의 모든 발탑髮塔과 치탑齒塔과 아탑牙塔과 조탑爪塔과 정골탑頂骨塔과 일체신중제사리탑一切身中諸舍利塔과 가사탑袈裟塔과 시발탑匙鉢塔과 조병탑燥炳塔과 석장탑錫杖塔 등 모든 불사佛事에 귀의합니다. (일배)

또 다시 제불생처탑諸佛生處塔과 득도탑得道塔과 전법륜탑轉法輪塔과 반열반탑般涅槃塔과 다보불탑多寶佛塔과 아육왕이 조성한 팔만사천탑八萬四千塔과 천상탑天上塔과 인간탑人間塔과 용왕의 궁중에 있는 모든 보탑寶塔에 귀의하옵니다. (일배)

또 다시 시방 진허공계의 모든 제불께 귀의하며, 시방 진허공계의 모든 존법에 귀의하며, 시방 진허공계의 모든 현성께 귀의합니다. (일배)

지심귀명례 **문수보현양대보살** 文殊普賢兩大菩薩

지심귀명례 **관음세지양대보살** 觀音勢至兩大菩薩

지심귀명례 **청정대해중보살** 淸淨大海衆菩薩

또 다시 이와 같은 시방 진허공계의 모든 삼보와 한량없는 현성께 귀의합니다. (반배)

계를 범한 웅준이 갑자기 죽어 왕생하다

『왕생징험전』에서 말하기를, 당나라 석웅준釋雄俊은 성도城都 사람으로 강설을 잘했으나 계행을 지키지 않아 시주물로 얻은 것을 법답지 않게 사용했습니다. 또 일찍이 환속하여 군대에 들어가 살육을 하고, 재난을 피해 달아나 승려 무리로 들어왔고, 대력大曆 연중에 갑자기 죽어 염라왕을 만났는데 지옥으로 들어가라는 판결을 받자 웅준은 소리높여 말했습니다.

"웅준이 만약 지옥에 들어가면 삼세제불이 거짓말을 한 것이 됩니다. 『관무량수경』에서 말하기를, '오역죄를 지은 자라도 임종할 때 십념을 하면 하품의 연화대에 태어나 왕생할 수 있다.' 고 하였는데 웅준은 오역죄를 짓지도 않았고, 염불로 말하면 그 수를 알 수 없습니다." 말을 마치자 서방정토에 왕생하여 연화대를 타고 숨을 거두었습니다.

닭을 파는 종구가
염불하여 왕생하다

장종구張鍾馗는 동주同州 사람인데, 닭을 파는 것을 업으로 삼았습니다. 영휘永徽 원년에 임종에 이르러 여러 닭들이 집의 남쪽에 모이는 것을 보았습니다. 홀연히 한 사람이 붉은 비단으로 된 수건을 두르고 나타나 닭을 쫓으면서 '쪼아라, 쪼아라.' 하고 외쳤습니다. 그 닭들이 네 번씩 종구를 번갈아 쪼았는데 양쪽 눈에서 피가 흘러나와 침상에까지 흘렀습니다. 괴로워하고 있을 때 보광사普光寺

의 스님 도령포導令鋪를 만나 성상聖像 앞에서 아미타불을 염하여 부르다가 홀연히 기이한 향내음을 맡고 정토에 왕생하였습니다.

소잡는 사람 선화가 십념하여 왕생하다

당나라의 장선화張善和는 소잡는 것을 업으로 삼았는데, 임종할 때 소 여러 마리가 사람 소리를 내면서, "네 놈이 나를 죽였지."하는 것을 보았습니다.

선화는 크게 공포심을 느껴 아내에게 말하였습니다.

"급히 스님을 청하여 나를 구해주오."

스님이 와서 말하였습니다. "『관무량수경』에서 말하기를, '만약 사람이 임종할 때 지옥상이 나타나도 지극한 마음으로 나무아미타불을 열 번 염하고 부르면 즉시에 정토에 왕생한다.' 고 하였습니다."

선화는 향로를 찾을 겨를도 없이 왼손으로 불을 잡고 오른손으로 향을 들어 서쪽을 향해 전심으로 간절하게 염불하였는데 십성을 채우기도 전에 말하였습니다.

"나는 아미타불께서 서쪽으로부터 오셔서 나와 함께 보좌寶座에 앉아 계시는 것을 보고 있다."

이 말을 마치고 목숨을 마쳤습니다.

원귀를 본 중거가 급히 칭념하여 왕생하다

『용서문』에서 말하기를, 중거仲擧의 성은 진陳이고 이름은 선仙인데 용서군龍舒郡 망강望江 사람입니다. 일찍이 잘못하여 살인을 하였는데 후에 원귀가 나타났습니다. 선仙이 두려워하면서 급급하게 아미타불을 염하여 부르니, 귀신이 감히 중거를 가까이하지 못했으며 염불이 끝나지도 않아서 귀신이 사라졌습니다.

그 후에 항상 염불하여 임종할 때 앉아서 화생하였습니다. 반년 후에 본가의 손녀인 묘광妙光에게 나타나서 말하길, "나는 아미타불을 염하였기 때문에 이미 극락세계에 왕생하였다."고 하는데, 거동과 언어도 평소 살아있을 때와 마찬가지였습니다. 친척들이 서로 알고 모두 찾아와서 보았습니다. 이·삼 일째에 이르러 집안 사람들이 말하였습니다. "안타깝구나. 네가 살아있을 때에 일찍이 귀신에게 기꺼이 공양하라고 말했으면 좋았을 것을."

그러자 중거가 몸을 나타냈는데 엄연하여 평소 살았을 때와 같았습니다. 다만 얼굴에 조그만 얼굴 덮개를 두르고 있었습니다. 서방에서는 장생하므로 부처님의 나계螺髻처럼 머리가 늙지 않는다고 합니다. 이것은 망강 사람 주헌숙周憲叔이 왕일휴王日休에게 말해준 것입니다.

혹이 나는 병이 걸린 오경이 일성에 왕생하다

또 임안부臨安府에 인화仁和 오경吳瓊이 있었는데, 오경은 먼저는 스님이었다가 후에 환속하여 전처와 후처 두 아내를 얻었고, 그 둘을 앉혀놓고 고기를 잡고 술을 마시면서 하지 못하는 짓이 없었습니다.

항상 다른 사람과 함께 요리를 하면서 오리와 닭 등을

죽일 때마다 손에 잡고 아미타불을 부르게 하였으며, "너는 이 몸을 벗어나서 좋겠다." 하고는 드디어 죽이고 연속해서 여러 번 아미타불을 염하여 불렀습니다. 고기를 자를 때마다 한편으로는 고기를 자르고 한편으로는 아미타불을 염하여 불렀는데, 항상 염하여 부르는 것을 그만두지 않았습니다.

마을 사람들에게 경을 염송하고 참법을 닦게 하였고 다른 사람에게 아미타불을 염하라고 권하였습니다. 후에 눈에 달과 같은 혹이 생겼는데 이것을 크게 근심하고 공포를 느껴 초암을 하나 짓고, 그 처자를 분산시킨 다음 주야로 염불하고 참법을 닦았습니다.

소흥紹興 이십삼년 가을에 마을 사람들에게 말하기를, "오경이 내일 술시에 죽는다."하니, 사람들이 모두 비웃었습니다. 가지고 쓰던 그릇과 발우와 솥을 모두 다른 사람에게 주고 다음날 늦게 도반인 행파行婆에게 말하였습니다. "경이 떠날 때가 거의 이르러 왔다. 나와 함께 큰 소리로 염불하여 서로 돕자."하고 무명적삼을 입은 채로 술을 마시고는 즉시에 게송을 써서 말하였습니다.

술처럼 모든 것이 공하구나.
선종의 깊은 이치를 묻노라.
오늘을 소중히 여길지니
명월과 청풍이로다.

단정하게 앉아 합장하고 염불을 하는데, 일성을 부르자 부처님께서 맞이하러 와서 즉시 숨을 거두었습니다.

오늘 이 도량의 동업대중이여, 이상에서 말한 것과 같이 악업을 짓고 흉한 일을 행하여 원업冤業을 지어 병고에 걸려도 또한 왕생할 수 있습니다.

죄악을 지은 사람에게 권하노니 마땅히 이렇게 생각해야 합니다. "나는 평생에 죄악을 많이 지었으니 하루 아침에 눈이 어두워진 후에는 장차 어찌하겠는가."

시급히 참회하고 마음을 돌려 아미타불을 염하여 부르고 이와 같이 대원을 발해야 합니다. "원하옵건대 제가 부처님을 뵙고 도를 얻은 후에는 태어난 이래로 피해 입은 중생들을 정토에 왕생하도록 모두 제도하겠나이다."

다 같이 지극하고 평등하며 한결같고 간절한 마음으로 오체투지하고, 세간의 대자대비하신 부처님께 귀의합니다. (반배)

지심귀명례 **교주석가모니불** 教主釋迦牟尼佛

지심귀명례 **서방아미타불** 西方阿彌陀佛

지심귀명례 **당래미륵불** 當來彌勒佛

지심귀명례 **화일불** 花日佛

지심귀명례 **군력불** 軍力佛

지심귀명례 **화광불** 花光佛

지심귀명례 **인애불** 仁愛佛

지심귀명례 **대위덕불** 大威德佛

지심귀명례 **범왕불** 梵王佛

지심귀명례 **양명불** 量明佛

지심귀명례 **용덕불** 龍德佛

지심귀명례 **견보불** 堅步佛

지심귀명례 **불허견불** 不虛見佛

지심귀명례 **정진덕불** 精進德佛

지심귀명례 **선수불** 善守佛

지심귀명례 **환희불** 歡喜佛

지심귀명례 **불퇴불** 不退佛

지심귀명례 **사자상불** 師子相佛

지심귀명례 **승지불** 勝知佛

지심귀명례 **법씨불** 法氏佛

지심귀명례 **희왕불** 喜王佛

지심귀명례 **묘어불** 妙御佛

지심귀명례 **애작불** 愛作佛

지심귀명례 **덕비불** 德臂佛

지심귀명례 **향상불** 香象佛

지심귀명례 **관시불** 觀視佛

지심귀명례 **운음불** 雲音佛

지심귀명례 **선사불** 善思佛

지심귀명례 **문수보현양대보살** 文殊普賢兩大菩薩

지심귀명례 **관음세지양대보살** 觀音勢至兩大菩薩

지심귀명례 **청정대해중보살** 淸淨大海衆菩薩

또 다시 이와 같은 시방 진허공계의 모든 삼보와 한량없는 현성께 귀의합니다. (반배)

오늘 이 도량의 동업대중이여, 이상과 같이 왕생전 가운데서 말한 사람들은 이미 예토를 벗어나 서방정토에 나아가서 어머니의 모태를 버리고 칠보의 연못에 연꽃으로 피어났습니다. 만약 삼 아승지겁을 지나지 않고 곧바로 불도를 이루며, 속히 생사를 뛰어넘어 열반의 영원한 즐거움을 얻고자 한다면 이 왕생일문보다 뛰어난 것이 없습니다.

〈제 4권 끝〉

〈주註〉

신지信地 ___ 수행의 단계 가운데 10신의 위에 있는 보살[10信, 10住, 10行, 10廻向, 10地, 等覺, 妙覺]

십여시十如是 ___ 『법화경』 방편품에 나오는 것으로 모든 법[諸法]의 실상은 다음의 10 가지 카테고리로 이루어졌다고 하는 천태학의 교설이다. 즉 제법의 실상은 이와 같은[존재 그대로의] 형상相, 이와 같은 특성性, 이와 같은 본체體, 이와 같은 능력力, 이와 같은 작용作用, 이와 같은 원인因, 이와 같은 조건緣, 이와 같은 결과果, 이와 같은 과보報, 이와 같은 본체와 현상이 구경으로 평등한 하나의 것本末究竟 등이다.

4불생 ___ 『중론』에 나타난 논법으로 모든 존재는 그 스스로를 원인으로 하여 생겨나거나[自生], 다른 것을 원인으로 하여 생겨나거나[他生], 자타를 함께 원인으로 하여 생겨나거나[共生], 원인이 없이 생기거나[無生] 하지 않으며 공空이라는 것이다.

십법계法界 ___ 존재의 열 가지 모습으로, 6도 윤회의 세계인 지옥, 아귀, 축생[3악도], 아수라, 인간, 천상[3선도], 4성인 성문, 연각, 보살, 부처님의 세계를 말한다.

3관 ___ 여러 가지가 있으나 천태종의 관법인 3관을 설명하면 ①종가입공관從假入空觀; 현상에서 진리의 세계로 들어가는 관법[空觀] ②종공입가관從空入假觀; 공에 안주하지 않고 불지佛智로서 세속에 들어가는 관법[假觀] ③중도제일의관中道第一義觀; 공관이나 가관에 구애됨이 없이 중도를 실천하는 관법이다.

사무량심 ___ 보살이 보살행을 할 때 헤아릴 수없이 광대한 이타심으로 ①자무량慈無量; 즐거움을 주는 것이 한이 없음 ②비무량悲無量; 중생의 고통을 제거해 주는 것이 한이 없음, ③희무량喜無量; 중생이 즐거워하는 것을 시샘하지 않는 것이 무량함, ④사무량捨無量; 차별상을 버리고 평등하게 모두를 이롭게 하는 것이 무량함.

제 5 권

아미타참법 제5권

5. 극락세계의 장엄

오늘 이 도량에 모인 동업대중이여, 앞에서 이미 왕생했다고 전해져오는 기록들을 널리 그리고 자세히 살펴보았으니, 다음은 극락세계의 뛰어나고 신묘한 경계를 기쁘게 따르며, 마땅히 극락세계로 나아가고자 하는 마음을 일으켜 왕생하기를 구하여야 합니다.

또 처음으로 정토에 태어나게 되면 이미 깨달음의 경지[超昇]를 얻게 되는 것이고, 비로소 아미타불을 뵙게 되며, 영원히 다시는 윤회의 흐름에 굴러 떨어지지 않게 되며, 무생법인을 깨닫게 되고 번뇌를 낳는 범부의 망정을 단박에 끊게 되며, 그 기쁨과 즐거움은 생각할 수도 없으며 수명이 한량없으니, 모든 부처님 세계 중에서 끝이 없는 극락세계의 장엄이 가장 훌륭합니다.

다같이 한결같고 평등하며 지극하고 간절한 마음으로 오체투지하고, 세간의 대자대비하신 부처님께 귀의합니다. (반배)

지심귀명례 **교주석가모니불** 教主釋迦牟尼佛

지심귀명례 **세자재왕불** 世自在王佛

지심귀명례 **서방아미타불** 西方阿彌陀佛

지심귀명례 **사십사구지불** 四十四俱胝佛

지심귀명례 **북방현재일체제불** 北方現在一切諸佛

지심귀명례 **무량광엄통달각혜불**
無量光嚴通達覺慧佛

지심귀명례 **무량천고진대묘음불**
無量天鼓震大妙音佛

지심귀명례 **대온불** 大蘊佛

지심귀명례 **광망불** 光網佛

지심귀명례 **사라제왕불** 娑羅帝王佛

이와 같이 북방에 머물고 있는 항하사와 같은 부처님들께서 광장설로 불토의 공덕을 칭찬하시고 법문으로 섭수하십니다.

지심귀명례 **문수보현양대보살** 文殊普賢兩大菩薩

지심귀명례 **관음세지양대보살** 觀音勢至兩大菩薩

지심귀명례 **청정대해중보살** 淸淨大海衆菩薩

또 다시 이와 같은 시방 진허공계의 모든 삼보와 한량없는 현성께 귀의합니다. (반배)

오늘 이 도량의 동업대중이여, 지극한 마음으로 서방정토 세계의 미묘한 장엄을 자세히 들으십시오. 경전에서 설해진 바와 같이 차례대로 열어 보이겠습니다.

(법사) **법장 비구가 서원을 세우고 인행을 닦아 이루어진 장엄** 法藏誓願修因莊嚴

(다같이) 『무량수경』에서 이르기를, "부처님께서 아난에게 말씀하셨다. 과거 한량없는 세월 전에 부처님이 계셨

으니, 그 이름이 세자재왕여래世自在王如來이셨고, 부처님의 열 가지 공덕[十號]상을 구족하셨다. 그 때에 한 국왕이 부처님의 설법을 듣고 무상도를 구하고자 하는 마음을 일으켜 나라를 버리고 왕위를 던져두고는 스님이 되었으니, 그 이름이 법장이었다.

그는 재주가 뛰어나고 지혜롭고 용맹스러웠다. 세자재왕여래께, '저는 무상도를 구하고자 하는 마음을 일으켰으니 원하옵건대 법을 설하여 주옵소서. 저는 마땅히 이 세상에서 속히 정각을 이루어 모든 생사 고통의 근본을 뽑아버리겠나이다.' 라고 아뢰었다. 이 때에 세자재왕 부처님께서 법장비구를 위하여 이백십억이나 되는 모든 부처님 국토와 그 천상 사람들의 선악과 그 국토의 대강의 모습과 자세한 부분을 가르쳐주셨다.

법장비구는 설법을 듣고 다섯 겁을 수행하고는 세자재왕 여래 전에 마흔여덟 가지의 뛰어나고 훌륭한 대원을 세웠다."고 하셨습니다.

(법사) 마흔 여덟 가지 원력으로 이루어진 장엄

四十八願 願力莊嚴

(법사) **1. 악취무명원** 惡趣無名願

(대중) 만일 제가 성불하는 국토에 지옥 · 아귀 · 축생의 이름이 있다면 저는 결코 정각을 이루지 않겠습니다.

(법사) **2. 무타악도원** 無墮惡道願

(대중) 만일 제가 성불하는 국토에 사는 중생 중에 삼악도에 떨어지는 자가 있다면 저는 결코 정각을 이루지 않겠습니다.

(법사) **3. 동진금색원** 同眞金色願

(대중) 만일 제가 성불하는 국토에 사는 유정들이 모두 동일한 순금빛이 아니라면 저는 결코 정각을 이루지 않겠습니다.

(법사) **4. 형모무차원** 形貌無差願

(대중) 만일 제가 성불하는 국토에 사는 유정들이 형태

나 모양에 차별이 있어 누구는 아름답고 누구는 추하다면 저는 결코 정각을 이루지 않겠습니다.

(법사) **5. 성취숙명원** 成就宿命願

(대중) 만일 제가 성불하는 국토에 사는 유정들이 숙명통宿命通을 얻지 못하여 백천만억 나유타겁 전의 일들을 알지 못한다면 저는 결코 정각을 이루지 않겠습니다.

(법사) **6. 생획천안원** 生獲天眼願

(대중) 만일 제가 성불하는 국토에 사는 유정들이 천안통天眼이 없어 백천만억 나유타겁의 모든 부처님 국토를 보지 못한다면 저는 결코 정각을 이루지 않겠습니다.

(법사) **7. 생획천이원** 生獲天耳願

(대중) 만일 제가 성불하는 국토에 사는 유정들이 천이통天耳을 얻지 못하여 백천만억 나유타겁의 모든 부처님 설법을 듣지 못한다면 저는 결코 정각을 이루지 않겠습니다.

(법사) **8. 변지심행원** 徧知心行願

(대중) 만일 제가 성불하는 국토에 사는 유정들이 타심통他心智이 없어 백천만억 나유타겁의 불국토에 사는 유정들의 마음작용을 알지 못한다면 저는 결코 정각을 이루지 않겠습니다.

(법사) **9. 신족초월원** 神足超越願

(대중) 만일 제가 성불하는 국토에 사는 유정들이 신족통神足通을 얻지 못하여 일념지간에 천백억 불국토를 지나갈 수 없다면 저는 결코 정각을 이루지 않겠습니다.

(법사) **10. 정무아상원** 淨無我相願

(대중) 만일 제가 성불하는 국토에 사는 유정들이 조금이라도 '나다', '내것이다' 라는 생각을 일으킨다면 저는 결코 정각을 이루지 않겠습니다.

(법사) **11. 결정정각원** 決定正覺願

(대중) 만일 제가 성불하는 국토에 사는 유정들이 등정각을 이루도록 결정지워져 있지 않다면 저는 결코 정각

을 이루지 않겠습니다.

(법사) **12. 광명보조원** 光明普照願

(대중) 만일 제가 성불하는 국토에 사는 유정들의 몸에서 나는 광명이 한계가 있어 백천만억 나유타 부처님 세계를 비추지 못한다면 저는 결코 정각을 이루지 않겠습니다.

(법사) **13. 수량무궁원** 壽量無窮願

(대중) 만일 제가 성불하는 국토에 사는 유정들의 수명이 한계가 있어 그 겁 수를 셀 수 있다면 저는 결코 정각을 이루지 않겠습니다.

(법사) **14. 성문무수원** 聲聞無數願

(대중) 만일 제가 성불하는 국토에 사는 성문들의 그 수를 헤아릴 수 있어 그 숫자를 아는 자가 있다면 저는 결코 정각을 이루지 않겠습니다.

(법사) **15. 중생장수원** 衆生長壽願

(대중) 만일 제가 성불하는 국토에 사는 유정들의 수명이 무한하지 않다면 저는 결코 정각을 이루지 않겠습니다. 단 원력으로 인해 생명을 받은 유정은 제외하겠습니다.

(법사) **16. 개획선명원** 皆獲善名願

(대중) 만일 제가 성불하는 국토에 사는 유정 중에 좋지 않은 이름을 가진 자가 있다면 저는 결코 정각을 이루지 않겠습니다.

(법사) **17. 제불칭찬원** 諸佛稱讚願

(대중) 만일 제가 성불할 경우, 저 한량없는 불국토의 헤아릴 수 없이 많은 부처님들께서 다같이 저의 국토를 칭찬하시지 않는다면 저는 결코 정각을 이루지 않겠습니다.

(법사) **18. 십념왕생원** 十念往生願

(대중) 만일 제가 성불할 경우, 다른 국토의 유정들이 저의 이름을 듣고는 저의 국토에 태어나기를 원하는 생각이 열 번에 미쳤는 데도 저의 국토에 태어나지 못한다면 저는 결코 정각을 이루지 않겠습니다. 단 오무간업의

죄를 지었거나 정법을 비방했거나 성인聖人을 해친 자는 제외하겠습니다.

(법사) **19. 임종현전원** 臨終現前願

(대중) 만일 제가 성불할 경우, 다른 국토의 유정들이 보리심을 일으켜 극락세계에 태어나고자 원한다면 저는 마땅히 그 사람의 임종에 저의 모습을 나타낼 것입니다. 만일 그리 되지 않는다면 저는 결코 정각을 이루지 않겠습니다.

(법사) **20. 회향개생원** 回向皆生願

(대중) 만일 제가 성불할 경우, 다른 국토의 유정들이 저의 이름을 말하는 것을 듣고는 선근을 회향하여 저의 국토에 태어나고자 한다면 모두 왕생하게 될 것입니다. 만일 그리 되지 않는다면 저는 결코 정각을 이루지 않겠습니다.

(법사) **21. 구족묘상원** 具足妙相願

(대중) 만일 제가 성불하는 국토에 있는 보살들이 삼십

이상을 갖추지 않았다면 저는 결코 정각을 이루지 않겠습니다.

(법사) **22. 함계보처원** 含階補處願

(대중) 만일 제가 성불하는 국토에 있는 보살이라면 모두 그 계위가 일생보처보살로써 보현도를 실천할 것이니, 만일 그리 되지 않는다면 저는 결코 정각을 이루지 않겠습니다.

(법사) **23. 신공타방원** 晨供他方願

(대중) 만일 제가 성불하는 국토에 있는 보살이라면 이른 아침에 다른 세계에 계신 헤아릴 수 없이 많은 부처님께 공양을 올리고도 식사 전에 본국으로 돌아올 수 있을 것이니, 만일 그리 되지 않는다면 저는 결코 정각을 이루지 않겠습니다.

(법사) **24. 소수만족원** 所須滿足願

(대중) 만일 제가 성불하는 국토에 있는 보살들이 모든 부처님 전에 갖추어야 할 갖가지 공양의 도구와 심어야

할 갖가지 선근을 두루 원만하게 만족하지 못한다면 저는 결코 정각을 이루지 않겠습니다.

(법사) **25. 선입본지원** 善入本智願

(대중) 만일 제가 성불하는 국토의 보살들이 일체지에 훌륭하게 따라 들어가지 못한다면 저는 결코 정각을 이루지 않겠습니다.

(법사) **26. 나라연력원** 那羅延力願

(대중) 만일 제가 성불하는 국토의 보살들이 나라연처럼 강한 힘이 없다면 저는 결코 정각을 이루지 않겠습니다.

(법사) **27. 장엄무량원** 莊嚴無量願

(대중) 만일 제가 성불하는 국토에 있는 모든 장엄구를 총체적으로 알고 널리 설명할 수 있는 자가 없다면 저는 결코 정각을 이루지 않겠습니다.

(법사) **28. 보수실지원** 寶樹悉知願

(대중) 만일 제가 성불하는 국토에 있는 한량없이 많은

색색의 나무들을 모든 보살들이 빠짐없이 알지 못한다면 저는 결코 정각을 이루지 않겠습니다.

(법사) **29. 획승변재원** 獲勝辯才願

(대중) 만일 제가 성불하는 국토에 사는 중생들이 뛰어난 변재를 얻지 못한다면 저는 결코 정각을 이루지 않겠습니다.

(법사) **30. 대변무변원** 大辯無邊願

(대중) 만일 제가 성불하는 국토에 계신 보살들이 끝이 없는 변재를 성취하지 못한다면 저는 결코 정각을 이루지 않겠습니다.

(법사) **31. 국정보조원** 國淨普照願

(대중) 만일 제가 성불한다면, 그 국토는 빛이 나고 깨끗하여 널리 부처님 세계를 비추리니, 마치 밝은 거울에 그 형상이 나타나는 것과 같을 것입니다. 만일 그리 되지 않는다면 저는 결코 정각을 이루지 않겠습니다.

(법사) **32. 무량승음원** 無量勝音願

(대중) 만일 제가 성불한다면, 그 국토 안에는 한량없이 많은 소리가 있을 것이니, 그 빼어남은 이 세상의 것과 비교할 수 없을 것입니다. 만일 그리 되지 않는다면 저는 결코 정각을 이루지 않겠습니다 .

(법사) **33. 몽광안락원** 蒙光安樂願

(대중) 만일 제가 성불한다면, 시방세계의 중생들이 저의 광명에 덮일 것이며, 빛을 받은 자들은 몸과 마음이 편안하고 즐거울 것입니다. 만일 그리 되지 않는다면 저는 결코 정각을 이루지 않겠습니다.

(법사) **34. 성취총지원** 成就總持願

(대중) 만일 제가 성불할 경우, 시방세계의 보살들이 제 이름을 듣고도 다라니를 성취하지 못한다면 저는 결코 정각을 성취하지 않겠습니다.

(법사) **35. 영리여신원** 永離女身願

(대중) 만일 제가 성불할 경우, 모든 불국토에 있는 여

인들이 제 이름을 듣고는 청정한 믿음을 내어 보리심을 발해서 왕생하고도 여인의 몸을 버리지 못한다면 저는 결코 정각을 이루지 않겠습니다.

(법사) **36. 문명지과원** 聞名至果願

(대중) 만일 제가 성불할 경우, 모든 불국토에 있는 보살들이 제 이름을 듣고도 수행하여 깨달음에 이르지 못한다면 저는 결코 정각을 이루지 않겠습니다.

(법사) **37. 천인경례원** 天人敬禮願

(대중) 만일 제가 성불할 경우, 시방세계의 보살들이 제 이름을 듣고 청정한 마음을 일으켰는 데도 모든 천신과 인간이 그를 공경하지 않는다면 저는 결코 정각을 이루지 않겠습니다.

(법사) **38. 수의수념원** 須衣隨念願

(대중) 만일 제가 성불한다면 그 국토에 사는 중생들은 필요한 의복이 생각만하면 얻어질 것입니다. 만일 그리되지 않는다면 저는 결코 정각을 이루지 않겠습니다.

(법사) **39. 재생심정원** 纔生心淨願

(대중) 만일 제가 성불할 경우, 모든 중생들이 잠깐 동안만이라도 저의 국토에 살고서도 모두 마음이 맑고 편안하고 즐겁기가 아라한과 같이 되지 않는다면 저는 결코 정각을 이루지 않겠습니다.

(법사) **40. 수현불찰원** 樹現佛刹願

(대중) 만일 제가 성불한다면 그 국토에 사는 중생들이 모든 부처님의 청정한 국토를 보고자 원하기만 하면 보배나무 사이로 모두 나타날 것입니다. 만일 그리 되지 않는다면 저는 결코 정각을 이루지 않겠습니다.

(법사) **41. 무제근결원** 無諸根缺願

(대중) 만일 제가 성불할 경우, 다른 국토의 중생들이 저의 이름을 듣고도 육근에 모자람이 있고 덕의 효용이 널리 미치지 못한다면 저는 결코 정각을 이루지 않겠습니다.

(법사) **42. 현증등지원** 現證等持願

(대중) 만일 제가 성불할 경우, 다른 국토의 보살들이 저의 이름을 듣고도 삼마지三摩地를 증득하지 못한다면 저는 결코 정각을 이루지 않겠습니다.

(법사) **43. 문생호귀원** 聞生豪貴願

(대중) 만일 제가 성불할 경우, 다른 국토의 보살들이 저의 이름을 듣고도 수명이 다해 부유하고 귀한 집안에 태어나지 못한다면 저는 결코 정각을 이루지 않겠습니다.

(법사) **44. 구족선근원** 具足善根願

(대중) 만일 제가 성불할 경우, 다른 국토의 보살들이 저의 이름을 듣고도 수행하여 선근을 구족하지 못한다면 저는 결코 정각을 이루지 않겠습니다.

(법사) **45. 공불견고원** 供佛堅固願

(대중) 만일 제가 성불할 경우, 다른 국토의 보살들이 저의 이름을 듣고도 모든 부처님께 공양을 올리고 깨달음에 이르는 일에서 물러서는 자가 있다면 저는 결코 정

각을 이루지 않겠습니다.

(법사) **46. 욕문자문원** 欲聞自聞願

(대중) 만일 제가 성불할 경우, 그 국토에 있는 보살들이 듣고자 하는 법이 있으면 자연히 들을 수 있을 것입니다. 만일 그리 되지 않는다면 저는 결코 정각을 이루지 않겠습니다.

(법사) **47. 보리무퇴원** 菩提無退願

(대중) 만일 제가 성불할 경우, 다른 국토의 보살들이 저의 이름을 듣고도 보리심에서 물러서는 자가 있다면 저는 결코 정각을 이루지 않겠습니다.

(법사) **48. 현획인지원** 現獲忍地願

(대중) 만일 제가 성불할 경우, 다른 국토의 보살들이 저의 이름을 듣고도 삼법인을 얻어 모든 부처님 법문을 분명히 증득하고 물러서지 않는 마음을 언지 못한다면 저는 결코 정각을 이루지 않겠습니다.

부처님께서 아난에게 말씀하셨다. "옛날의 법장비구는 지금 서방정토 극락세계의 교주이신 무량수불이시다. 그 국토는 매우 아름답고 수명은 한량없으며, 그 권속도 말이나 생각으로써 헤아릴 수 없으니, 그 모든 것들이 바로 인행할 때에 세운 대원으로써 성취된 것이다."

오늘 이 도량의 동업대중이여, 경전에서 말씀하신 것처럼 사십팔원을 일으켜 인행을 닦아 장엄해야 할 것이니, 다같이 지극한 마음으로 오체투지하고 세간의 대자대비하신 부처님께 귀의합니다. (반배)

지심귀명례 **교주석가모니불** 教主釋迦牟尼佛

지심귀명례 **서방아미타불** 西方阿彌陀佛

지심귀명례 **당래미륵불** 當來彌勒佛

지심귀명례 **선의불** 善意佛

지심귀명례 **이구불** 離垢佛

지심귀명례 **월상불** 月相佛

지심귀명례 **대명불** 大名佛

지심귀명례 **주계불** 珠髻佛

지심귀명례 **위맹불** 威猛佛

지심귀명례 **사자보불** 師子步佛

지심귀명례 **덕수불** 德樹佛

지심귀명례 **관석불** 觀釋佛

지심귀명례 **혜취불** 慧聚佛

지심귀명례 **안주불** 安住佛

지심귀명례 **유의불** 有意佛

지심귀명례 **앙가타불** 鴦伽陀佛

지심귀명례 **무량의불** 無量意佛

지심귀명례 **묘색불** 妙色佛

지심귀명례 **다지불** 多智佛

지심귀명례 **광명불** 光明佛

지심귀명례 **견계불** 堅戒佛

지심귀명례 **길상불** 吉祥佛

지심귀명례 **보상불** 寶相佛

지심귀명례 **연화불** 蓮花佛

지심귀명례 **나라연불** 那羅延佛

지심귀명례 **안락불** 安樂佛

지심귀명례 **지적불** 智積佛

지심귀명례 **덕경불** 德敬佛

지심귀명례 **문수보현양대보살** 文殊普賢兩大菩薩

지심귀명례 **관음세지양대보살** 觀音勢至兩大菩薩

지심귀명례 **청정대해중보살** 淸淨大海衆菩薩

또 다시 이와 같은 시방 진허공계의 모든 삼보와 한량없는 현성께 귀의합니다. (반배)

(법사) 아미타라는 명호에 갖추어진 무량한 수명과 광명의 장엄 彌陀名號 壽光莊嚴

(다같이) 『아미타경』에서 부처님께서 장로 사리불에게 말씀하셨습니다. "여기에서 서쪽으로 십만억 불국토를 지나간 곳에 극락이라고 하는 세계가 있다. 거기에 아미타불이 계시어 지금도 법을 설하신다. 사리불이여, 저 세계를 어째서 극락이라 하는 줄 아는가? 거기에 있는 중생들은 아무 괴로움도 없이 즐거운 일만 있으므로 극락이라고 하는 것이다. 사리불이여, 그 부처님을 어째서 아미타불이라 하는 줄 아는가? 그 부처님의 광명이 한량없어 시방세계를 두루 비추어도 조금도 걸림이 없기 때문이다. 또 그 부처님의 수명과 그 나라 인민의 수명이 한량없고 끝없는 아승지겁이므로 아미타불이라 한다. 아미타불이 부처가 된 지는 벌써 열 겁이 지났다. 그 부처님에게는 헤아릴 수 없이 많은 성문 제자들이 있는데 모두 아라한이다. 어떠한 수학으로도 그 수효를 헤아릴 수 없으며, 보살대중의 수도 또한 그렇다. 사리불이여, 극락세계

는 이와 같은 공덕장엄으로 이루어졌느니라."

(법사) 아미타불과 관세음보살·대세지보살을 관할 때 나타나는 보배상들의 장엄

三大士觀 寶像莊嚴

(다같이) 『관무량수경』에 이르기를, "그 부처님을 생각하고자 하는 사람은 먼저 마땅히 형상을 두고 생각해야 한다. 눈을 뜨나 눈을 감으나 하나의 보배상을 보아야 하나니, 염부단 강가의 금빛과 같으신 부처님께서 연화좌 위에 앉아 계신 것을 보아야 한다.

금색 여래가 연화좌 위에 앉아 계신 것을 보고 나면 심안이 열려 똑똑하고 분명하게 극락세계가 일곱 가지 보배로 꾸며져 있는 것을 볼 것이며, 보배로 뒤덮힌 대지와 보배가 깔린 연못과 보배나무 가로수를 볼 것이다. 또 하늘 보배만당이 늘어서 있고 그 위엔 갖가지 보배가 달린 그물이 하늘을 뒤덮고 있는 것을 볼 것이다. 이런 것들을 보는 것이 지극히 분명하여 마치 손바닥 위에서 보는 것과 같을 것이다.

이와 같이 관하고 난 뒤엔 다시 아미타불이 앉으신 연꽃과 같이 크고 아름다운 하나의 연꽃이 부처님의 왼쪽에 있다고 관하여야 하고, 또 하나의 큰 연꽃이 부처님의 오른쪽에도 있다고 관하여야 한다. 왼쪽의 연화대 위에는 관세음보살이 앉아 계시는데 그 빛깔은 아미타불과 다름없는 금빛이고, 오른쪽 연화대 위엔 대세지보살이 앉아 계시는데 그 분의 몸빛도 또한 화려한 금빛이라고 관하여야 한다.

이러한 관상이 이루어지면 불상과 보살상에서 빛이 쏟아져 나오는데 그 빛은 금빛이고 모든 보배나무를 비출 것이다. 그러면 각각의 나무 아래에서 세 개의 연꽃이 피어나 모든 연꽃 위에 한 분의 부처님과 두 분의 보살님이 계시어 그 국토를 두루 채우실 것이다.

이러한 관상이 이루어질 때 수행자는 당연히 물처럼 흐르는 광명과 모든 나무와 물오리 · 기러기 · 원앙 등이 오묘한 법문을 설하는 것을 들을 것이다. 선정에 들어가건 선정에서 나오건 항상 오묘한 법문을 듣게 되는데 수행자가 들은 법문은 선정에서 나왔을 때에도 기억되어 잊혀지지 않고 경에서 설한 것과 일치한다."고 말씀하셨습니다. 만일 경전의 가르침과 일치하지 않는다면 그것을 거친 관상이라고 하며, 형상으로 극락세계를 보는 것을 상상像想이라고 하였습니다.

오늘 이 도량에 모인 동업대중이여, 앞에서 말한 것처럼 아미타라는 명호에 무량한 수명과 광명의 장엄이 갖추어져 있고, 아미타불과 관세음 · 대세지 보살을 관할 때 보배상들이 장엄하게 나타나나니, 다같이 지극한 마음으로 오체투지하고 세간의 대자대비하신 부처님께 귀의합니다. (반배)

지심귀명례 **교주석가모니불** 教主釋迦牟尼佛

지심귀명례 **서방아미타불** 西方阿彌陀佛

지심귀명례 **당래미륵불** 當來彌勒佛

지심귀명례 **범덕불** 梵德佛

지심귀명례 **보적불** 寶積佛

지심귀명례 **화천불** 華天佛

지심귀명례 **선사의불** 善思議佛

지심귀명례 **법자재불** 法自在佛

지심귀명례 **명문의불** 名聞意佛

지심귀명례 **요설취불** 樂說聚佛

지심귀명례 **금강상불** 金剛相佛

지심귀명례 **구이익불** 求利益佛

지심귀명례 **유희신통불** 遊戲神通佛

지심귀명례 **이암불** 離闇佛

지심귀명례 **명천불** 名天佛

지심귀명례 **미루상불** 彌樓相佛

지심귀명례 **중명불** 衆明佛

지심귀명례 **보장불** 寶藏佛

지심귀명례 **극고행불** 極高行佛

지심귀명례 **제사불** 提沙佛

지심귀명례 **주각불** 珠角佛

지심귀명례 **덕찬불** 德讚佛

지심귀명례 **일월명불** 日月明佛

지심귀명례 **성수불** 星宿佛

지심귀명례 **일명불** 日明佛

지심귀명례 **사자상불** 師子相佛

지심귀명례 **위람왕불** 違藍王佛

지심귀명례 **복장불** 福藏佛

지심귀명례 **문수보현양대보살** 文殊普賢兩大菩薩

지심귀명례 **관음세지양대보살** 觀音勢至兩大菩薩

지심귀명례 **청정대해중보살** 淸淨大海衆菩薩

또 다시 이와 같은 시방 진허공계의 모든

삼보와 한량없는 현성께 귀의합니다. (반배)

(법사) 아미타불국토의 비길 수 없는

즐거움으로 이루어진 장엄 彌陀國土 極樂莊嚴

(다같이) 오늘 이 도량의 동업대중이여, 다시 지극하고 정성스런 한마음으로 잘 들으십시오.

『무량수경』에서 말하였습니다.

"아미타불께서 성불하신 지는 무려 열 겁이 지났고, 거처하시는 국토의 이름은 수마제이며, 바로 여기 염부제에서 서쪽으로 천억만개의 수미산 불국을 지난 곳에 있다. 그 국토 대지는 모두 일곱 가지 보배로 이루어져 있는데, 백은보白銀寶 · 황금보黃金寶 · 수정보水晶寶 · 유리보琉璃寶 · 산호보珊瑚寶 · 호박보琥珀寶 · 자거보硨磲寶이다.

이러한 보배로 이루어진 대지가 아득하게 끝없이 펼쳐

져 있고, 각각의 보배들은 화려한 빛을 내뿜으니 지극히 밝고 분명하며 부드럽고 아름다운 것이 비길 바가 없다.

시방세계의 보배 중 가장 빼어난 것만이 저절로 모여 화생하였으니, 이들은 모두 욕계의 여섯 번째 타화자재천의 보배들이다. 그 국토에는 크건 작건 바다도 강도 시내도 산도 계곡도 없고, 으슥하고 어두운 곳도 없으며, 봄 · 여름 · 가을 · 겨울도 없고, 큰 추위나 큰 더위도 없어 항상 온화하고 적당하여 상쾌한 것이 비할 데가 없다. 모든 종류의 생물들과 온갖 맛있는 음식들이 있고, 갖고자 하는 것이 있으면 저절로 앞에 나타나고, 쓸모없는 것이 있으면 곧 저절로 사라져 버리니, 모든 것이 생각대로 된다. 그 국토에 사는 이는 모두 보살과 아라한이고 여자는 없으니, 여자는 왕생하자마자 남자로 변화한다. 그들은 모두 얼굴이 단정하고 신체가 정결하고 극히 아름다운 모습들로 불구나 추악한 사람이 없으며, 모두가 재주있고 용맹스러우며 영리하고 지혜로우며, 저절로 만들어지는 옷을 입는다.

마음속에 생각하는 도덕이 있어 그것을 말로 표현하고자 하면 모두 미리 서로가 생각하는 것을 알 수 있으며,

말을 하면 항상 올바르고 그 표현은 조리 있으며, 결코 남의 잘못을 이야기하지 않는다. 그 음성은 마치 삼백 개의 종을 치는 것과 같으며, 모두 서로 공경하고 사랑하며 질투하고 증오하지 않으니, 마치 우애가 깊은 형과 동생 사이 같다. 모두 마음이 정결하여 탐착하거나 흠모하는 것이 없으며, 저절로 과거 억만겁 때의 선업과 악업과 태어나고 죽는 일을 알 수 있으며, 현재에 일어나는 일을 아는 지혜도 한량이 없다."

"시방의 헤아릴 수 없이 많은 불국토의 모든 천신과 백성과 날아다니거나 기어다니는 생명체들이 아미타불의 국토에 태어나면, 그들은 모두 칠보로 장식된 연꽃에서 화생한다. 그들은 젖으로 길러지지 않고 저절로 장성하여 저절로 생겨지는 음식을 먹는다.

그들의 신체는 세간 사람들의 신체가 아니고 또한 천상 사람의 신체도 아니다. 그들은 모두 많은 선덕을 쌓아서 저절로 허공과 같은 끝이 없는 몸을 받은 것이니, 그 뛰어나고 아름다움은 비길 데가 없다."

"일곱 가지 보배로 장식된 집은 허공에도 있고 땅에도 있다. 집을 최고로 높은 곳에 두고자 하면 집이 즉시로 높은 곳에 위치하고, 집을 최대로 넓혀서 허공중에 두고자 하면 모두 생각대로 이루어진다. 특별히 집을 마음대로 넓히거나 위치시킬 수 없는 사람이 있다면, 이는 모두 전세에 도를 구하던 때에 자비스럽지 못하거나 정진하지 않은 사람들이다."

"그 국토에 머무는 일체의 보살과 아라한들은 모든 것을 볼 수 있고 들을 수 있으며, 시방세계의 과거 · 미래 · 현재의 일을 알 수 있다. 또한 헤아릴 수 없이 많은 천상과 천하의 백성과 날아다니거나 기어다니는 생명체들의 심의식心意識과 그들이 생각하는 선악과 말하고자 하는 바를 알 수 있으며, 어느 해 어느 겁에 해탈하여 도를 얻게 되고 아미타불국토에 왕생하는지를 빠짐없이 알 수 있으며, 보살이 될 지 아라한이 될지를 모두 다 예견할 수 있다."

"시방의 헤아릴 수 없이 많은 천상의 사람과 인간과 날아다니고 기어다니는 생명체 중에 아미타불 국토에 왕생하여 부처를 이룰 자가 수없이 많으며, 아라한이 되어 열반을 증득할 자도 또한 수없이 많아 계산할 수 없다.

아미타불께서 모든 보살과 아라한을 위해 경을 설하실

때에는 모두 빠짐없이 강당에 모이는데, 그 보살과 아라한과 천신과 백성의 숫자는 헤아릴 수 없이 많다. 그들은 모두 부처님 계신 처소로 날아와서는 부처님께 예를 올리고 물러나 경을 듣는데, 아미타불께서 『도지대경』을 설하시면 모두 듣고 이해하여 뛸 듯이 기뻐하지 않는 자가 없다. 그 중 마음으로 깨달아 열린 자가 있으면 곧 사방에서 저절로 회오리 바람이 불고 칠보수는 다섯 가지 음성을 내고 칠보수 꽃은 그 국토를 뒤덮고 허공에서 아래로 떨어져 내린다.

그 꽃의 향기는 그 국토에 가득히 퍼져나가고, 부처님과 보살 · 아라한 위에 떨어져 내리는 꽃은 두께가 4촌四寸이나 되며 조금이라도 시들면 회오리바람이 시든 꽃을 날려 저절로 사라지게 하는데 이렇게 하기를 네 번을 반복한다."

"나의 두 번째 제자인 마하 목건련은 다른 모든 불국토의 보살 · 아라한 중 최고로서 비길 데가 없다. 날아갈 수 있고 날아가다 멈출 수도 있으며, 지혜는 용맹스럽고 모든 것을 보고 들을 수 있으며, 시방세계의 과거 · 현재 · 미래의 일들을 알 수 있다.

그러나 그의 지혜를 백천억만 배하여 하나의 지혜로 두고 아미타불국토의 아라한 무리 귀퉁이에 둔다면, 그 지혜와 덕은 그 곳 아라한의 백천억만분의 일에도 미치지 못한다."

"제일사천왕 · 제이도리천에서 위로 이십팔천에 이르기까지 모든 천인들이 천상의 만 가지 저절로 생겨난 물건들과 백 가지 다양한 빛깔의 꽃 · 향과 아름다운 빛깔의 비단과 목면으로 만든 옷을 가지고 만 가지나 되는 악기로 풍악소리를 점점 높여가며 서로 앞다투어 아미타불께 내려와서는 부처님과 보살 · 아라한에게 예를 올리고 공양을 올린다. 모든 천인이 크게 풍악을 울리는데 그 즐거움은 이루 표현할 수가 없다. 모든 천인이 다시 서로 길을 열어 피해주면서 뒤에 오는 자들도 차례로 공양 올리기를 앞 사람이 한 것과 같이 한다.

또한 보살이 된 자들은 모두 부처가 되고자 하고, 부처가 된 뒤엔 차례로 시방세계의 천상 사람과 인간과 날아다니고 기어다니는 모든 생명체들을 가르쳐 그들로 하여금 부처를 이루게 하고자 하고, 그들이 부처가 된 뒤엔 다시 한량없는 세계의 천상 사람과 인간과 날아다니고 기어다니는 생명체들을 가르쳐 모두 열반을 얻게 하고자 한다.

가르침을 받은 모든 제자들은 서로서로 가르치고 해탈케 하여 네 가지 과위와 벽지불도를 얻게 하고 서로 해탈케 하여 모두 열반의 도를 성취하게 하니, 그 국토에서 반열반이 사라지는 겁은 결코 계산할 수 없다."

"내가 설한 아미타불의 공덕으로 이루어진 국토의 즐거움과 아름다움은 밤낮으로 일겁을 이야기하더라도 도저히 다할 수 없다. 나는 단지 너희들을 위해 간략히 설명했을 뿐이다."

오늘 이 도량에 모인 동업대중이여, 『무량수경』에 설해진 것처럼 아미타 불국토가 극락으로 장엄되어 있으니, 다같이 지극한 마음으로 오체투지하여 세간의 대자대비하신 부처님께 귀의합니다. (반배)

지심귀명례 **교주석가모니불** 敎主釋迦牟尼佛

지심귀명례 **서방아미타불** 西方阿彌陀佛

지심귀명례 **당래미륵불** 當來彌勒佛

지심귀명례 **견유변불** 見有邊佛

지심귀명례 **전명불** 電明佛

지심귀명례 **금산불** 金山佛

지심귀명례 **사자덕불** 師子德佛

지심귀명례 **승상불** 勝相佛

지심귀명례 **명찬불** 明讚佛

지심귀명례 **견정진불** 堅精進佛

지심귀명례 **구족찬불** 具足讚佛

지심귀명례 **이외불** 離畏佛

지심귀명례 **응천불** 應天佛

지심귀명례 **대등불** 大燈佛

지심귀명례 **세명불** 世明佛

지심귀명례 **묘향불** 妙香佛

지심귀명례 **지상공덕불** 持上功德佛

지심귀명례 **이암불** 離暗佛

지심귀명례 **보찬불** 寶讚佛

지심귀명례 **사자안불** 師子顏佛

지심귀명례 **멸과불** 滅過佛

지심귀명례 **지감로불** 持甘露佛

지심귀명례 **인월불** 人月佛

지심귀명례 **희견불** 喜見佛

지심귀명례 **엄장불** 嚴莊佛

지심귀명례 **주명불** 珠明佛

지심귀명례 **산정불** 山頂佛

지심귀명례 **명상불** 名相佛

지심귀명례 **법칭불** 法稱佛

지심귀명례 **문수보현양대보살** 文殊普賢兩大菩薩

지심귀명례 **관음세지양대보살** 觀音勢至兩大菩薩

지심귀명례 **청정대해중보살** 清淨大海衆菩薩

또 다시 이와 같은 시방 진허공계의 모든 삼보와 한량없는 현성께 귀의합니다. (반배)

(법사) 보배로 이루어진 강에 청정한 팔공덕수가 흐르는 장엄 寶河清淨 德水莊嚴

(다같이) 『대보적경』에서 부처님께서 아난에게 말씀하셨습니다. "저 극락세계에는 어떤 산도 바다도 없으나 강은 있어 팔공덕수가 깊이 흐르며 항상 미묘한 소리를 낸다. 비유하자면 마치 모든 천인이 백천 가지 악기를 연주하는 듯한데, 극락세계에 그 음성이 널리 들리고 온갖 유명한 꽃들이 물 흐르듯 떨어지니, 온화한 바람이 조금만 불어도 갖가지 향기가 퍼져나온다. 강 양쪽 언덕에는 전단수가 많이 자라 빽빽한 가지와 잎들이 강을 뒤덮는데,

열매를 맺고 꽃이 피며 꽃이 눈부시게 빛나는 것이 비할 데 없이 아름답다.

많은 생물들이 즐겁게 노닐고 마음대로 왔다갔다 하며 혹은 물가에서 몸을 씻고 즐겁게 놀기도 하는데, 모든 하늘 나라의 공덕수들이 생물들의 뜻에 잘 따라주는 것과 같다. 사람이 좋아하는 대로 깊어지기도 하고 얕아지기도 하며 차가워지기도 하고 따뜻해지기도 하며 굽이쳐 흐르기도 한다.

아난아, 그 큰 강 아래는 금모래가 뒤덮여 있으며 모든 하늘 나라의 향기가 나는데, 이 세상 것과는 비교할 수 없으며 바람에 따라 향기가 퍼지고 물 흐름에 따라 향기도 흐른다.

그 국토에 사는 이가 유람을 하다 그 물가에 모이면 그 거센 물결의 음향은 비록 천이天耳를 얻었더라도 끝내 들을 수 없으나 혹시 듣고자 한다면 그 즉시에 백천만이나 되는 불 · 법 · 승의 소리를 듣고 깨달을 수 있다. 그 국토에 사는 중생들은 이미 태어난 이나 현재 태어나는 이나 앞으로 태어날 이나 모두가 미묘한 색신을 얻고 그 모습은 단정하고 신통이 자재하며 복덕을 구족하며 갖가지 궁전과 정원과 음식과 향화와 영락을 빠짐없이 갖추어 지녔으니, 필요하다는 생각만 하면 곧 생각대로 이루어진다. 이런 음식을 먹고 싶다는 생각만 하면 이미 그 음식을 먹은 것과 같아지고 몸의 힘이 증장하지만 더러운 대소변은 보지 않는다."

(법사) 생각대로 이루어진 보배 궁전과 누각의 장엄 寶殿如意 樓閣莊嚴

(다같이) 또한 경전에서, "만일 그 국토의 모든 유정들이 궁전과 누각이 필요하다면, 좋아하는 대로 높낮이와 장단과 넓고 좁음과 모지고 둥근 것이 생각대로 이루어지고 모든 침상과 자리와 아름다운 의복이 그 위에 펼쳐지는데, 그것들은 갖가지 보배로 장식되어져 모든 중생들 앞에 저절로 나타난다. 그래서 그곳 사람들은 말하기를, '각기 자기 궁전에서 거처한다.'"고 말하였습니다.

(법사) 낮과 밤의 시간이 긴 장엄 晝夜長遠 時分莊嚴

(다같이)『교량불찰공덕경』에서, 불가사의광왕보살不可思議光王菩薩이 대중에게, "너희들 모든 불자들은 이제 마땅히 잘 들어야 한다. 이 사바세계의 일대겁을 꽉 채운 시간을 저 서방 극락세계 무량수불 국토의 시간에 비교한다면 하루 밤낮의 길이에 해당한다."고 하였습니다.

(법사) 스물네 가지 즐거움이 있는 청정한 국토의 장엄 二十四樂 淨土莊嚴

(다같이)『안국초安國鈔』에서 이르기를, "소위 지극한 즐거움이라는 것에는 스물네 가지가 있는데, ①난간이 둘러쳐져 있어 막아주고 보호해주는 즐거움이며, ②허공에 보배그물이 쳐져 있는 즐거움이며, ③나무가 우거지고 그 아래로 길이 뚫려 있는 즐거움이며, ④칠보로 장엄된 연못이 있는 즐거움이며, ⑤팔공덕수가 맑게 흐르는 즐

거움이며, ⑥그 연못 아래에 황금모래가 비치는 즐거움이며, ⑦계단의 귀퉁이마다 빛이 나는 즐거움이며, ⑧누대樓臺가 허공에 솟아 있는 즐거움이며, ⑨네 가지 연꽃 향기의 즐거움이며, ⑩대지가 황금으로 이루어진 즐거움이며, ⑪항상 음악이 연주되는 즐거움이며, ⑫밤낮으로 꽃비가 내리는 즐거움이며, ⑬맑은 아침이 기운을 돋구어 주는 즐거움이며, ⑭오묘한 꽃을 항상 지니는 즐거움이며, ⑮타방세계의 부처님께 공양을 올리는 즐거움이며, ⑯본국을 두루 돌아다니는 즐거움이며, ⑰온갖 날짐승이 조화롭게 우는 즐거움이며, ⑱하루 6시에 항상 법을 듣는 즐거움이며, ⑲항상 삼보를 생각하는 마음이 머무는 즐거움이며, ⑳삼악도의 고통이 없는 즐거움이며, ㉑부처님께서 변화한 몸을 보이시는 즐거움이며, ㉒나무가 보배 그물을 흔드는 즐거움이며, ㉓모든 국토에서 동일한 소리가 나는 즐거움이며, ㉔성문이 발심하는 즐거움이다."라고 하였습니다.

(법사) 삼십 가지 이익으로 이루어진 장엄

三十種益 功德莊嚴

(다같이)『군의론群疑論』에 이르기를, "서방정토에는 삼십 가지 이익이 있는데, ①청정한 국토를 수용하는 이익이며, ②대승의 법락을 누리는 이익이며, ③부처님의 수명에 가까운 이익이며, ④시방세계를 두루 다니면서 부처님께 공양 올리는 이익이며, ⑤모든 부처님 계신 곳에 가서 법을 듣고 수기를 받는 이익이며, ⑥복덕과 지혜의 자량이 원만해지는 이익이며, ⑦무상정각보리를 빨리 증득하는 이익이며, ⑧모든 천인들이 한자리에 모이는 이익이며, ⑨항상 깨달음을 구하는 마음에서 물러서지 않는 이익이며, ⑩한량없는 행원이 생각생각에 증가하는 이익이며, ⑪앵무사리가 법음을 널리 펴는 이익이며, ⑫맑은 바람이 나무를 흔들어 온갖 즐거움을 주는 이익이며, ⑬마니수의 소용돌이가 괴로움과 공을 널리 설하는 이익이며, ⑭온갖 악기가 오묘한 음악을 연주하는 이익이며, ⑮아미타불의 사십팔원으로 영원히 삼악도에 떨어지지 않는 이익이며, ⑯순금빛 몸을 받는 이익이며, ⑰누추한 형

모가 없는 이익이며, ⑱오신통을 얻는 이익이며, ⑲항상 정정취에 머무는 이익이며, ⑳온갖 좋지 못한 것이 없는 이익이며, ㉑수명이 긴 이익이며, ㉒의복과 음식이 저절로 얻어지는 이익이며, ㉓오직 온갖 즐거움만을 누리는 이익이며, ㉔삼십이상을 얻는 이익이며, ㉕진짜 여인은 없는 이익이며, ㉖소승은 전혀 없는 이익이며, ㉗팔난을 여의는 이익이며, ㉘삼법인을 얻는 이익이며, ㉙몸에 항상 빛이 나는 이익이며, ㉚나라연신을 얻는 이익이다. 앞에서 간략히 서술한 법의 이익은 한량이 없으며 성스러운 경계는 허황되지 않는 진실한 말씀으로 오류가 없다." 고 하였습니다.

오늘 이 도량의 동업대중이여, 앞에서 말한 것처럼 모든 것이 장엄하니, 모두 지극한 마음으로 오체투지하고 세간의 대자대비하신 부처님께 귀의합니다. (반배)

지심귀명례 **교주석가모니불** 敎主釋迦牟尼佛

지심귀명례 **서방아미타불** 西方阿彌陀佛

지심귀명례 **당래미륵불** 當來彌勒佛

지심귀명례 **정의불** 定意佛

지심귀명례 **무량형불** 無量形佛

지심귀명례 **조명불** 照明佛

지심귀명례 **보상불** 寶相佛

지심귀명례 **단의불** 斷疑佛

지심귀명례 **선명불** 善明佛

지심귀명례 **불허보불** 不虛步佛

지심귀명례 **각오불** 覺悟佛

지심귀명례 **화상불** 華相佛

지심귀명례 **산주왕불** 山主王佛

지심귀명례 **대위덕불** 大威德佛

지심귀명례 **변견불** 遍見佛

지심귀명례 **무량명불** 無量名佛

지심귀명례 **보천불** 寶天佛

지심귀명례 **주의불** 住義佛

지심귀명례 **만의불** 滿意佛

지심귀명례 **상찬불** 上讚佛

지심귀명례 **무우불** 無憂佛

지심귀명례 **무구불** 無垢佛

지심귀명례 **범천불** 梵天佛

지심귀명례 **화명불** 華明佛

지심귀명례 **신차별불** 身差別佛

지심귀명례 **법명불** 法明佛

지심귀명례 **진견불** 盡見佛

지심귀명례 **덕정불** 德淨佛

지심귀명례 **문수보현양대보살** 文殊普賢兩大菩薩

지심귀명례 **관음세지양대보살** 觀音勢至兩大菩薩

지심귀명례 **청정대해중보살** 淸淨大海衆菩薩

또 다시 이와 같은 시방 진허공계의 모든 삼보와 한량없는 현성께 귀의합니다. (반배)

오늘 이 도량의 동업대중이여, 경에서 설한 것과 같이 극락장엄의 불가사의하고 승묘한 경계는 시방정토와 여러 하늘의 왕궁으로는 비견할 수 없습니다. 이러한 이유 때문에 우리들과 모든 중생들은 저 국토에 왕생하여 모든 장엄을 수용하고 다함이 없는 즐거움을 얻기 원하며, 영원히 청정함을 얻고 길이 네 갈래를 떠나며, 면전에서 아미타불을 모시고 친히 수기를 받으며, 육바라밀과 사무량심 등의 행을 갖추지 않음이 없고 사변재를 구족하며, 부처님의 십력과 상호 엄신과 신통무애를 얻어 금강심에 들어가 정등정각을 이루어지이다.

<제 5권 끝>

〈주註〉

*초승*超昇 ___ 미혹의 세계인 6도를 뛰어넘어 깨달음의 경지에 오르는 것, 또는 생사의 바다를 뛰어넘어 무상열반의 불과佛果에 오르는 것.

*4변재*辯才 ___ 언어적 표현 능력이 뛰어난 것, 또는 교묘한 변설로서 4변, 4무애변이라고도 한다. 법무애法無碍; 가르침에 대해 막히는 것이 없는 것. 의무애義無碍; 가르침에 담겨진 의미나 내용에 막힘이 없는 것. 사무애辭無碍; 여러 나라의 언어에 통달하여 막힘이 없는 것. 요설무애樂說無碍; 위의 세 가지 지혜로서 중생을 위해 즐거이 법을 자재로 설하는 것.

삼마지 ___ 삼매라고 하며 마음을 하나의 대상에 집중하는 것.[心一境性]

*인행*因行 ___ 성불하기 전에 하는 부처가 되는 원인이 되는 수행, 즉 인위因位에서의 수행.

*정정취*正定聚 ___ 반드시 부처가 되도록 결정되어 있는 성자. 또는 아미타불의 본원력으로 정토에 왕생하여 성불하도록 정해져 있는 사람.

삼십이상 ___ 부처님이나 전륜성왕이 몸에 갖춘 서른두 가지의 상서로운 모습.

*삼법인*三法印 ___ 불교사상의 특징을 세 가지로 표현한 것. 일체의 모든 만물은 생멸변화하여 항상하지 않다는 진리인 제행무상諸行無常과 일체의 모든 법은 고정된 실체가 없다는 제법무아諸法無我와 생사 윤회하는 고통을 벗어나 이상세계인 열반적정涅槃寂靜을 말한다.

제 6 권

아미타참법 제6권

6. 죄장을 예배하여 참회함

(무릇 죄장을 참한다고 함은 부처님께 예배하여 죄를 참회하는 것입니다. 참 성품은 본래 비어 있어서 애초에 한 물건도 없건만 삿된 마음이 어느덧 일어난 뒤에는 마침내 만 가지가 벌어지게 되니 죄가 일어나는 근원 중에 이것이 으뜸입니다. 이로 말미암아 삼독이 안에서 일어나고 십악이 밖으로 드러나 발을 뗄 때마다 모두 다 무명이며 눈길 닿는 데마다 모두 다 번뇌가 되어 12연기가 연이어 끊어지지 않고 18계에서 생멸이 다함 없으니, 천상에 태어나도 늘 다섯 가지 쇠퇴함을 벗어날 수 없고 4생

을 벗어나기 어려워 모두 윤회에 떨어져 해탈을 누리지 못합니다.

깨끗한 과위를 이루려면 참회의 인행이 필요하니 믿음과 자비심이 서로 거들면 어떤 죄인들 소멸하지 못할 것이며, 범부와 성인이 서로 통하면 무슨 장애인들 떨치지 못하겠습니까.

왕생의 길에 들어가려면 반드시 예참의 문을 실천해야 됩니다. 이미 죄장이 소멸되면 신심이 반드시 청정해져 6근의 업장이 사라지리니, 오랫동안 가리웠던 번뇌를 모두 버리고 하나의 성품이 원만하게 밝아져 본래의 광명을 분명히 발휘하게 됩니다. 이제 눈이 녹고 나면 자연히 봄은 이르게 되는 것과 같습니다.)

오늘 이 도량의 동업대중은 먼저 극락세계의 장엄과 빼어나고 묘한 즐거운 일을 널리 밝혀 기쁨을 다하고서도 환희용약하여 일찍이 없었던 일을 찬탄하였습니다. 이제

죄와 허물을 고백하고 참회하려하는데, 간략히 두 가지를 보이고자 하니, 우선 자신에 대한 참회요, 이어서 부모를 대신하는 참회입니다. 먼저 자신에 대해서 한마음으로 삼보께 귀의하고 경건한 정성을 모아 연민히 여기시는 자비를 구합니다.

"저희 불자들은 무시이래로 무명이 마음을 가리우고 자성불의 지혜를 미혹하여 망령되이 죄업을 지으며, 나고 죽음에 윤회하여 불 · 법 · 승 삼보를 등지고 그릇된 스승이나 벗을 따르고, 눈은 대상을 따라 은혜와 사랑의 노예가 되어 여래의 법신이 두루하심을 보지 못합니다. 귀는 소리의 경계를 탐하니 그 해악이 한량없어 여래의 원만한 음성의 묘한 법을 듣지 못합니다. 코는 향기를 탐하니 번뇌가 생겨나 공덕의 묘한 향훈을 맡지 못합니다. 혀는 갖가지 맛을 탐하여 뭇 생명들을 즐겨 먹으며, 거짓말과 꾸밈말과 악한 말과 이간질로 삼보를 비방하고 존귀한 분과 친한 이를 업신여겼으니, 어찌 여래의 깊고 깊은 진리를 맛볼 수 있겠습니까? 몸은 촉감에 집착하여 물들기 한량없어 밤낮으로 허황된 미혹에 빠져 만족하여 그칠 줄 모르고, 갖가지 악을 지어 살생과 도둑질에 물든 행위를 하니, 모든 부처님의 자비하신 빛에 나아가지 못합니다. 마음의 작용은 현상에 따라 경계를 만나 반연하여 생각생각이 항상 탐하고 성내는 그릇된 견해를 내며, 온갖 죄악이 이 마음의 작용을 따라 나오니 어찌 여래의 깊고 깊은 법계의 이치를 알 수 있겠습니까?

육근과 삼업이 온갖 죄악을 고루 지으며 점점 끝없이 많은 선행을 가로막아 대보리심을 일으키지 못하고 온갖 참된 법을 수행하지 못하니, 오랜 어둠 속에서 고통을 당했기에 벗어나고자 하는 마음 뿐입니다. 이같은 허물을 오직 부처님께서만은 아시오니 예배하며 참회하여 영원히 끊기를 염원합니다. 또한 이 죄장은 전도된 마음을 따라 나오는 것이어서 결정된 실체가 없이 본래 오직 비어있어 고요할 뿐입니다.

바라옵건대 서방세계의 아미타불께서 지혜의 빛을 드리우시어 저의 몸과 마음에 업장과 미혹의 군더더기를 소멸케 하시고, 자애로운 바람을 널리 불게 하시어 무거운 업장의 산을 무너뜨리시고, 법의 물을 길이 흐르게 하시어 제 마음의 때를 씻어 주시옵소서.

바라옵건대 저희와 저희 부모가 속히 마음의 근본을 통달하여 영원히 죄의 뿌리를 제거하게 하시고, 법계에 모든 중생들이 모두 다 청정토록 자비를 베풀어 주시옵소서.

오늘 대중이여, 자신의 한량없이 맺힌 원한을 끊어 다하기 위해서 한결같이 간절하게 오체투지하고 세간의 대자대비하신 부처님께 귀의합니다. (반배)

지심귀명례 **교주석가모니불** 敎主釋迦牟尼佛

지심귀명례 **서방아미타불** 西方阿彌陀佛

지심귀명례 **당래미륵불** 當來彌勒佛

지심귀명례 **월면불** 月面佛

지심귀명례 **보등불** 寶燈佛

지심귀명례 **보상불** 寶相佛

지심귀명례 **상명불** 上名佛

지심귀명례 **작명불** 作名佛

지심귀명례 **무량음불** 無量音佛

지심귀명례 **위람불** 違藍佛

지심귀명례 **사자신불** 師子身佛

지심귀명례 **명의불** 明意佛

지심귀명례 **무능승불** 無能勝佛

지심귀명례 **공덕품불** 功德品佛

지심귀명례 **월상불** 月相佛

지심귀명례 **득세불** 得勢佛

지심귀명례 **무변행불** 無邊行佛

지심귀명례 **한화불** 閑花佛

지심귀명례 **정구불** 淨垢佛

지심귀명례 **견일체의불** 見一切義佛

지심귀명례 **용력불** 勇力佛

지심귀명례 **부족불** 富足佛

지심귀명례 **복덕불** 福德佛

지심귀명례 **수시불** 隨時佛

지심귀명례 **광의불** 廣意佛

지심귀명례 **공덕경불** 功德敬佛

지심귀명례 **선적멸불** 善寂滅佛

지심귀명례 **재천불** 財天佛

지심귀명례 **문수보현양대보살** 文殊普賢兩大菩薩

지심귀명례 **관음세지양대보살** 觀音勢至兩大菩薩

지심귀명례 **청정대해중보살** 淸淨大海衆菩薩

또 다시 이와 같은 시방 진허공계의 모든 삼보와 한량없는 현성께 귀의합니다. (반배)

오늘 이 도량의 동업대중은 거듭 지성으로써 애민히 여기시기를 바라오며 참회합니다.

저희들이 부모를 생각하건대 예전의 인간세상에서 그 자식을 사랑하는 사사로운 정으로 인해 자신은 위태로운 재앙을 초래하셨고 저로 인해 죄를 쌓으시어 재앙이 부모님께 미쳤습니다. 고개를 숙여 세 번을 거듭 생각하여도 참으로 비통한 마음만 더할 뿐입니다. 지금 귀의의 뜻을 아뢰며 피눈물로 애민히 여겨주시기를 구하옵니다.

바라옵건대 삼보의 위신력에 힘입어 양친

의 허물이 소멸되기를 원하오며 간절히 오체투지하오니, 슬픈 마음에 목이 메이며 눈물이 비오듯 흘러내립니다. 제자 ○○등이 삼가 무시이래로 오늘에 이르기까지 법계에 함께 한 부모 권속 친지들을 위해 지금 아미타불과 나아가 시방에 두루하신 삼보님을 뵙고 지극한 마음으로 생각합니다.

저의 부모가 예전에 어리석은 사랑으로 인해 나의 몸을 아끼셨던 것이 경에 말씀하신 것과 같아 잉태하여서는 몸으로 보호하고, 마른 자리 진 자리를 가려 눕히고 쓴 것은 삼키며 단 것은 먹이고, 젖 물려 기르며 나아가서는 생명이 다하도록 불쌍히 여겨 한없는 죄를 지어 현성을 속였으며, 저의 옷과 음식을 만드느라 살아있는 목숨을 죽였고 나의 배를 채워 주셨으니, 어리석고 잘못된 생각에 허망한 애정만 얽혔습니다. 목숨이 다해서는 악도에 떨어짐이 모두 제 자신의 지난날 허물을 짐지셨기 때문입니다.

그러므로 제가 지금 스스로 부모를 대신하여 처음부터 지금까지 지은 살생과 도둑질과 사음행과 거짓말 · 속임말 · 거친말 · 이간질과 탐 · 진 · 치 등 십악업이 맹렬하여 죄 아닌 것이 없으며, 그릇된 스승을 따라 삼보를 믿지 않고, 혹 오계 · 팔계 · 십계를 깨뜨렸습니다. 나아가 일천제가 되어 인과가 없다고 말하여 대승의 방등方等경전을 비방하였습니다. 또한 다른 사람의 참된 일을 방해하고 자애심이 없어 청정한 범행을 함께 행하기를 권유하지 않음은 물론이며,

더욱이 아비를 죽이고, 어미를 죽이고, 스승을 죽이고, 부처님 몸에 상처를 입히며, 화합하며 청정한 승가를 깨트리고, 아라한을 죽이며, 탑을 부수고 절을 부수며, 경전과 불상을 훼손하며, 스님들을 내몰아 혹 도의 수행을 그만두게 하며, 현재 함께 쓰는 시방 삼보의 깨끗한 재물을 훔치고 해치며, 명예나 이익을 위하여 법을 설함으로써 청정한 범행을 닦는 이를 오염시켰습니다.

이와 같이 널리 삼보와 스승과 어른과 부모와 법계의 모든 중생들에게 갖가지 죄를 짓되 스스로 짓기도 하고, 남에게 짓게도 하며 지은 것을 보고 기뻐하는 등 죄업이 중중무진하여 법계에 두루해 허공을 가득히 채웠습니다.

지금 아미타불을 뵙고 모두 다 참회하며, 간절히 바라옵나니 아미타불의 위신력으로써 마치 끓는 물에 얼음이 녹듯 염불에 따라 위없는 깨달음을 이루도록 하여 주옵소서. 또 나아가 아미타불의 사십팔원으로 중생들을 불쌍히 여기시고 깨끗한 광명을 놓으시어 거두어 주시길 그치지 마시고, 온갖 보배로 장엄한 극락세계에 보살로 왕생하여 물러서지 않고 수행하여 곧바로 보리에 이르도록 보살펴 주옵소서.

본사이신 석가모니불과 시방에 두루 하신 모든 부처님께서 은근히 권하시고 칭찬하시기를, "일념이나 십념을 하루나 이레동안 하여 부처님 명호를 불러 생각이 간절하면 반드시 극락에 왕생한다."고 하였으나, 저희들은 어리석고 미혹하여 믿지도 않고 따르지 도 않고, 혹시 듣는다 하여도 마음에 가볍게 웃어 넘기며, 염불하는 사람을 보면 나쁜 마음으로 훼방하며, 설령 믿음이 있는 자라도 결정심이 없으며, 악업의 인연이 깊고 무거워 세상일에 애써 얽혀드니, 몸은 도량에 있으나 마음은 세상의 이치에 끌리며, 입으로는 극락세계를 말하여도 뜻은 사바세계에 연연하나이다.

염불할 때에는 마음이 심히 산란하여 세 가지 깨끗한 업에 조그만 선행도 이루지 못하며, 십육관심에 한 가지도 투철하지 못하니, 비록 출가를 했으나 승려의 행을 닦지 아니하고 오직 이익과 안위만을 탐하며, 계를 허물고 재를 깨뜨리며, 중생들을 속여 거짓되게 스승이라 선전하여 법을 설할지라도 옳지 못한 법이며, 얻지도 못했으면서 얻었다 말하고, 증득하지도 못했으면서 증득했다 말하며, 구구절절이 '공空'의 이치를 설하면서 행동은 갖가지 집착에 머물러, 스스로 부끄러워하지도 않고 하늘에 대해 부끄러워하지도 않았으며, 알지도 못하고 깨닫지도 못했습니다.

이와 같은 죄가 한량없고 끝이 없으니 바라옵건대 제멸하여 주시옵소서. 또 어떤 중생은 출가가 해탈의 길임을 믿지 아니하고, 오욕락에 깊이 탐착하여 왕생을 구하지도 아니하여 청정한 범행을 닦지 않고, 거짓으로 참된 사람인 척하여 손에 염주를 들었어도 마음은 사악한 채 제멋대로 무명을 의지해 투쟁을 일삼아, 시비를 일으켜도 옳고 그름을 가리지 못하며, 악한 무리와 어울려 수행인을 괴롭히며, 자기도 빠지고 남도 빠뜨려 지옥의 종자가 되고, 이곳 저곳에 마장이 되어 정토에 태어나는 것을 방해하는 등 이와 같은 죄가 무량무변하오니, 바라옵건대 제멸하여 주시옵소서.

목숨이 다하는 때에 이르러 혹 비명횡사하거나 담장이 무너지거나, 집이 무너지거나 나무가 쓰러지거나 바위가 무너지거나, 물에 떠내려가거나 불에 타거나, 곤충에 물리거나 짐승에게 먹히거나, 전란의 재앙에 이르거나 독약이 엄습하거나 갑작스런 병에 걸리거나, 염불할 겨를이 없거나 혹 중병에 걸려 몸과 마음이 괴로워 몸부림치고 호소

하며 바른 생각을 편히 하기 어렵거나, 혹 좋은 벗이 없어 정토의 인연을 갖지 못하거나 하여 이와 같은 갖가지 죄장의 인연으로 말미암아 목숨이 다하는 때에 이르러, 부처님도 뵙지 못하고 극락에도 갈 수 없고 사바세계에 유전하며 오탁악세에서 삼도팔난을 만나고, 업을 따라 몸을 받아 다섯 가지 고통과 다섯 가지 불탐으로써 아주 극심한 고통을 당하여 생사업이 다할 기약도 없으며, 혹 태생의 속박에 떨어져 오백 세 동안 부처님을 뵙지 못함이 모두 옛날부터 아미타불을 믿지 않고 정토왕생을 믿지 않고, 신·구·의 삼업으로 경망스럽게 훼방했기 때문입니다.

이러한 인연으로는 비록 다시 발심하여도

온갖 장애가 많나이다. 제가 지금 아미타불께 엎드려 절하오니, 원하옵건대 천안통天眼通・천이통天耳通・타심통他心通을 갖추신 부처님께서는 대자대비로 불쌍히 여기사 저의 참회를 들어주시어 저의 부모와 법계 중생들의 업보의 장애와 번뇌의 장애와 부처님 말씀을 믿지 않는 장애와 수행을 즐겨하지 않는 장애와 오탁악세의 장애와 끝없는 의심의 장애와 삼보를 듣지 못하는 장애와, 왕생을 방해하는 한 털끝만큼의 장애마저도 모두 없어지게 하시어, 온갖 청정하고 바른 신심이 드러나게 하시고, 의심하지 않고 물러서지 않으며 결정코 극락세계에 왕생하여 속히 정각을 이루고 법륜을 굴려 보현보살의 넓고 큰 행원을 원만히 성취케 하여 주시옵소서. 참회를 마치고 목숨을 바쳐 아미타불께 예배하나이다."

오늘 이 도량의 동업대중은 무시 이래로 오늘에 이르기까지 육도에 윤회하여 사생의 몸을 받아, 남자가 되기도 하고 여자가 되기도 하며, 남자와 여자가 아니기도 하여 이르는 곳마다 한량없는 죄를 지으며, 혹은 몸뚱이가 큰 중생이 되어 서로 먹고 먹히고, 혹은 몸뚱이가 작은 중생이 되어 서로 먹고 먹히며 힘센 것이 약한 것을 능멸하였습니다.

이와 같이 서로 죽여서 먹는 업이 한이 없고 끝도 없어 보리심을 가로막고 보리원을 가로막고 보리행을 가로막고, 정토에 나는 것을 가로막았던 죄업을 오늘 참회하오니,

바라옵건대 제멸하여 주시옵소서.

○○등이 무시이래로 오늘에 이르기까지 육도 중에 사생의 몸을 받아 그 가운데 지은 죄악이 무량무변 하오니, 이와 같은 많은 죄를 오직 시방삼세의 모든 부처님과 대보살님께서는 모두 알고 보셨으니, 모든 부처님과 보살님께서 알아보신 죄악들을 오늘에야 지성으로 예배하여 가엾이 여기시기를 바라오며, 부끄러운 마음으로 참회하오니 이미 지은 죄는 모두 다 소멸하여 주시고 아직 짓지 않은 죄는 다시 짓지 않도록 하여 주옵소서.

우러러 바라오니 시방 삼세 모든 부처님께서 대자대비하신 마음으로 ○○등의 오늘 참회를 거두어 주시고, 대자대비의 물로 ○

○등의 보리심을 가로막고 있는 모든 죄의 때를 깨끗이 씻어 주시어 마침내 정토에 왕생토록 하여 주시옵소서.

다같이 지극한 마음으로 오체투지하고 세간의 대자대비하신 부처님께 귀의합니다.

(반배)

지심귀명례 **교주석가모니불** 教主釋迦牟尼佛

지심귀명례 **세자재왕불** 世自在王佛

지심귀명례 **서방아미타불** 西方阿彌陀佛

지심귀명례 **삼십오존참회불** 三十五尊懺悔佛

지심귀명례 **금강불괴불** 金剛不壞佛

지심귀명례 **보광불** 寶光佛

지심귀명례 **용존왕불** 龍尊王佛

지심귀명례 **정진군불** 精進軍佛

지심귀명례 **정진희불** 精進喜佛

지심귀명례 **보염불** 寶炎佛

지심귀명례 **보월광불** 寶月光佛

지심귀명례 **불공견불** 不空見佛

지심귀명례 **보월불** 寶月佛

지심귀명례 **무구불** 無垢佛

지심귀명례 **이구불** 離垢佛

지심귀명례 **용시불** 勇施佛

지심귀명례 **청정불** 淸淨佛

지심귀명례 **청정시불** 淸淨施佛

지심귀명례 **사류나불** 娑留那佛

지심귀명례 **수천불** 水天佛

지심귀명례 **견덕불** 堅德佛

지심귀명례 **전단공덕불** 栴檀功德佛

지심귀명례 **광명길상불** 光明吉祥佛

지심귀명례 **광덕불** 光德佛

지심귀명례 **무우덕불** 無憂德佛

지심귀명례 **나라연불** 那羅延佛

지심귀명례 **공덕화불** 功德華佛

지심귀명례 **연화광유희신통불** 蓮花光遊戲神通佛

지심귀명례 **재공덕불** 才功德佛

지심귀명례 **덕념불** 德念佛

지심귀명례 **선명칭공덕불** 善名稱功德佛

지심귀명례 **제당왕불** 帝幢王佛

지심귀명례 **선유보공덕불** 善遊步功德佛

지심귀명례 **투전승불** 鬪戰勝佛

지심귀명례 **선유보불** 善遊步佛

지심귀명례 **주잡장엄공덕불** 周匝莊嚴功德佛

지심귀명례 **보련화유보불** 寶蓮花遊步佛

지심귀명례 **보련화선주사라수왕불**
寶 蓮 花 善 住 娑 羅 樹 王 佛

지심귀명례 **일십이존참회불** 一十二尊懺悔佛

지심귀명례 **보승장불** 寶勝藏佛

지심귀명례 **보광왕화렴조불** 寶光王火燄照佛

지심귀명례 **일체향화자재력왕불**
一切香花自在力王佛

지심귀명례 **백억항하사결정불** 百億恒河沙決定佛

지심귀명례 **진위덕불** 振威德佛

지심귀명례 **금강견강소복괴산불**
金剛堅强消伏壞散佛

지심귀명례 **보광월전묘음존왕불**
寶光月殿妙音尊王佛

지심귀명례 **환희장마니보적불** 歡喜藏摩尼寶積佛

지심귀명례 **무진향승왕불** 無盡香勝王佛 ①

지심귀명례 **사자월불** 師子月佛 ②

지심귀명례 **환희장엄주왕불** 歡喜莊嚴珠王佛 ③

지심귀명례 **제보당마니승광불** 帝寶幢摩尼勝光佛 ④

지심귀명례 **동방해탈주 세계 허공공덕**
東方解脫主 世界 虛空功德

청정미진 등목단정 공덕상
清淨微塵 等目端正 功德相

광명화 파두마 유리광 보체상
光明華 波頭摩 瑠璃光 寶体相

최상향 공양흘 종종장엄정계
最上香 供養訖 種種莊嚴頂髻

무량무변 일월광명 원력장엄
無量無邊 日月光明 願力莊嚴

변화장엄 법계출생 무장애왕
變化莊嚴 法界出生 無障礙王

여래아라하 삼먁삼불타 ⑤
如來阿羅訶 三藐三佛陀 (일배)

지심귀명례 서방정토 극락세계 삼십육만억
西方淨土 極樂世界 三十六萬億

일십일만 구천오백 동명동호
一十一萬 九千五百 同名同號

대자대비 아미타불 ⑥
大慈大悲 阿彌陀佛 (일배)

지심귀명례 문수보현양대보살 文殊普賢兩大菩薩

지심귀명례 관음세지양대보살 觀音勢至兩大菩薩

지심귀명례 청정대해중보살 淸淨大海衆菩薩

지심귀명례 시방 진허공계 일체제불
至心歸命禮 十方 盡虛空界 一切諸佛

지심귀명례 시방 진허공계 일체존법
至心歸命禮 十方 盡虛空界 一切尊法

지심귀명례 시방 진허공계 일체현성
至心歸命禮 十方 盡虛空界 一切賢聖

주)

① 만약 이 부처님 명호를 지속하여 염불하는 사람은 무량겁에 생사하던 죄를 벗어나서 반드시 숙명지宿命智를 얻으리라.
② 만약 이 부처님 명호를 듣는 사람은 태어나는 곳마다 항상 축생의 몸 받는 것을 떠나고 무량겁에 생사하던 죄를 소멸할 수 있으리라.
③ 만약 이 부처님 명호를 듣고 오체투지하여 절하며 귀의하는 사람은 오백만억 아승지겁 동안에 생사하던 죄를 벗어날 수 있으리라.
④ 만약 이 부처님 명호를 듣고 절하며 귀의하는 사람은 오백만억 겁 동안에 생사하던 죄를 벗어나리라.
⑤ 이 부처님 명호는 『오천오백불명경』에 나오는 가장 존귀한 부처님 명호이다. 경에 이르기를 어떤 사람이 오역죄와 삼보를 비방하는 죄를 범하고

또 사바라이四波羅夷를 범하면 이 사람의 죄는 중하기가 가령 염부제의 땅이 부수어져 티끌이 될 때 낱낱의 티끌을 일겁으로 계산한다면, 이 사람은 이 같은 겁수의 죄가 있다고 하였다. 만약 이 부처님 명호 팔십이 자를 한 번 칭념하며 절을한 번 하는 사람은 위와 같은 죄가 모두 소멸하리라.

⑥ 위의 부처님 명호를 아미타라 이른다. 『대과보왕론大課寶王論』에 석가모니불께서 세상에 계실 때 어떤 노인 부부가 곡식 한 말을 헤아리면서 아미타불을 염송하여 서방정토에 태어나기를 바라거늘 부처님께서, "나에게 다른 방편이 있으니, 그대들의 염불소리 한 구절에 많은 곡식의 수를 얻게 하리라."하시고, 위의 부처님 명호를 염송할 것을 가르쳐 주셨다고 말씀하셨다. 먼저 잘 여문 곡식으로 헤아려 보면 육백만 개가 한 말㪷이 되고, 육천만 개가 한 석碩이 되니, 육억은 십 석이 되고, 육십억은 백 석이 되며 육백억은 천 석이 되고, 육천억 개는 만 석이 되며, 육만억 개는 십만 석이 된다. 이 부처님 명호의 숫자는 육십만 석이 된다. 일합구작구초一合九勺九抄를 백 개의 낱알로 셈하면 지금 염불소리 한 구절 중에는 일겁의 반에 해당하는 공덕이 있다. 이것으로써 두 노인에게 가르치셨으니 곧 그 공덕이 아주 커서 한량없는 죄를 소멸할 수 있으리라 (『결의집』에서 뽑음)

모든 중생과 더불어 극락세계 왕생하기를 원하오며 지극한 마음으로 서방에 계신 아미타불께 귀의하여 예배드립니다.

또 다시 이와 같은 시방 진허공계의 모든

삼보와 한량없는 현성께 귀의합니다. (반배)

오늘 이 도량의 동업대중이여, 지금 참회하여 청정한 신심으로 삼보에 예념한 공덕으로, 사생육도의 모든 중생들이 오늘부터 왕생할 때까지 부처님의 자비하신 은혜를 힘입어 마음 따라 자재하여 반드시 정각을 이루고 부처님의 법륜을 굴려 돌이켜 중생들을 제도하여 서방정토에 함께 태어나기를 원합니다.

참회를 마쳤으니, 지극한 마음으로 서방에 항상 계시는 모든 삼보님께 공경히 예배합니다.

7. 보리심을 일으킴

(대저 보리심을 일으킴은 진리에 나아가는 문이며 성인이 되는 계단이니, 옛 부처님께서 이로 인해 정각을 이루셨고 먼저 깨달은 이들이 이로써 증득했으니, 모든 수행의 첫머리이며 모든 마음의 근원입니다.

또한 이는 5위의 으뜸[權輿]이며 삼승을 저장한 주머니이니, 혹은 더욱더 공경을 극진히 해서 처음 마음이 마지막까지 다르지 않게 하십시오. 혹 아라한과의 앞에다 두는 것은 소승의 과위가 대승의 과위와 같아지기 어려우며, 대승의 다함이 없는 공덕을 헤아릴 수 없기 때문입니다.)

오늘 이 도량의 동업대중이여, 서로 너나할 것 없이 예배하고 죄장을 참회하여 몸과 마음이 청정해졌으니, 대보리심을 일으켜야 정토에 태어날 수 있습니다. 마땅히 각각 지극한 정성으로 환희용약하여 세간의 대자대

비하신 부처님께 귀의합니다. (반배)

지심귀명례 **교주석가모니불** 教主釋迦牟尼佛

지심귀명례 **세자재왕불** 世自在王佛

지심귀명례 **서방아미타불** 西方阿彌陀佛

지심귀명례 **오십오구지불** 五十五俱胝佛

지심귀명례 **하방현재일체제불** 下方現在一切諸佛

지심귀명례 **시현일체묘법정리상방화왕승덕광불** 示現一切妙法正理常放火王勝德光佛

지심귀명례 **사자불** 師子佛

지심귀명례 **명칭불** 名稱佛

지심귀명례 **예광불** 譽光佛

지심귀명례 **정법불** 正法佛

지심귀명례 **묘법불** 妙法佛

지심귀명례 **법당불** 法幢佛

지심귀명례 **공덕우불** 功德友佛

지심귀명례 **공덕호불** 功德號佛

이와 같은 부처님들께서 항하의 모래 알만큼 하방세계에 머무시면서 광장설로써 불토 공덕을 찬탄하시고 법문으로 섭수하십니다.

지심귀명례 **문수보현양대보살** 文殊普賢兩大菩薩

지심귀명례 **관음세지양대보살** 觀音勢至兩大菩薩

지심귀명례 **청정대해중보살** 淸淨大海衆菩薩

또 다시 이와 같은 시방 진허공계의 모든 삼보와 한량없는 현성께 귀의합니다. (반배)

오늘 대중이여, 큰 마음을 드러내는 데 대

략 세 가지 문을 열어 설명하겠습니다.

첫째는 버릴 것과 칭양해야 할 것을 가리는 일이며, 둘째는 뛰어난 수행을 일으키는 일이며, 셋째는 바른 원력을 아뢰는 일입니다.

첫째를 다시 둘로 나누어 먼저 칭양해야 할 것이란, 저 극락정토를 칭송하여 기리는 것이니, 『아미타경』에, "여기에서 서쪽으로 십만억 불국토를 지나간 곳에 극락이라고 하는 세계가 있다. 거기에 아미타불이 계시어 지금도 법을 설하신다. 저 세계를 어째서 극락이라 하는 줄 아는가? 거기에 있는 중생들은 아무 괴로움도 없고 즐거운 일만 있으므로 극락이라 하는 것이다."라고 하였습니다.

다음은 이 사바를 책망하여 물리치는것이

니, 사바예토는 다섯 갈래 중생들이 섞여 살며 안으로는 삼독에 불타고 밖으로는 여덟 가지 고통에 볶여서, 무르기가 아직 굽지 않은 도자기와 같고 위태롭기는 불타는 집 같아 네 가지 인연을 따라 몰리고 네 가지 모양으로 인해 옮겨 다닙니다.

오늘 대중이 서방정토에 태어나기를 구하여 보리심을 밝히는 것은 정토의 칠보장엄을 기뻐하고자 하여 먼저 사바세계의 네 가지 모양四相을 멀리하고, 오직 의보依報와 정보正報의 장엄을 말하여 내치고 기리는 취지를 간략히 가린 것이니, 각각 지극한 마음으로 오체투지하고 세간의 대자대비하신 부처님께 귀의합니다.(반배)

지심귀명례 **교주석가모니불** 敎主釋迦牟尼佛

지심귀명례 **서방아미타불** 西方阿彌陀佛

지심귀명례 **당래미륵불** 當來彌勒佛

지심귀명례 **덕보불** 德寶佛

지심귀명례 **응명칭불** 應名稱佛

지심귀명례 **화신불** 華身佛

지심귀명례 **대음성불** 大音聲佛

지심귀명례 **변재찬불** 辯才讚佛

지심귀명례 **금강주불** 金剛珠佛

지심귀명례 **무량수불** 無量壽佛

지심귀명례 **주장엄불** 珠莊嚴佛

지심귀명례 **대왕불** 大王佛

지심귀명례 **덕고행불** 德高行佛

지심귀명례 **고명불** 高名佛

지심귀명례 **백광불** 百光佛

지심귀명례 **희열불** 喜悅佛

지심귀명례 **용보불** 龍步佛

지심귀명례 **의원불** 意願佛

지심귀명례 **보월불** 寶月佛

지심귀명례 **멸이불** 滅已佛

지심귀명례 **희왕불** 喜王佛

지심귀명례 **조어불** 調御佛

지심귀명례 **희자재왕불** 喜自在王佛

지심귀명례 **보계불** 寶髻佛

지심귀명례 **이산불** 離山佛

지심귀명례 **보장불** 寶藏佛

지심귀명례 **월면불** 月面佛

지심귀명례 **위덕적멸불** 威德寂滅佛

지심귀명례 **수상불** 受相佛

지심귀명례 **다천불** 多天佛

지심귀명례 **수염마불** 須炎摩佛

지심귀명례 **천위불** 天威佛

지심귀명례 **보중불** 寶衆佛

지심귀명례 **보보불** 寶步佛

지심귀명례 **사자분불** 師子分佛

지심귀명례 **극고행불** 極高行佛

지심귀명례 **인왕불** 人王佛

지심귀명례 **선의불** 善意佛

지심귀명례 **세명불** 世明佛

지심귀명례 **보위덕불** 寶威德佛

지심귀명례 **덕승불** 德乘佛

지심귀명례 **각상불** 覺想佛

지심귀명례 **희장엄불** 喜莊嚴佛

지심귀명례 **향제불** 香濟佛

지심귀명례 **향상불** 香象佛

지심귀명례 **중염불** 衆炎佛

지심귀명례 **자상불** 慈相佛

지심귀명례 **묘향불** 妙香佛

지심귀명례 **견개불** 堅鎧佛

지심귀명례 **위덕맹불** 威德猛佛

지심귀명례 **주개불** 珠鎧佛

지심귀명례 **인현불** 仁賢佛

지심귀명례 **문수보현양대보살** 文殊普賢兩大菩薩

지심귀명례 **관음세지양대보살** 觀音勢至兩大菩薩

지심귀명례 **청정대해중보살** 淸淨大海衆菩薩

또 다시 이와 같은 시방 진허공계의 모든 삼보와 한량없는 현성께 귀의합니다. (반배)

둘째, 뛰어난 수행을 일으킨다는 것은 대

략 두 가지를 말하나니, 혹 한 가지 행만을 수행하거나 또한 여덟 가지 법을 모두 수행하는 것입니다. 우선 첫째 것은 경에, "선남자 · 선여인이 아미타불에 대한 이야기를 듣고 하루나 이틀 혹은 사흘 · 나흘 · 닷새 · 엿새 · 이레 동안 한결같은 마음으로 아미타불의 명호를 외우되 조금도 마음이 흐트러지지 않으면 그가 임종할 때에 아미타불이 여러 거룩한 분들과 함께 그 사람 앞에 나타날 것이다. 그러면 그가 목숨을 마칠 때에 생각이 뒤바뀌지 않고 아미타불의 극락세계에 왕생하게 될 것이다."라고 말하였으니, 곧 한 가지 행에 세 가지 마음을 모두 갖춘 것입니다.

하나는 곧은 마음이니 진여법을 바르게 생각하기 때문입니다. 둘은 깊은 마음이니 모든 선행을 즐거이 닦는 까닭입니다. 셋은 대비심이니 모든 중생들의 고통을 없애 구제하는 까닭입니다. 한 가지 행에 정통하면 이 세 가지 마음이 모두 갖추어집니다.

둘째, 여덟 가지 법을 모두 갖추어 수행하는 것은 『유마경』에 "여덟 가지 법을 성취하면 수행에 허물이 없어 정토에 태어난다."고 하였으니, 예컨대 ①중생들을 널리 이익되게 하여도 보답을 바라지 아니하며, ②모든 중생들을 대신해서 온갖 고뇌를 받아들이며, ③지은 공덕을 모두 다 베풀며, ④중생과 평등한 마음으로 겸손하여 하심하기를 자유로이 하며, ⑤모든 보살 보기를 부처님과 같이 하며, ⑥듣지 못한 경을 들을 때 의심하지 않으며, ⑦성문과 서로 위배하지 않으며, ⑧상대방의 공양을 시기하거나 나의 이로움을 높이 하지 않는 것이니, 그 가운데서 마음을 적절히 조절해서 항상 자신의 허물을 반성하고 상대방의 허물을 따지지 않으며, 한결같이 온갖 공덕을 구하는 것입니다. 곧 이 여덟 가지 인연은 다섯 가지 원력을 모두 포함하나니, 이미 왕생의 수행을 알면 다섯 가지 원력과 세 가지 마음을 떠나 있지 않는 사람입니다.

각각 경건한 정성으로 모두 함께 게송으로 찬탄합시다.

우러러 시방이 다하도록
한량없고 끝이 없는 세계에
모든 불보살님께 아뢰오니

저희가 지금부터 이후로
극락국에 태어나기를 구하여
보리심을 일으키길 서원하나이다.
한없는 중생들을 맹세코 제도하고
다함없는 복덕과 지혜를 모으길 서원하며
다함없는 불법을 배우길 서원하며
가없는 부처님 모시길 서원하며
위없는 보리를 맹세코 배우리이다.

다시 이어서 현상을 떠난 수행을 한다는 것은, 말의 분별에 의존하고 현상에 막히면 나고 죽는 얽혀짐만 더하지만, 작위作爲를 떠나 참 성품에 돌아가면 열반의 영원한 즐거움을 증득하는 것입니다. 하물며 정신이 정토에 머물려면 반드시 마음이 참답게 비어 있음을 분명히 깨달아야 하나니, 만약 눈길 닿는 곳마다 신령스런 근원을 볼 수 있다면 곧 대상의 반연이 청정한 불국토가 됩니다. 게송으로 말하리니

지금 일으킨 깨달은 마음은
모든 성품의 모양인
오온과 십이처와 십팔계 등
주체와 객체의 집착 멀리 떠나 있으니
모든 법 다 실체가 없이
평등하기 허공과 같아라.
스스로의 마음이 본래 나타나지 않음이여,
비어있는 성품이 원만하고
고요한 까닭이네.
모든 부처님과 보살들께서

대보리심을 일으킨 것 같이
저 역시 이같이 일으키오니
이런 까닭에 지극한 마음으로 예배합니다.

왕생의 뛰어난 수행인 염불은 먼저 여덟 가지 인연을 모두 갖추고 다섯 가지 원력을 닦아 이루어, 오직 마음이 정토인 줄을 분명히 알아서 반드시 모양을 떠난 보리심에 의지하여야 합니다.

셋째는 바른 원력을 아뢰는 것이니, 이 계를 수지하고 염불한 공덕으로 목숨이 끝나려 할 때, 모든 장애가 없고 칠일 이전에 미리 그 때를 알며, 지극한 마음이 꺾이지 않으며, 몸에 고통이 없으며, 선지식을 만나 부처님 명호를 칭념할 것을 가르쳐 주기를 원하는 것입니다.

또한 아미타불과 모든 성중이 그 앞에 나타나 큰 광명을 놓아 손을 내밀어 맞아들이시며, 스스로 그 몸이 금강대 위에 있는 것을 보고 부처님의 뒤를 따라 손가락 튕기는 사이에 저 극락국에 왕생하며, 저 국토에 이르러서는 부처님을 뵙고 법문을 듣고 무생법인을 깨달아 마침내 불퇴지에 이르기를 원하는 것이며, 법계의 중생들과 더불어 일시에 아뇩다라삼먁삼보리를 함께 얻기를 원하는 것이니, 오직 아미타불께서 자비로써 증명하시기를 바라는 것입니다.

원하옵건대 이 공덕이

널리 모두에게 미치어
우리와 중생들이 다함께
극락국에 태어나게 하옵소서.

오늘 대중이여, 깨달은 마음으로 바른 원력을 아뢰었으니 임종때엔 결정코 극락국에 왕생할 것입니다. 다같이 지극한 마음으로 오체투지하여 세간의 대자대비하신 부처님께 귀의합니다. (반배)

지심귀명례 **교주석가모니불** 教主釋迦牟尼佛
지심귀명례 **서방아미타불** 西方阿彌陀佛
지심귀명례 **당래미륵불** 當來彌勒佛
지심귀명례 **대광불** 大光佛
지심귀명례 **전명불** 電明佛

지심귀명례 **광덕불** 廣德佛

지심귀명례 **진보불** 珎寶佛

지심귀명례 **복덕명불** 福德明佛

지심귀명례 **조개불** 造鎧佛

지심귀명례 **성수불** 成手佛

지심귀명례 **선화불** 善華佛

지심귀명례 **집보불** 集寶佛

지심귀명례 **대해지불** 大海智佛

지심귀명례 **지지덕불** 持地德佛

지심귀명례 **의의맹불** 義意猛佛

지심귀명례 **선사유불** 善思惟佛

지심귀명례 **덕륜불** 德輪佛

지심귀명례 **보화불** 寶火佛

지심귀명례 **이익불** 利益佛

지심귀명례 **세월불** 世月佛

지심귀명례 **미음불** 美音佛

지심귀명례 **범상불** 梵相佛

지심귀명례 **중사수불** 衆師首佛

지심귀명례 **사자행불** 師子行佛

지심귀명례 **난시불** 難施佛

지심귀명례 **응공불** 應供佛

지심귀명례 **명위덕불** 明威德佛

지심귀명례 **대광왕불** 大光王佛

지심귀명례 **문수보현양대보살** 文殊普賢兩大菩薩

지심귀명례 **관음세지양대보살** 觀音勢至兩大菩薩

지심귀명례 **청정대해중보살** 淸淨大海衆菩薩

또 다시 이와 같은 시방 진허공계의 모든 삼보와 한량없는 현성께 귀의합니다. (반배)

오늘 이 도량의 동업대중은 이미 보리심을 일으켜 이루어진 공덕으로 육바라밀과 사무량심이 날로 더욱 밝고, 사무애변으로 요설하여 여덟 가지 자재함을 얻고, 여섯 가지 신통을 갖추며 삼매를 모두 지녀, 생각따라 나타나는 온갖 복의 장엄이 갖추어져 만족하지 않음이 없으므로 반드시 불도를 이루어 중생들을 제도하겠나이다.

〈제 6권 끝〉

〈주註〉

***일천제**一闡提* ___ 단선근斷善根, 신불구족信不具足이라고 하며 선근이 끊어져 성불할 수 없는 자를 말한다.

***아사리**阿闍梨* ___ 제자의 행위를 바르게 교육할 만한 덕이 높은 스승.

***갈마**羯磨* ___ 작법이라고 번역하며 교단 내부에서 의식, 작법을 말하고, 또한 계를 받거나 참회하거나 할 때 작법을 말한다.

오욕락 ___ 눈 · 귀 · 코 · 혀 · 몸의 다섯 가지 감각기관에 의한 색 · 소리 · 향기 · 맛 · 감촉의 다섯 가지 감관적 욕망. 또는 재물욕 · 색욕 · 음식욕 · 명예욕 · 수면욕을 말하기도 한다.

삼도팔난 ___ 혼돈에 갇혀 있는 영역으로 화도火塗[지옥], 혈도血塗[축생], 도도刀塗[아귀]의 3도와 지옥에 있는 난, 축생에 있는 난, 아귀에 있는 난, 장수천에 있는 난, 북 울단월주에 있는 난, 농아와 맹인 음아瘖瘂로 있는 난, 세상의 지혜가 너무 수승한 난, 부처님의 전후에 태어난 난 등이다. 고통이나 즐거움이 너무 심하거나 불구이거나 세상의 지혜가 너무 수승해도 부처님의 진리를 들을 수 없다.

금쇄지난 ___ 금으로 만든 쇠사슬은 아름답고 귀중한 것이지만 여기에 속박되면 도리어 자유를 잃어버리고 만다. 황금의 쇠사슬에 속박된 수난을 말한다.

***사상**四相* ___ 사물의 변천하는 모습을 설명하는 네 가지 명목. 사물이 변화하는 근원적인 이유는 우리 마음 가운데 생生 · 주住 · 이異 · 멸滅하는 일념사상一念四相이 있기 때문이다. 이 마음을 의지하여 다시 정보正報와 의보依報가 벌어지는데, 정보인 존재의 몸체는 생노병사를 하고, 의보인 국토는 성주괴공의 일기사상一期四相을 보인다.

3심 ___ 정토에 태어나기를 바라는 세 가지 마음으로 지성심至誠心, 심심深心, 회향발원심回向發願心이다.

***팔자재**八自在* ___ 대아大我가 가지고 있는 여덟 가지 신비한 힘.

제 7 권

아미타참법 제7권

8. 왕생을 발원함

(무릇 왕생을 발원한다는 것은, 석가모니 부처님의 도움 말씀에 따르고 법장 비구의 중생 제도의 원력에 응하여 임종할 때에는 성현들의 영접함을 감지하고, 왕생하는 때에는 아미타불께서 맞아 인도함에 힘입어, 형상은 칠보의 연못에 의탁하고 아홉 등급의 연화대에 태어나, 목숨이 다함이 없고 몸의 광명은 헤아릴 수 없어 일곱 가지 변재의 지혜를 얻고 육신통의 위엄을 갖추어 보살을 이웃하고 성문을 벗삼고, 우리가 이와 같이 하듯 중생도 또한 그러하여 곧장 철석심을 뽑아 금색계에 함께 돌아

가고자 하는 것입니다. 따라서 오직 이 원왕願王께서 특별히 여기시사 버리지 마시고 인도하시어 우리 모두를 한 순간에 연화대에 들게 하여 주시기를 원하는 것입니다.)

오늘 이 도량의 동업대중이여, 다같이 대보리심을 일으켰으니, 마땅히 우리가 지금부터 여래의 집에 태어나 법왕자가 되어 청정한 대중에 참여하되 왕생인의 뒤를 이을 것을 알아야 합니다. 이런 까닭으로 다시 마땅히 보리행원을 배워 닦기를, 마치 아미타불께서 최초 인행중에 법장비구가 되어 일으킨 사십팔원같이, 또 문수·보현 보살의 넓고 큰 행원같이, 또한 시방삼세의 모든 대보살이 갖추신 행원같이 하여야 할 것이며, 나 역시 이와 같이 차례로 닦아 오직 우리들이 정토에 함께 태어나기를 원하여야 할 것이니, 다같이 오체투지하여 세간의 대자대비하신 부처님께 귀의합니다. (반배)

지심귀명례 **교주석가모니불** 敎主釋迦牟尼佛

지심귀명례 **세자재왕불** 世自在王佛

지심귀명례 **서방아미타불** 西方阿彌陀佛

지심귀명례 **육십육구지불** 六十六俱胝佛

지심귀명례 **상방현재일체제불** 上方現在一切諸佛

지심귀명례 **범음불** 梵音佛

지심귀명례 **수왕불** 宿王佛

지심귀명례 **향광불** 香光佛

지심귀명례 **여홍련화승덕불** 如紅蓮花勝德佛

지심귀명례 **시현일체의리불** 示現一切義利佛

이와 같은 부처님들께서는 마치 항하사처럼 상계上界에 머무시면서 광장설로 불토의 공덕을 찬탄하시고 법문을 섭수하십니다.

지심귀명례 **문수보현양대보살** 文殊普賢兩大菩薩
지심귀명례 **관음세지양대보살** 觀音勢至兩大菩薩
지심귀명례 **청정대해중보살** 淸淨大海衆菩薩

또 다시 이와 같은 시방 진허공계의 모든 삼보와 한량없는 현성께 귀의합니다. (반배)

오늘 이 도량의 동업대중은 지극한 마음으로 발원하오니, 원하옵건대 ○○등과 사은四恩 삼유三有의 법계중생이, 지금부터 제일의제에 안주하여 불도의 깨끗한 업과 바른

인을 닦고 부모를 봉양하고 스승과 어른을 받들어 모시며, 자애로운 마음으로 살생하지 않고 열 가지 선업을 닦으며, 삼귀의를 받아 지니고 계율을 갖추고 위의를 범하지 않으며, 보리심을 일으키고 인과를 깊이 믿고 대승경전을 독송하며, 수행해 나아가는 이에게 권하여 믿게 하며, 염불念佛 · 염법念法 · 염승念僧 · 염계念戒 · 염시念施 · 염천念天하고, 지성심至誠心과 심심深心과 회향발원심으로 부처님의 의보依報와 정보正報 · 십육묘경十六妙境을 관하며, 부처님께서 본래 일으키신 사십팔원을 염하며, 왕생하는 세 가지 무리가 되기를 꾀하며 다섯 문에 깊이 들어가 세 가지 보리문을 따라 시방의 모든 부처님의 가르침을 믿고 받들며, 혹은 산만한 마음과 결정된 마음으로 산선散善과 정선定善을 닦으며, 경문에 의지하여 목숨이 다하도록 수행하기를 기약하오니, 오직 아미타불의 성스런 힘이 은연중에 더하여 신통으로써 이익을 보이시어 우리들로 하여금 마음을 깨달음의 길에 두고 무의식 중에도 성현의 길을 따르며, 가고 오는 거동에도 부처님 뵙기를 잃지 않음이 마치 맑은 거울을 들고 스스로 자기 얼굴을 보는 것 같이 하며, 꿈 속에서도 항상 저 극락국토의 갖가지 오묘하고 즐거운 일을 보게 하시며, 우리의 마음을 즐겁게 달래어 더욱 나아가게 하시며, 애처로이 여기시고 보호하시어 법의 씨앗이 자라게 하시며, 부처님의 위신력을 힘입어 마군의 일을 멀리 여의게 하여 주시기를 바라나이다.

또 한없는 세월로부터 이어온 업과 미혹의 티끌 세상에서 수고로움이 모두 범행의 선근공덕이 되어 큰 인행에 함께 들어가며, 쌓여 모인 온갖 인연과 아울러 회향하여 임종하는 때에 모든 장애가 없고 칠일 이전에 때가 이르름을 미리 알며, 몸에 고통이 없고 마음이 전도되지 않아서 몸과 마음이 편안하며, 기꺼운 것이 마치 선정에 들어간 것 같고, 선지식을 만나 가르침대로 명호를 불러 십념하면 아미타불과 성중들이 그 앞에 나타나 큰 광명을 놓아 손을 내밀어 영접하며, 스스로 자신의 몸이 금강대 위에 있는 것을 보고 부처님 뒤를 따라 마치 손가락을 튕기는 순간에 저 국토에 왕생하며, 저 국토에 태어나서는 부처님의 몸에 갖가지 상호가 갖추어졌음을 뵈옵고 모든 보살들이 갖가지 형상을 갖추었음을 뵈며, 빛이 밝은 보배의 숲에서 미묘한 법 펴심을 듣고는 곧 무생법인을 깨달아 부처님의 몸과 같이 차별이 없이 삼십이상을 갖추고 육신통이 자재로우며, 대변재를 갖추고 일체지를 펴며, 나라연신으로 수명 무량하며 공양이 여의하고 자연에 묘하게 따르며, 악한 이름은 듣지 않고 나의 실체가 있다는 견해에 집착하지 않으며, 모든 상선인上善人과 한 곳에 모여 정정취에 머물러 언제나 물러서지 않으며, 구경에는 일생보처에 이르러 청정한 대승의 법락을 누리고 어느 때나 아미타불께 공양 올리며, 매일 아침 시방제불을 받들어 모시고 법문을 듣고 수기를 받아 총지를 얻어서 화신化身이 자재하며, 부처님이 계시지 않는 시방의 국토에 가서 등정각을 이루고 심히 고통스러운 곳에서 신통을 놓아 중생심을 따라 색신을 나타내며, 밤낮 없이 설법하여 쉬지 아니하고 생각마다 불가설불가설 중생들로 하여금 보리심을 일으키고, 생각마다 불가설불가설 중생들로 하여금 보현행에 머물게 하여 복덕과 지혜의 자량이 모두 원만하게 하고 무상정등 보리를 이루어 각각 정토를 장엄하며, 각각 중생들을 모두 교화하기를 아미타불과 다름이 없게 하여 주시옵소서. 간절히 바라옵건대 아미타불께서 자비로써 증명하여 주시옵소서.

오늘 이 도량의 동업대중이여, 보살님들이 청정한 불토를 구족하여 모든 중생들이 인색하고 질시하는 마음을 감화시키며, 팔난이 있는 곳의 모든 죄악을 제도하고 다투며 성내는 사람들을 인도하며, 온갖 선행을 권하고 게으른 자들을 이끌며, 선정의 뜻과 신통으로 모든 어지러운 생각들을 거두어들이기를 원합니다.

이제 발원을 마쳤으니, 다 함께 지극한 마음으로 오체투지하고 세간의 대자대비하신 부처님께 귀의합니다. (반배)

지심귀명례 **교주석가모니불** 教主釋迦牟尼佛

지심귀명례 **서방아미타불** 西方阿彌陀佛

지심귀명례 **당래미륵불** 當來彌勒佛

지심귀명례 **보명불** 寶名佛

지심귀명례 **중청정불** 衆淸淨佛

지심귀명례 **무변명불** 無邊名佛

지심귀명례 **불허광불** 不虛光佛

지심귀명례 **성천불** 聖天佛

지심귀명례 **지왕불** 智王佛

지심귀명례 **금강중불** 金剛衆佛

지심귀명례 **선장불** 善障佛

지심귀명례 **건자불** 建慈佛

지심귀명례 **화국불** 華國佛

지심귀명례 **법의불** 法意佛

지심귀명례 **풍행불** 風行佛

지심귀명례 **선사명불** 善思名佛

지심귀명례 **다명불** 多明佛

지심귀명례 **밀중불** 蜜衆佛

지심귀명례 **공덕수불** 功德守佛

지심귀명례 **이의불** 利意佛

지심귀명례 **무구불** 無懼佛

지심귀명례 **견관불** 堅觀佛

지심귀명례 **주법불** 住法佛

지심귀명례 **주족불** 珠足佛

지심귀명례 **해탈덕불** 解脫德佛

지심귀명례 **묘신불** 妙身佛

지심귀명례 **선고불** 善高佛

지심귀명례 **보덕불** 普德佛

지심귀명례 **문수보현양대보살** 文殊普賢兩大菩薩

지심귀명례 **관음세지양대보살** 觀音勢至兩大菩薩

지심귀명례 **청정대해중보살** 淸淨大海衆菩薩

또 다시 이와 같은 시방 진허공계의 모든 삼보와 한량없는 현성께 귀의합니다. (반배)

오늘 이 도량의 동업대중이 각자 이와 같은 원을 세우고 모든 악을 짓는 원인을 찾아보니, 모두가 육근 때문이니 육근이 비록 온갖 재앙의 근본일지라도 또한 한량없는 복업을 닦아 이룰 수 있습니다. 그러므로 『승만경』에서, "육근을 지켜 보호하면 신구의 삼업이 청정하다."고 하였습니다. 이 뜻으로 선업을 쌓는 근본의 증거로 삼는 까닭에 육근마다 큰 서원을 일으켜야 합니다.

1) 안근의 원을 일으킴

"원하옵니다. 오늘 이 도량의 동업대중이 널리 시방 사생육도 모든 중생들과 더불어 지금부터 왕생에 이르기까지, 눈은 항상 사바세계의 모든 악과 좋지 않은 행색을 보지 않기를 원하며, 눈으로 항상 서방 아미타불 염부단금색의 팔만사천 가지 모습의 형상에 따라 어리는 광명과 관음 · 세지의 자금색신과 청정대해중의 단정하고 미묘한 삼십이상과 극락국토의 한량없는 장엄의 청정한 모양을 보며, 일체 중생들이 정토에 왕생하여 무생법인을 얻고 현전에서 수기를 받고 기뻐하는 모습 보기를 원하옵니다."

2) 이근의 원을 일으킴

"또 원하옵나니, 오늘 이 도량의 동업대중이 널리 시방 사생육도 모든 중생들과 더불어 오늘로부터 왕생에 이르기까지, 귀로는 사바세계의 모든 악과 좋지 않은 소리 듣지 않기를 원하며, 귀로는 항상 서방 아미타불께서 칠보로 장엄한 강당에서 묘한 법을 널리 베푸시면, 저절로 바람이 일어나 온갖 보배로운 숲과 보배로운 그물을 흔드는 소리와 미묘한 소리가 백천 가지 악기나 갖가지 기이한 새 소리와 같이 오근五根 · 오력五力 · 칠각지七覺支 · 팔성도八聖道를 말씀하시는 소리로 들으며, 일체 중생들이 정토에 왕생하면 아미타불께서 칭찬하여 '선재, 선재라. 이 사람은 오래지 않아 성불하리라.' 하시는 음성을 항상 듣기를 원하옵니다."

3) 비근의 원을 일으킴

"또 원하옵나니 오늘 이 도량의 동업대중이 널리 시방 사생육도의 모든 중생들과 더불어 지금부터 이후 왕생에 이르기까지, 코로써 사바세계의 모든 악취와 좋지 않는 냄새를 맡지 않기를 원하오며, 코로써 항상 극락국토에서 이른 아침녘에 온화한 미풍이 발담마꽃 · 구물두꽃과 하늘에서 비오듯 하는 만다라꽃에 불어서 그 향내 두루한 국토 경계에 널리 퍼지는 향기 맡기를 원하옵니다."

4) 설근의 원을 일으킴

"다시 원하옵나니 오늘 이 도량의 동업대중이 널리 시방 사생육도의 모든 중생들과 더불어 지금부터 이후로 왕생에 이르기까지, 혀로는 항상 사바세계의 온갖 악과 좋지 않은 맛을 맛보지 않기를 원하오며, 혀로 항상 극락세계에서 보배 그릇에 뜻하는 대로 백 가지 맛의 음식이 저절로 그릇에 가득 차서, 비록 이 음식을 먹지 않는 자가 있을지라도 저절로 충분히 배부르되 맛에 탐착되지 않기를 원하옵니다."

5) 신근의 원을 일으킴

"또 원하옵나니 오늘 이 도량의 동업대중이 널리 시방 사생육도 모든 중생들과 더불어 지금부터 이후로 왕생에 이르기까지, 몸이 사바세계의 온갖 악과 좋지 못한 모든 감촉을 느끼지 않기를 원하며, 극락세계 궁전 누각에서 미풍이 몸에 불면 안정되고 조화되어 알맞은 것이, 마치 비구가 멸진정을 얻어 청정하고 보배로운 연못의 맑고 깨끗한 여덟 가지 공덕의 물로 그 몸을 씻어 네 가지 더러움을 없애는 것과 같은 감촉을 항상 느끼며, 모든 중생들이 정토에 왕생하여 춥지도 덥지도 않으며, 배고프지도 않고 날아다니기 자유스러워 모든 보살들과 더불어 법을 듣는 감촉을 항상 느끼게 하여 주옵소서."

6) 의근의 원을 일으킴

"또 원하옵니다. 오늘 이 도량의 동업대중이 널리 시방 사생육도 모든 중생들과 더불어 지금부터 이후 왕생에 이르기까지, 뜻으로는 항상 사바세계의 욕심 부리고 성내고 어리석은 마음이 근심이 되는 줄 알며, 항상 몸으로 죽이고 도둑질하고 음행하며, 입으로 거짓말 · 꾸밈말 · 이간질 · 욕설하는 것이 근심이 되는 줄 알며, 항상 부모를 해치고 아라한을 죽이며 부처님 몸에 상처 입히고 화합하는 대중을 깨뜨리며 삼보를 헐뜯고 인과를 믿지 않는 것이 무간지옥에 떨어지는 죄인 줄 알며, 항상 사람이 죽어 다시 태어나는 응보의 법을 알며, 항상 악한 사람은 멀리하고 좋은 벗을 가까이할 줄 알며, 항상 96종류의 삿된 스승에게 물어 듣는 것이 잘못인 줄 알며, 항상 세 가지 번뇌와 오개五蓋와 십전十纏의 번뇌들이 장애인 줄 알며,

항상 삼악도가 두려워해야 할 곳이며 생사가 혹독한 괴로운 과보인 줄을 알기를 원하옵니다. 뜻이 항상 극락국토의 청정대해중처럼 내 것이라는 마음이 없고 물들어 집착하는 마음이 없으며 분한의 마음이 없고 꺼리고 게으른 마음이 없이, 훌륭한 마음과 깊은 마음과 결정된 마음과 법을 좋아하는 마음으로써 온갖 번뇌를 물리치고 악한 갈래의 마음을 떠날 줄을 알며, 항상 모든 보살의 행위가 한량없는 공덕을 충분히 이루어 깊은 선정을 얻어서 일승을 끝내 성취하는 마음을 알게하여 주옵소서."

이미 육근에 대한 발원을 마쳤으니, 모두 함께 지극한 마음으로 오체투지하고 세간의 대자대비하신 부처님께 귀의합니다. (반배)

지심귀명례 **교주석가모니불** 敎主釋迦牟尼佛

지심귀명례 **서방아미타불** 西方阿彌陀佛

지심귀명례 **당래미륵불** 當來彌勒佛

지심귀명례 **범왕불** 梵王佛

지심귀명례 **대우왕불** 大牛王佛

지심귀명례 **이타목불** 利陀目佛

지심귀명례 **용덕불** 龍德佛

지심귀명례 **보상불** 寶相佛

지심귀명례 **장엄불** 莊嚴佛

지심귀명례 **불몰음불** 不沒音佛

지심귀명례 **화지불** 華持佛

지심귀명례 **음득불** 音得佛

지심귀명례 **사자불** 師子佛

지심귀명례 **장엄사불** 莊嚴辭佛

지심귀명례 **용지불** 勇智佛

지심귀명례 **화적불** 華積佛

지심귀명례 **화개불** 花開佛

지심귀명례 **역행불** 力行佛

지심귀명례 **덕적불** 德積佛

지심귀명례 **상형색불** 上形色佛

지심귀명례 **명요불** 明耀佛

지심귀명례 **월등불** 月燈佛

지심귀명례 **위덕왕불** 威德王佛

지심귀명례 **보리왕불** 菩提王佛

지심귀명례 **무진불** 無盡佛

지심귀명례 **보리안불** 菩提眼佛

지심귀명례 **신충만불** 身充滿佛

지심귀명례 **혜국불** 慧國佛

지심귀명례 **문수보현양대보살** 文殊普賢兩大菩薩

지심귀명례 **관음세지양대보살** 觀音勢至兩大菩薩

지심귀명례 **청정대해중보살** 淸淨大海衆菩薩

또 다시 이와 같은 시방 진허공계의 모든 삼보와 한량없는 현성께 귀의합니다. (반배)

7) 입의 원을 일으킴

"또 오늘 이 도량의 동업대중은 널리 시방 사생육도의 모든 중생들과 더불어 지금부터 사바세계를 떠나 왕생에 이르기까지, 입으로는 항상 삼보를 헐뜯지 아니하고 경을 널리 유통시키는 사람의 그 허물을 말해서 훼방하지 않으며, '선을 행해도 즐거운 과보를 받을 수 없고 악을 행해도 고통의 과보를 받지 않는다' 고 말하지 않고, '사람이 죽으면 단멸하여 다시 태어나지 않는다' 고 말하지 않으며, 이익없이 다른 사람에게 손해 끼치는 일을 말하지 않고, 외도가 지은 경서를 말하지 않으며, 사람에게 십악업을 짓도록 가르치지 않고, 사람에게 오역죄업을 짓도록 가르치지 않으며, 다른 사람의 그릇됨을 들어내 말하지 않고 세속의 놀이와 웃기는 일들을 말하지 않으며, 항상 선한 말을 하여 다른 사람이 죄를 짓도록 권하지 않고, 다른 사람이 복 짓기를 끊이지 않고 하기를 원하며, 입으로 항상 아미타불과 관음 · 세지와 청정대해중을 염하기를 원하고, 항상 사람들에게 '아미타불의 불상을 세워 온갖 공양을 드리라' 고 가르치며, '정토에 태어나기를 구하되 마치 머리에 타는 불을 끄듯이 하라' 고 가르치기를 원하고, 입으로 항상 모든 중생들이 정토에 태어나기를 구할 것을 가르쳐 무애지로 불법을 연설하여 모든 변재 갖추기를 원합니다."

이미 입에 대한 발원을 마쳤으니, 다같이 지극한 마음으로 오체투지하고 세간의 대자대비하신 부처님께 귀의합니다. (반배)

지심귀명례 **교주석가모니불** 敎主釋迦牟尼佛

지심귀명례 **서방아미타불** 西方阿彌陀佛

지심귀명례 **당래미륵불** 當來彌勒佛

지심귀명례 **최상불** 最上佛

지심귀명례 **청량조불** 清涼照佛

지심귀명례 **혜덕불** 慧德佛

지심귀명례 **묘음불** 妙音佛

지심귀명례 **도사불** 導師佛

지심귀명례 **무애장불** 無碍藏佛

지심귀명례 **상시불** 上施佛

지심귀명례 **대존불** 大尊佛

지심귀명례 **지력세불** 智力勢佛

지심귀명례 **대염불** 大炎佛

지심귀명례 **제왕불** 帝王佛

지심귀명례 **제력불** 制力佛

지심귀명례 **위덕불** 威德佛

지심귀명례 **선명불** 善明佛

지심귀명례 **명문불** 名聞佛

지심귀명례 **단엄불** 斷嚴佛

지심귀명례 **무진구불** 無塵垢佛

지심귀명례 **위의불** 威儀佛

지심귀명례 **사자군불** 師子軍佛

지심귀명례 **천왕불** 天王佛

지심귀명례 **명성불** 名聲佛

지심귀명례 **수승불** 殊勝佛

지심귀명례 **대장불** 大藏佛

지심귀명례 **복덕광불** 福德光佛

지심귀명례 **범문불** 梵聞佛

지심귀명례 **문수보현양대보살** 文殊普賢兩大菩薩

지심귀명례 **관음세지양대보살** 觀音勢至兩大菩薩

지심귀명례 **청정대해중보살** 淸淨大海衆菩薩

또 다시 이와 같은 시방 진허공계의 모든 삼보와 한량없는 현성께 귀의합니다. (반배)

"오늘 이 도량의 동업대중이 거듭하여 다시 지성으로 부처님을 찬탄하는 게송으로 아룁니다.

아미타불의 금빛나는 몸이시여,
상호가 단엄하심 짝할 이 없어라.
백호의 광명은 다섯 수미산을 두르고
짙푸른 눈빛 맑고 맑기가 사대해 같네.
빛 가운데 화신불 헤아릴 수 없으며
화신보살대중 또한 끝이 없으시며,
사십팔원으로 중생을 제도하시어
구품으로 모두 피안에 오르게 하셨네.

거듭 다시 지성으로 한량없이 사람들을 제도하시어 생사고에서 건지시는 서방아미타 여래如來·응공應供·정변지正遍智·명행족明行足·선서善逝·세간해世間解·무상사無上師·조어장부調御丈夫·천인사天人師·불 세존께 귀의하옵니다.

지금 예참하는 청정한 찬불공덕의 인연으

로 사생육도 모든 중생들이 지금부터 목숨이 다하는 날까지 부처님의 위신력으로써 마음 따라 자재하여 모두 극락세계에 태어나 함께 아미타불을 친견하여 모두 다 불도 이루기를 원하옵나이다."

오늘 이 도량의 동업대중이여, 『화엄경』, 「입부사의해탈경계보현보살행원」에 이르기를, "또 이 사람이 임종할 마지막 찰나에 모든 육근은 다 흩어지고, 일체의 친족들은 모두 떠나고, 일체 위엄과 세력은 다 사라지고, 정승 대신과 궁성 안팎과 코끼리나 말이나 수레와 보배나 재물 등 이러한 모든 것들은 하나도 따라오는 것이 없건만, 오직 이 원왕만은 서로 떠나지 아니하여 어느 때나 항상 앞길을 인도하여, 일 찰나 동안에 극락세계에 왕생할 것이니라.

왕생하고는 즉시에 모습이 단정하고 엄숙하여 공덕을 구족하신 문수사리보살 · 보현보살 · 관자재보살 · 미륵보살 등에게 둘러싸여 계시는 아미타불을 친견할 것이다. 그때에 그 사람은 연꽃 속에 태어나 부처님의 수기를 받음을 스스로 보게 되고, 부처님의 수기를 받고 나서는 무수 백천만억 나유타 겁을 지내도록 시방의 불가설불가설 세계에 널리 다니며 지혜의 힘으로써 중생들의 마음을 따라 이익이 되게 하며, 머지않아 마땅히 보리도량에 앉아 마군들을 항복받고 등정각을 성취하며, 미묘한 법문을 설하여 불찰 극미진수 세계의 중생으로 하여금 보리심을 발하게 하고, 그 크기와 성질을 따라 교화하여 성숙시키며, 내지 한량없는 미래겁이 다하도록 널리 일체 중생들을 이롭게 할 것이니라.

선남자야, 저 모든 중생들이 이 대원왕을 듣거나 믿고 다시 받아 가지고 읽고 외우며 널리 남을 위하여 설한다면, 이 사람이 지은 공덕은 부처님을 제외하고는 아무도 알 사람이 없나니라. 그러므로 너희들은 이 원왕을 듣고는 의심을 내지 말지니라. 마땅히 지성으로 받으며, 받고는 읽고, 읽고는 외우며, 외우고는 지니고, 내지 베껴 써서 널리 남을 위하여 설한다면 이 사람들은 일념 간에 모든 행원을 다 성취하며 그 얻는 복의 무더기는 한량이 없고 가이 없어 대번뇌 고해 중에 빠진 중생들을 제도하며, 마침내 생사에서 벗어나 아미타불의 극락세계에 왕생하게 되리라."고 하셨습니다.

또한 보현보살이 일으킨 원왕과 같아지기를 발원하여 마쳤으니, 다같이 지극한 마음으로 오체투지하고 세간의 대자대비하신 부처님께 귀의합니다. (반배)

지심귀명례 **교주석가모니불** 教主釋迦牟尼佛

지심귀명례 **서방아미타불** 西方阿彌陀佛

지심귀명례 **당래미륵불** 當來彌勒佛

지심귀명례 **등왕불** 燈王佛

지심귀명례 **지정불** 智頂佛

지심귀명례 **상천불** 上天佛

지심귀명례 **지왕불** 地王佛

지심귀명례 **지해탈불** 至解脫佛

지심귀명례 **금계불** 金髻佛

지심귀명례 **나후일불** 羅睺日佛

지심귀명례 **막능승불** 莫能勝佛

지심귀명례 **모니정불** 牟尼淨佛

지심귀명례 **선광불** 善光佛

지심귀명례 **금제불** 金齊佛

지심귀명례 **중덕천왕불** 衆德天王佛

지심귀명례 **법개불** 法蓋佛

지심귀명례 **덕비불** 德臂佛

지심귀명례 **앙가타불** 鴦伽陀佛

지심귀명례 **미묘혜불** 美妙慧佛

지심귀명례 **미의불** 微意佛

지심귀명례 **제위덕불** 諸威德佛

지심귀명례 **사자발불** 師子髮佛

지심귀명례 **해탈상불** 解脫相佛

지심귀명례 **위상불** 威相佛

지심귀명례 **단류불** 斷流佛

지심귀명례 **혜장불** 慧藏佛

지심귀명례 **지취불** 智聚佛

지심귀명례 **무애찬불** 無碍讚佛

지심귀명례 **문수보현양대보살** 文殊普賢兩大菩薩

지심귀명례 **관음세지양대보살** 觀音勢至兩大菩薩

지심귀명례 **청정대해중보살** 淸淨大海衆菩薩

또 다시 이와 같은 시방 진허공계의 모든 삼보와 한량없는 현성께 귀의합니다. (반배)

"오늘 이 도량의 동업대중이 일으킨 서원이 모두 시방 진허공계 일체 제불과 대보살들이 지니신 서원이 끝이 없는 것과 같이,

저의 지금의 이 서원도 이와 같아 광대하기가 법성만 하여 구경에 허공과 같아 미래제가 다하고 일체 겁에 다할 것입니다. 중생이 다할 수 없으므로 저의 원도 다할 수 없고, 세계가 다할 수 없으므로 저의 원도 다할 수 없으며, 허공이 다할 수 없으므로 저의 원도 다할 수 없고, 법성이 다할 수 없으므로 저의 원도 다할 수 없으며, 열반이 다할 수 없으므로 저의 원도 다할 수 없고, 부처님이 세상에 출현하심이 다할 수 없으므로 저의 원도 다할 수 없으며, 모든 부처님의 지혜가 다할 수 없으므로 저의 원도 다할 수 없고, 마음의 반연이 다할 수 없으므로 저의 원도 다할 수 없으며, 지혜를 일으킴이 다할 수 없으므로 저의 원도 다할 수 없고, 세간도의 종류와 법도의 종류와 지혜도의 종류가 다할 수 없으므로 저의 원도 다할 수 없나이다.

만약 이와 같은 열 가지가 다할 수 있다면 저의 원도 마침내 다하고, 허공계가 다하며 중생과 업과 번뇌도 다할 것이옵니다. 이와 같이 모두가 다함이 없다면 저의 원도 영원토록 다할 수 없나이다.”

이와 같은 대원을 일으켰으니, 다같이 지극한 마음으로 오체투지하여 세간의 대자대비하신 부처님께 귀의합니다. (반배)

지심귀명례 **교주석가모니불** 教主釋迦牟尼佛

지심귀명례 **서방아미타불** 西方阿彌陀佛

지심귀명례 **당래미륵불** 當來彌勒佛

지심귀명례 **보취불** 寶聚佛

지심귀명례 **선음불** 善音佛

지심귀명례 **산왕상불** 山王相佛

지심귀명례 **법정불** 法頂佛

지심귀명례 **해탈덕불** 解脫德佛

지심귀명례 **선단엄불** 善端嚴佛

지심귀명례 **길신불** 吉身佛

지심귀명례 **애어불** 愛語佛

지심귀명례 **사자리불** 師子利佛

지심귀명례 **화루나불** 和樓那佛

지심귀명례 **사자법불** 師子法佛

지심귀명례 **법력불** 法力佛

지심귀명례 **애락불** 愛樂佛

지심귀명례 **찬부동불** 讚不動佛

지심귀명례 **중명왕불** 衆明王佛

지심귀명례 **각오중생불** 覺悟衆生佛

지심귀명례 **묘안불** 妙眼佛

지심귀명례 **의주의불** 意住義佛

지심귀명례 **광조불** 光照佛

지심귀명례 **향덕불** 香德佛

지심귀명례 **영희불** 令喜佛

지심귀명례 **불허행불** 不虛行佛

지심귀명례 **멸에불** 滅恚佛

지심귀명례 **상색불** 上色佛

지심귀명례 **선보불** 善步佛

지심귀명례 **문수보현양대보살** 文殊普賢兩大菩薩

지심귀명례 **관음세지양대보살** 觀音勢至兩大菩薩

지심귀명례 **청정대해중보살** 淸淨大海衆菩薩

또 다시 이와 같은 시방 진허공계의 모든 삼보와 한량없는 현성께 귀의합니다. (반배)

오늘 이 도량의 동업대중은 악도를 모두 버리고 항상 정토에 태어나며, 재보시가 다함이 없고 법보시가 다함이 없으며, 복덕이 다함이 없고 안락이 다함이 없으며, 수명이 다함이 없고 지혜가 다함이 없으며, 사무량심과 육바라밀을 항상 눈앞에서 당장 얻고 사무애변과 육신통이 뜻대로 자재하며, 항상 부처님을 뵙고 법문을 듣고 보살도를 행하고 용맹정진하여 휴식함없이 내지 정진수행하여 미래에 불도를 이루고 널리 모든 중생들을 제도할 수 있기를 발원하옵니다.

〈제 7권 끝〉

〈주註〉

구품연대 __ 극락세계에 왕생하는 행자들이 앉게 되는 아홉 가지 종류의 연화대. 즉 상품상생-金剛臺, 상품중생-紫金臺, 상품하생-金蓮臺, 중품상생-蓮華臺, 중품중생-七寶蓮華, 중품하생-經에서 밝혀 있지 않고, 하품상생-寶蓮華, 하품중생-蓮華, 하품하생-金蓮華

사은四恩 __ 모든 인간이 받는 네 가지 종류의 은혜로, 부모의 은혜, 중생의 은혜, 국왕의 은혜, 삼보의 은혜[심지관경].

삼유三有 __ 3계에 존재하는 세 가지 모습으로, 욕계의 생존[欲有], 색계의 생존[色有], 무색계의 생존[無色有]

신견身見 __ 우리 몸속에 영원한 실체로서 '아我'가 있고 나의 것이 있다고 여기는 잘못된 견해

오근五根***과 오력***五力 __ 깨달음의 도에 향하게 하는 다섯 가지의 뛰어난 기능과 작용. 信根[力], 精進根[力], 念根[力], 定根[力], 慧根[力]

칠각지七覺支 __ 열반에 이르기 위하여 닦는 수행 가운데 하나로 ①택법각분; 지혜로 모든 법을 잘 살펴 선한 것은 고르고 악한 것은 버리는 것 ②정진각분; 바른 도에 전력하여 게으르지 않는 것 ③희각분; 참된 법을 얻어서 기뻐하는 것 ④제각분; 참되고 거짓된 것을 잘 알아 올바른 선근을 기르는 것 ⑤사각분; 잘못된 것을 버릴 때 집착하지 않는 것 ⑥정각분; 선정에 들어 망상을 일으키지 않는 것 ⑦염각분; 생각을 고르게 하는 것

8정도 __ 바른 도의 경지에 도달하기 위한 여덟 가지의 길로서 ①정견正見; 올바른 견해 ②정사유正思惟; 올바른 생각 ③정어正語; 올바른 말 ④정업正業; 올바른 행위 ⑤정명正命; 올바른 생활 ⑥정념正念; 올바른 마음씀 ⑦정정진正精進; 올바른 노력 ⑧정정正定; 올바른 마음 집중.

멸진정 __ 일체 6식의 분별로 일어나는 마음의 작용이 모두 소멸해버린 상태

팔공덕수 __ 물이 가지고 있는 여덟 가지의 뛰어난 특질. 달고[甘], 차고[冷], 부드럽고[軟], 가볍고[輕], 맑고[淸淨], 냄새가 나지 않고[無臭], 마실 때 목을 손상시키지 않으며[飮時不損喉], 다 마시고 나서 배가 아프지 않음[飮已不傷腹]

*삼루*三漏 __ 욕계, 색계, 무색계에서 각각 일으키는 번뇌.

*오개*五蓋 __ 마음을 덮는 다섯 가지의 번뇌로, 탐욕, 성냄, 졸음과 같은 무지몽매한 상태, 조울躁鬱의 상태, 의심.

*십전*十纏 __ 중생의 몸을 결박하여 자유를 빼앗는 열 가지의 번뇌.

오역죄업 __ 용서받지 못할 다섯 가지 크나큰 죄업으로 무간지옥에 떨어지는 과보를 받게 된다. 어머니를 살해하는 것, 아버지를 살해하는 것, 아라한을 살해하는 것, 부처님의 신체에 상처를 입혀 피가 나게 하는 것, 교단의 화합을 깨트리고 분열시키는 것.

제 8 권

아미타참법 제8권

9. 왕생을 구하는 수행문 ①

(서방정토에 나기 위하여 수행하는 문에는 다섯 가지 염하는 문과 네 가지 닦는 법이 있습니다. 이쪽에서 선업이 숙성하려 하면 저 극락국토에는 이미 붉은 연꽃이 생겨납니다. 대개 그 명석하고 우둔한 근기에 따라 돈오의 가르침과 점수의 가르침을 널리 설하고 있습니다. 처음에는 능력에 따라 닦아 나가는 방법을 헤아려, 더러는 아홉 등급의 법칙을 따르고, 더러는 왕생하는 세 가지 무리의 법칙에 의지하고 더러는 좋은 인연을 만나 결사結社하며, 혹 좋은 짝이 없으면 홀로 수행하면서 오직 도반을 구하

여 성불의 가르침을 탐구하여야 합니다. 사람들과 세상살이의 쓸데없는 이야기를 하지 말고, 다만 인사를 끊고 속세의 인연을 버리며 의가 아니면 말하지 말고, 때가 아니면 나가지 않으며 검소한 옷과 거친 음식으로 계를 지키고 재를 가져 행과 원을 모두 서방에 회향하고 현상과 이치로 정토를 전념 수행하십시오. 만약 이 법에 의지한다면 결정코 왕생하게 될 것입니다. 만일 이 세상에서 잠깐동안 정진하면 극락에서 무량겁을 소요할 것입니다.)

오늘 이 도량의 동업대중이여, 다함께 왕생하려는 대원을 세웠으니, 이제 마땅히 왕생을 구하는 수행문에 의지하여 법대로 정진 수행해야 합니다. 원력만 있고 행이 없으면 그 원은 반드시 헛되고, 행만 있고 원이 없으면 그 행은 반드시 고독합니다. 행과 원이 서로 부합되어 복덕과 지혜가 서로 의지해야 반드시 왕생하고 속히 거룩한 도를 이

루나니, 다같이 지성으로 오체투지하고 세간의 대자대비하신 부처님께 귀의합니다.

(반배)

지심귀명례 **교주석가모니불** 敎主釋迦牟尼佛

지심귀명례 **세자재왕불** 世自在王佛

지심귀명례 **서방아미타불** 西方阿彌陀佛

지심귀명례 **칠십칠구지불** 七十七俱胝佛

지심귀명례 **동남방현재일체제불** 東南方現在一切諸佛

지심귀명례 **최상광대운뢰음왕불** 最上廣大雲雷音王佛

이와 같은 부처님들께서는 항하의 모래 알처럼 동남쪽에 머무시면서 광장설로 불토의 공덕을 찬양하시고 법문을 섭수하십니다.

지심귀명례 **문수보현양대보살** 文殊普賢兩大菩薩

지심귀명례 **관음세지양대보살** 觀音勢至兩大菩薩

지심귀명례 **청정대해중보살** 淸淨大海衆菩薩

또 다시 이와 같은 시방 진허공계의 모든 삼보와 한량없는 현성께 귀의합니다. (반배)

오늘 이 도량의 동업대중이여, 사람들에게 정토에 태어나기를 권하고자 함에, 마음을 편안히 하여 수행을 일으키고 선업을 짓고 인행을 닦으면 반드시 왕생하리니, 이제 여러 경전에서 모아 갖 가지 행문을 받들어 권하니, 사람마다 각각 그 자세하고 간략함에 따라 경에 의지해서 수행하여 모두 훌륭한 과보 얻기를 바랍니다.

(법사) **처음 수행은 매일 아침**
서쪽을 향해 합장하고 부처님 명호를
각각 열 번씩 소리 내어 염불하고
정례하라고 『용서정토문』에 이르셨네.

(다같이) 『용서문초탈윤회첩경도락龍舒文超脫輪廻捷徑圖畧』에서, "대장경 십여 개의 경전에서 서방정토에 대하여 이야기한 것을 보면, '사람마다 모두 연꽃 가운데 나고 옷과 음식이 갖추어지고 오래도록 살고 늙지 않는다.' 고 했습니다. 그 수행하는 법문에는 아홉 등급이 있는데 이제 그 중에서 사람들이 행할 수 있는 것을 가려 뽑습니다.

아미타불께서 큰 서원을 내시기를, '만일 제가 성불할 경우, 시방의 중생들이 기쁘게 믿는 마음으로 나의 국토에 나기 위해서 나의 명호를 열 번 소리내어 염하고도 태어나지 못하는 사람이 있으면, 나는 부처가 되지 않겠다.' 고 하셨습니다. 현세에서 재앙을 멸하고 원한을 풀며 복을 더하고 수명을 누리기 위해서는, 아침마다 합장하고 서쪽을 향해 정례하고, 나무아미타불 · 나무관세음보살 · 나무대세지보살 · 나무청정대해중보살을 각각 열 번 씩 소리내어 염한 후 다시 정례하고, 다음에 대자보살을 염하며, 부처님을 찬양하고 죄를 참회하고 다음과 같이 게송 한 편으로 회향 발원해야 합니다.

시방 삼세 부처님 중에
아미타불께서 제일이시고
구품으로 중생들 제도하시니
그 위덕 끝이 없어라.
제가 지금 귀의하여
삼업죄를 참회하고
모든 복과 선을
지심으로 회향하오니
부처님 뵙고 생사를 요달하옵고
부처님처럼 모든 중생들 제도하리라.

다시 정례하고 물러갑니다. 이 게송은 큰 위력이 있어 모든 죄를 멸할 수 있고 모든 복덕을 더할 수 있습니다. 남에게 염하면 복의 과보를 얻는다고 가르치고 지성으로 이와 같이 하면 중품의 연화대에 나고, 다시 정진해서 다른 사람을 교화함에 서로 설득하여 얻게 하도록 하면 상품의 연화대에 나며, 죄를 지은 악한 사람이 닦아도 하품의 연화대에는 납니다.

이곳에서 염불하는 동안에 서방에서는 칠보 연못에 연꽃 한 송이가 생겨 그 성명을 표시하여 훗날 그 연꽃 가운데 의탁하여 태어납니다. 저승에서 그 성명을 적어두었다가 목숨이 떨어질 때를 기다려, 와서 잡아가는 것과는 매우 다릅니다."라고 하였습니다.

오늘 이 도량의 동업대중이여, 마음을 잘 거두고 귀를 기울여 목마를 때 물을 찾듯, 높은 산을 우러르듯이 주의하여 자세히 들으십시오.

『천친론天親論』에 이르기를, "저 국토에 태어나기를 원하는 사람에게는 다섯 가지의

염문 닦기를 권하라. 다섯 문이 모두 갖추어 지면 반드시 왕생한다."고 하였습니다.

무엇이 다섯인가 하면, 첫째는 신업예배문으로, 오로지 일심으로 공경히 합장하고 향과 꽃을 공양 올리고 저 아미타불께 예배하되, 목숨이 다할 때까지 오직 저 부처님께만 예배할 것을 기약하고 잡다하고 다른 예는 행하지 않기 때문이며,

둘째는 구업찬탄문이니 오로지 저 부처님 몸의 광명과 모든 성스러운 무리들의 몸의 광명과 저 국토의 모든 장엄한 보배의 광명 등을 생각하고 찬탄하기 때문이고,

셋째는 의업억념관찰문이니 오로지 저 부처님과 모든 성중들의 몸과 장엄한 국토 등을 생각하고 관하는 데만 뜻을 두어 경의 말

씀을 보듯이, 오직 잠잘 때 외에는 항상 이 일만을 기억하고 생각하며 집중하기 때문이며,

넷째는 작원문이니, 낮이나 밤이나 언제 어디서나 오로지 몸과 입과 뜻으로 행하면서 지은 공덕에 마음을 기울이되, 항상 오직 진실한 마음으로 저 국토에 태어나기를 발원하기 때문이고,

다섯째는 회향문이니, 자기가 지은 선근과 삼승과 오도의 모든 범부와 성인들이 지은 선근에만 마음을 기울여 깊이 따라 기뻐하고, 모든 부처님과 보살들이 따라 기뻐하듯이 나도 따라 기뻐하여, 이와 같이 기뻐하며 따른 선근과 이미 지은 선근을 모두 다 중생들과 함께 저 국토에 회향하기 때문입니

다. 또 저 국토에 이르러 여섯 가지 신통력을 얻고 나서 방편으로 생사에 다시 들어가 중생들을 교화하기를 끝까지 하되 마음에 만족함이 없어 마침내 성불에 이르게 되므로 역시 회향문이라고 합니다.

다섯 문이 갖추어지고 나면 반드시 왕생하리니, 이 다섯 문을 따라 일으키는 업행은 많던 적던 간에 모두 진실업이라고 이름합니다.

『천친론天親論』에서, "관행사수법觀行四修法으로 35념의 행을 채찍질하면 속히 왕생하게 된다."고 하였습니다. 무엇이 네 가지인가?

첫째는 공경수恭敬修이니 저 부처님과 모든 성중들을 공경하고 예배하므로 공경수라고 하였습니다. 목숨이 다할 때까지 닦을 것을 맹세하고 중지하지 않으면 바로 이것이 상시수常時修입니다. 『감로소甘露疎』에 따르면, "공경수에는 다섯 가지가 있는데, 첫째는 유연성주有緣聖主를 공경하는 것이니 갈 때나 멈출 때나 앉거나 서거나 변을 볼 때나 어느 때나 서방을 지키는 것이고, 둘째는 유연상교有緣像敎를 공경하는 것이니 아미타상을 세우고 그 가르침을 수지하며, 셋째는 유연사우有緣師友를 공경하는 것이니 공경하고 친근하기 때문이고, 넷째는 동학인同學人을 공경하는 것이니 정업을 함께 닦는 사람들은 서로 권하여 이익되게 하기 때문이고, 다섯째는 삼보를 항상 공경하는 것이니 훌륭한 인연을 만들기 때문입니다. 이와 같이 공경수를 닦으면 결정코 왕생한다."고 하였습니다.

둘째는 무여수無餘修이니 저 부처님의 명호만을 오로지 칭하고, 저 부처님과 모든 성중만을 생각하고 예찬하여 다른 일은 섞어하지 않기 때문에 무여수라고 하는데, 목숨이 다할 때까지 닦겠다고 맹세하고 중지하지 않으면 곧 이것이 상시수입니다.

셋째는 무간수無間修이니 공경하고 예배하며 명호를 부르고 찬탄하며 기억하고 관찰하고 회향하고 발원하기를 계속하여 마음과 마음이 서로 이어져 다른 업이 와서 끼어들지 못하므로 무간수라고 합니다. 또 탐욕과 노여움과 번뇌가 와서 끼어들지 못하게 하고 범하는 대로 참회하여 염함에 틈이 없게 하고 시간과 날짜에 틈이 없게 하여 항상 청정하게 하므로 역시 무간수라 하고, 목숨이 다하도록 닦기로 맹세하고 중지하지 않으면 이것이 바로 상시수입니다.

넷째는 회향수廻向修이니 보살이 이미 생사를 면했으나, 지은 선법으로 돌이켜 불과를 구하는 것은 곧 자기를 위한 것이고, 미래제가 다하도록 중생들을 교화하는 것은 남을 이롭게 하는 것입니다. 그러나 지금의 중생들은 모두 번뇌에 묶여 악도와 생사같은 고통을 벗어나지 못하므로, 인연을 따라 지은 모든 선근을 돌이켜 속히 아미타국에 왕생하기를 원하기 때문입니다. 저 국토에 도달하고 나면 다시는 두려움이 없습니다.

위의 네 가지 수행법을 닦으면 자연히 자기를 이롭게 하는 것과 남을 이롭게 하는 것이 모두 갖추어지게 됩니다.

(법사) **일행삼매一行三昧로써 왕생문을 구하여**
한적한 곳에 홀로 앉아
어지러운 마음을 쉬고
마음잡아 전념하면 아미타불을
친견하리라고 『문수반야경』에서 이렇
게 설하셨네.

(다같이) 『문수반야경文殊般若經』에서 말하기를, "일행삼매를 밝히려면 오로지 공하고 한가한 곳에서 여러 어지러운 생각을 버리고, 부처님 한 분에게 마음을 붙들어 매어 형상을 관하지 말고 오로지 명호만을 부르면, 염불 중에 저 아미타불과 모든 부처님들을 보게 된다. '왜 형상을 관하지 못하게 하고 오로지 명호만을 부르게 하느냐?' 고 물으면, '중생은 업장이 무거워서 형상을 관하는 것으로는 성취하기가 어렵다. 그러므로 부처님께서 중생들을 불쌍히 여기시어 다만 오로지 명호만을 부르도록 하셨는데, 이것은 바로 명호를 부르는 것이 쉽기 때문이니 계속

하면 정토에 태어난다.' 고 하였습니다.

묻기를, '부처님 한 분만을 부르는데 어째서 여러 분이 나타납니까. 이는 삿됨과 바름이 엇갈리고, 하나와 여럿이 섞여 나타나는 것이 아닙니까?' 라고 하면, 답하기를, '여러 부처님들께서 매우 불쌍히 여기시기 때문이며, 아미타불의 원력이 깊기 때문이다.' 라고 하였습니다.

묻기를, '모든 부처님께서 삼신三身을 함께 증득하시고 자비스런 지혜의 과위를 원만히 성취하신 것이 마땅히 다름이 없으니, 방향따라 예념하고 부처님 한 분을 정하여 칭명하여도 왕생하게 될 것인데, 무슨 까닭으로 오로지 서방만을 찬탄하고 예념합니까?' 라고 하면, 답하기를, '모든 부처님께서 증득하신 것은 다 평등하고 한결같아서, 만약 행원으로 오시어 거두신다면 인연 아닌 것이 없다. 그러나 아미타세존께서는 깊은 서원을 발하시어 밝은 명호로써 시방을 섭화하시려 하였다. 단지 믿는 마음으로 염불을 하되, 위로는 하나의 형상[阿彌陀佛]이 다하도록 하고 아래로는 한 번이나 열 번 소리내어 불러 염하기까지, 모두 부처님의 원력으로 쉽게 왕생하게 된다. 그러므로 석가모니불께서 여러 부처님 중에서 서방을 향하라고 권하여 구별한 것이지, 다른 부처님을 칭념하면, 업장을 없애고 죄를 멸할 수 없다는 것은 아니다.' 라고 하였습니다."

(법사) **재계하고 아미타불을 관상하면**
관음 · 세지 두 보살이 맞이하시어
몸은 정토의 연꽃에 앉으리라고
『수지법문』에 이같이 설하였네.

(다같이) 『십육관경수지법문十六觀經修持法門』에서 간략히 이르기를, "재계를 깨끗이 하고 깨끗한 마음과 깨끗한 생각으로 서쪽을 향하여 무릎 꿇고 앉아 조용히 눈을 감고, 아미타불의 진금색신이 서방의 칠보 연못 안의 커다란 연꽃 위에 앉으시어, 그 신장이 십육 척이고 양 미간 중간에 위로 향해 백호가 오른쪽으로 말려 돌아가고 있어 자금색신을 밝게 비추는 모습을 관상하되, 백호가 허망하게 있는 것이 아니라는 데 마음을 멈추고 생각을 기울여, 조금도 다른 생각을 하지 않고, 눈을 감거나 뜨거나 간에

그 모습을 보게 한다. 이것은 생각생각에 잊지 않으려 하는 것이다.

이와 같이 오랫동안 하여 염하는 마음이 성숙하면 자연히 감응하여 부처님의 전신을 보게 되나니, 이것이 최상의 법으로 심상불心想佛이라 하는데, 이 때의 이 마음이 곧 부처이니 입으로 염불하는 것보다 낫다.

다음으로 관세음보살의 몸이 자금색이고 손에 백련화를 들고 그 천관天冠 가운데 화불 한 분이 계시는 모습을 관상하고, 다음에는 대세지보살의 몸이 자금색이고 그 천관 안의 상투 위에 보병 하나가 있는 모습을 관상한다. 다음으로는 자신이 서방 극락세계의 연꽃 가운데 결가부좌하고 있는 모습과 연꽃이 오므라 들었다 피었다 하는 모습을 상상하면 부처님과 보살들이 허공 중에 가득 찬 모습을 보게 된다."고 하였습니다.

오늘 이 도량의 동업대중이여, 성심으로 주의하여 자세히 들으십시오. 『칭찬정토섭수경소』에서 말하였습니다. "염불 법문에는

두 종류가 있으니, 마음과 입을 말한다. 마음은 염하는 실체이고 입은 염하는 모양인데, 마음으로 염하는 것은 깊고 어려우며, 입으로 염하는 것은 얕고 쉬운데 모두 서방에 왕생한다. 그 근기에 따라 수행함에 상하가 있으니, 이제 간략히 마음으로 염하는 법식과 입으로 염하는 법식을 가리켜 설명하면 곧 두개의 문이 된다. 마음으로 염하는 것은 조용한 곳에서 하루 여섯 때에 따라 공양예찬하고, 수행의 과정이 끝나고 나서 도량을 나와 거처하는 곳에 도착하여 관상에 들어 염불하고자 할 때에는, 앉거나 서거나 서쪽으로 향하여 일심으로 합장하고 열 번 아미타불을 칭하고, 관세음보살과 대세지보살과 여러 보살들의 대비하신 명호를 관하고 나서 다음과 같이 발원한다.

'제자는 생사를 받는 범부로서 죄장이 깊고 무거워 육도를 윤회하여 그 고통이 말할 수 없습니다. 오늘 선지식을 만나 아미타불의 본래의 원과 명호를 듣고 비록 다시 부르고 염하여 왕생하기를 바라오나, 아미타불의 밝은 모습과 두 대보살을 알지 못하오니, 원하옵건대 부처님께서는 큰 서원을 버리지 마시고 자비로써 섭수하시어 제자가 뵙도록 하여 주시옵소서.' 혹 누워 자려 할 때에도 이 원을 발하면 꿈 속에서 때때로 뵙게 될 것이다." 라고 하였습니다.

오늘 이 도량의 동업대중은 모두 왕생을 구하는 행을 하는 사람들이니, 서로 지극한 마음으로 오체투지하고 세간의 대자대비하

신 부처님께 귀의합니다. (반배)

지심귀명례 **교주석가모니불** 敎主釋迦牟尼佛

지심귀명례 **서방아미타불** 西方阿彌陀佛

지심귀명례 **당래미륵불** 當來彌勒佛

지심귀명례 **대음찬불** 大音讚佛

지심귀명례 **정원불** 淨願佛

지심귀명례 **일천불** 日天佛

지심귀명례 **낙혜불** 樂慧佛

지심귀명례 **섭신불** 攝身佛

지심귀명례 **위덕세불** 威德勢佛

지심귀명례 **찰리불** 刹利佛

지심귀명례 **득승불** 得乘佛

지심귀명례 **상금불** 上金佛

지심귀명례 **해탈계불** 解脫戒佛

지심귀명례 **낙법불** 樂法佛

지심귀명례 **주행불** 住行佛

지심귀명례 **사교만불** 捨憍慢佛

지심귀명례 **지장불** 智藏佛

지심귀명례 **범행불** 梵行佛

지심귀명례 **전단불** 栴檀佛

지심귀명례 **무우명불** 無憂名佛

지심귀명례 **단엄신불** 端嚴身佛

지심귀명례 **상국불** 相國佛

지심귀명례 **연화불** 蓮花佛

지심귀명례 **무변덕불** 無邊德佛

지심귀명례 **천광불** 天光佛

지심귀명례 **혜화불** 慧華佛

지심귀명례 **빈두마불** 頻頭摩佛

지심귀명례 **지부불** 智富佛

지심귀명례 **문수보현양대보살** 文殊普賢兩大菩薩

지심귀명례 **관음세지양대보살** 觀音勢至兩大菩薩

지심귀명례 **청정대해중보살** 淸淨大海衆菩薩

또 다시 이와 같은 시방 진허공계의 모든 삼보와 한량없는 현성께 귀의합니다. (반배)

세 가지 부류의 왕생을 구하는 문

(법사) 집을 떠나 애욕을 버리고 스님이 되어
보리심을 내어서 공덕을 닦으면
부처님께서 대중들 앞에 나타나시니
곧 극락세계에 왕생하리라.

(다같이) 『무량수경』에서 말씀하시기를, "부처님께서 아난에게, '시방세계의 모든 사람 중 지심으로 저 국토에 나

기를 원하는 사람들에는 대개 세 가지 무리가 있다. 상배는 집을 떠나 애욕을 버리고 스님이 되어 보리심을 내어 한결같이 무량수불만을 염하면서 여러 공덕을 닦아 저 국토에 나기를 원하는 사람으로, 목숨이 떨어질 때 무량수불이 여러 대중들과 함께 그 사람 앞에 나타나고, 곧 그 부처님을 따라 그 국토에 왕생하게 되는데, 문득 칠보화 가운데 자연히 화생하여, 모든 것에 유혹되지 않는 자리에 있으면서 지혜롭고 용맹하고 신통이 자재하느니라. 그러므로 아난아, 중생이 금세에 무량수불을 보고자 하는 사람이 있으면, 마땅히 위없는 보리심을 내어 모든 공덕을 닦아 저 국토에 나기를 원해야 한다.' 고 하였습니다."

(법사) **연을 따라 선을 닦고 재계를 지키고**
당번幢幡 **걸고 꽃 뿌리고 등불 켜고**
향 사르면, 몸은 화불化佛**따라 저 국토**
에 태어나고, 불퇴전에 있게 되니
공덕은 상배上輩**의 다음이다.**

(다같이) 또 부처님께서 아난에게, "중배란, 시방세계의 모든 사람중에서 지심으로 저 국토에 나기를 원하는 사람이 있어, 비록 스님이 되었어도 큰 공덕을 쌓지 못했지만 한결같이 오로지 무량수불만을 염하고, 약간의 선을 닦고 재계를 받들어 지키고 탑과 상을 세우고 스님들에게 음식을 올리고 당번을 드리우고, 등을 켜고 꽃을 뿌리고 향을 사루는, 이 모든 공덕을 회향하여 저 국토에 태어나기를 원하면, 임종할 때 무량수불이 화현하여 진짜 부처님과 같이 밝고 빛나는 모습을 갖추고 여러 대중들과 함께 그 사람 앞에 나타난다. 곧 화불을 따라 그 나라에 왕생하여 퇴전치 않는 자리에 있게 되니, 공덕과 지혜가 상배의 다음이니라."고 말씀하셨습니다.

(법사) **열 번 혹은 한 번 염하고 환희하며**
즐거이 믿어 의혹하지 않는다면
임종시 꿈속에서 부처님 뵙고
왕생하니 공덕은 중배의 다음이다.

(다같이) 부처님께서 아난에게, "하배란, 시방세계 모든 중생 중 지심으로 저 나라에 태어나고자 하는 사람이 있어, 설사 많은 공덕을 짓지는 못하더라도 위없는 보리심을 내어 한결같이 뜻을 기울여 무량수불을 열 번 염하여 그 나라에 태어나기를 원하거나, 또 깊은 법을 들으면 환희하고 즐거이 믿어 의혹하지 않고 저 부처님을 한 번 염하여 지성스런 마음으로 그 나라에 나기를 원하면, 이 사람 역시 임종할 때 꿈 속에서 부처님을 뵙고 왕생하게 되는데 공덕과 지혜는 중배의 다음이니라."고 하셨습니다.

오늘 이 도량의 동업대중은 부처님께서 설하신 『무량수경』의 가르침대로 세 가지 부류의 왕생을 구하는 수행문을 닦을지니, 서로 지극한 마음으로 오체투지하고 세간의 대자대비하신 부처님께 귀의합니다. (반배)

지심귀명례 **교주석가모니불** 敎主釋迦牟尼佛

지심귀명례 **서방아미타불** 西方阿彌陀佛

지심귀명례 **당래미륵불** 當來彌勒佛

지심귀명례 **범재불** 梵財佛

지심귀명례 **보수불** 寶手佛

지심귀명례 **정근불** 淨根佛

지심귀명례 **구족론불** 具足論佛

지심귀명례 **상론불** 上論佛

지심귀명례 **불사불** 弗沙佛

지심귀명례 **제사불** 提沙佛

지심귀명례 **유일불** 有日佛

지심귀명례 **출니불** 出泥佛

지심귀명례 **득지불** 得智佛

지심귀명례 **모라불** 謨羅佛

지심귀명례 **상길불** 上吉佛

지심귀명례 **법락불** 法樂佛

지심귀명례 **구승불** 求勝佛

지심귀명례 **지혜불** 智慧佛

지심귀명례 **선성불** 善聖佛

지심귀명례 **망광불** 網光佛

지심귀명례 **유리장불** 琉璃藏佛

지심귀명례 **명문불** 名聞佛

지심귀명례 **이적불** 利寂佛

지심귀명례 **교화불** 敎化佛

지심귀명례 **일명불** 日明佛

지심귀명례 **선명불** 善明佛

지심귀명례 **중덕상명불** 衆德上明佛

지심귀명례 **보덕불** 寶德佛

지심귀명례 **문수보현양대보살** 文殊普賢兩大菩薩

지심귀명례 **관음세지양대보살** 觀音勢至兩大菩薩

지심귀명례 **청정대해중보살** 淸淨大海衆菩薩

또 다시 이와 같은 시방 진허공계의 모든 삼보와 한량없는 현성께 귀의합니다. (반배)

아홉 등급의 왕생을 구하는 문

(법사) 지성스럽고 깊은 마음으로 회향 발원하고 살생하지 않고 모든 계를 지키고 대승을 염송하며 육념六念을 수행하니 화불이 영접하시네.
이를 일러 상품상생자라 한다.

(다같이) 『관무량수경』에서, "아난과 위제희는 상품상생자이다. 만약 중생이 저 국토에 태어나기를 원하는 자가 있어, 세 가지 마음을 내면 왕생하게 된다.

첫째는 지극히 정성스런 마음이요, 둘째는 깊이 믿는 마음이요, 셋째는 회향발원하는 마음이니, 이 세 가지 마음을 다 갖추면 반드시 저 국토에 태어나게 된다.

또 세 종류의 중생이 있어 왕생을 얻게 되는데, 첫째는 자비로운 마음으로 죽이지 않고 계행을 갖춘 사람이요, 둘째는 대승 경전을 독송하는 사람이요, 셋째는 육념을 수행하여 저 국토에 나기를 회향 발원하는 사람이니, 하루 내지 칠 일간 이러한 공덕을 갖추면 바로 저 국토에 왕생하게 되느니라.

이러한 사람은 용맹정진하는 까닭에 아미타불께서 관세음보살과 대세지보살과 수많은 화불들과 백천 비구와 성문대중과 한량없는 여러 하늘과 칠보궁전에 함께 계시면서, 관세음보살이 금강대를 잡고 대세지보살과 함께 수행자의 앞에 오시면, 아미타불께서 대광명을 놓아 수행자의 몸과 여러 보살들을 비추시고 손을 내밀어 영접하신다.

관세음보살과 대세지보살께서는 수많은 보살들과 함께 수행자를 찬탄하시고 그 마음을 불도에 귀의하게 하신다. 수행자는 이러한 모습을 보고서 뛸 듯이 기뻐하고 스스로 몸이 금강대 위에 올라있는 것을 보게 되고, 손가락 튕길 사이에 부처님의 뒤를 따라 저 국토에 왕생하게 된다.

저 국토에 태어나면, 삼십이상을 구족하신 부처님의 색신을 보고 색상을 구족하신 여러 보살들을 보며, 빛나는 보배 숲에서 미묘한 법문을 듣고는 바로 무생법인을 깨달아, 잠깐 사이에 시방세계의 모든 부처님을 모시고 모든 부처님 앞에서 차례로 수기를 받고 본국으로 돌아와 무량백천 다라니문을 얻게 된다. 이를 일러 상품상생자라 한다."고 말씀하셨습니다.

(법사) **반드시 대승경전을 수지하지 않아도**
제일의를 알고 인과를 밝히면
자금대紫金臺**위에서 전신**全身**을 보리니**
이를 상품중생자라 한다.

(다같이) 경에서 말하시기를 "반드시 대승경전을 수지하

여 독송하지 않더라도 만약 뜻을 알아 제일의에 나아가서 마음이 놀라 움직이지 않고, 인과를 깊이 믿어 대승을 비방하지 않고, 이러한 공덕으로 극락국토에 나기를 회향 발원한다면, 이러한 수행을 하는 사람은 수명이 다하려 할 때 이 공덕으로 아미타불께서 관세음보살과 대세지보살과 무수한 대중들에게 둘러싸여 자금대를 가지고 수행자의 앞에 나투신다.

그리고 찬탄하시며 말씀하시기를, '네가 대승을 행하여 제일의를 알므로 내가 지금 와서 너를 영접하느니라.' 하시며, 천 분의 화불과 함께 일시에 손을 내미신다. 수행자는 스스로 자금대에 앉은 것을 보고, 두 손 모아 합장하고 부처님을 찬탄하고 한 번 염하는 순간에 바로 저 국토의 칠보연못 가운데 난다.

저 자금대는 커다란 보배 꽃과 같아 하룻밤을 지나 열리니 수행자의 몸은 자마금색을 이룬다. 발 아래에도 칠보연꽃이 있어 부처님과 보살들이 일시에 빛을 내어 수행자의 몸을 비추니, 과거에 대승법을 익혀온 공력이 모두 열리어 깊고 깊은 제일의제를 설하시는 음성을 모두 듣고 알아들을 수 있게 된다.

수행자는 금대를 내려와 부처님께 합장하고 예배드리며 세존을 찬탄하고, 이레 동안 아뇩다라삼먁삼보리에서 불퇴전을 얻고, 때에 따라 비행하여 시방에 두루 다다라 모든 부처님을 모시고 부처님들께서 닦으신 삼매에 들어 일소겁을 지나 무생법인을 얻고, 현전에서 수기를 받으니, 이를 일러 상품중생자라 한다."고 말씀하셨습니다.

(법사) **인과를 깊게 믿고 대승을 받들어**
단지 위없는 보리에 뜻을 내면
법을 듣고 십지초十地初에 오르니
이를 일러 상품하생자라 한다.

(다같이) 경에서 말하기를 "또 인과를 믿고 대승을 비방하지 않고 위없는 도심道心을 발하여, 이러한 공덕으로 극락국토에 나기를 회향 발원하는 사람은 목숨이 다하려 할 때, 아미타불과 관세음보살과 대세지보살이 모든 권속들과 함께 자금색 연꽃을 드시고 오백의 화불을 만드시어

이 사람을 영접하신다.

오백 화불이 일시에 손을 내밀어 수행자에게, '네가 지금 청정하여 위없는 도심을 내므로, 내가 와서 너를 맞이한다.' 고 찬양하며 말씀하신다. 이때 이 사람은 스스로 금련화 위에 앉은 자신의 모습을 보며 앉으면, 꽃이 오므라져서 세존의 뒤를 따라 곧 칠보연못 가운데 왕생하고, 하루 밤 하루 낮이 지나면 연꽃이 벌어지고, 칠 일 안에 마침내 부처님을 뵙는다.

비록 부처님을 뵙긴 하였으나 마음이 명료치 못하다가 삼칠 일이 지나면 다시 마음이 명료해져 모든 미묘한 법문을 듣고, 시방을 두루 다니며 모든 부처님께 공양 올리고 부처님 앞에서 깊고 깊은 법문을 듣는다. 이렇게 삼소겁이 지나면, 모든 도리를 밝게 깨달은 지혜를 얻고 환희지에 머문다. 이를 상품하생자라고 한다.

이상의 등급을 상배생上輩生이라 하고 관상의 이름은 제십사관第十四觀이다."라고 하였습니다.

(법사) 오계와 팔관재계를 수지하고

모든 계를 잘 지켜 회향 발원하면
부처님을 뵙고 법문을 들어
아라한과를 증득하나니
이를 일러 중품상생자라 한다.

(다같이) 경에서, "만약 중생이 오계를 수지하고 팔관재계를 지키고 모든 계율을 수행하고 오역죄를 짓지 않아 허물과 근심이 없고, 또 이와 같은 선근으로 극락세계에 나기를 회향 발원하면, 목숨이 다하려 할 때에 아미타불께서 여러 비구 권속들에 둘러싸여 금색 광명을 발하시며 그 사람이 있는 곳으로 오시어, '공空'과 무상과 무아를 연설해 주시고, 출가하여 많은 고통을 여의는 것을 찬탄하신다. 수행자가 이 모습을 보고는 무릎 꿇고 합장하여 부처님께 예배드린다.

예배드리고 나서 머리를 들기도 전에 곧 극락세계에 왕생하고, 왕생하면 곧 연꽃이 열리는데, 꽃이 피어날 때 사성제를 찬탄하는 뭇 음성들을 듣고 즉시 아라한도와 삼명육통을 얻고 팔해탈을 갖추게 된다. 이를 일러 중품상생자라 한다.”고 말씀하셨습니다.

(법사) **만일 하루 동안 지심으로**
계戒와 재齋를 수지하고 어기지 않으면
법을 듣고 곧 수다원을 얻나니
이를 일러 중품중생자라 한다.

(다같이) 경에서, “만약 중생이 하루 낮 하루 밤 동안 팔관재계를 수지하든지, 하루 낮 하루 밤 동안 사미계를 수지하거나, 하루 낮 하루 밤 동안 구족계를 수지하되 위의가 흐트러지지 않고, 이와 같은 공덕으로 극락에 태어나기를 회향 발원하면, 계행의 향기가 몸에 밴 이와 같은 수행자는 목숨이 다하려 할 때, 아미타불께서 모든 권속들과 함께 금색 광명을 발하시며 칠보연꽃을 가지시고 이 수행자 앞으로 오시는 모습을 본다.

수행자는 스스로 공중에서, ‘선남자야, 너같은 선인이 삼세 모든 부처님의 가르침을 따랐으므로 내가 와서 너를 맞이한다.' 고 찬탄하는 음성을 듣는다. 수행자가 스스로 연꽃 위에 앉아 있는 자신의 모습을 보면, 연꽃은 곧 오므라져 서방 극락세계의 보배연못 가운데 태어난다.

칠 일이 지나면 마침내 연꽃이 피고, 꽃이 피고 나면, 눈을 뜨고 합장하여 세존을 찬탄하고 법문을 듣고 환희하며 수다원과를 얻는다. 이렇게 반겁이 지나고 나면 아라한과을 이루는데, 이를 일러 중품중생자라 한다."고 말씀하셨습니다.

(법사) **부모를 효성스럽게 봉양하고 인자함을 베풀면 임종시에 다시 선지식을 만나게 되고 화생하여**
일겁이 지나 아라한과를 증득하나니
이를 일러 중품하생자라 한다.

(다같이) 경에서, "만약 선남자 · 선여인이 부모를 효성스럽게 모시고 인자함을 세상에 베풀면 목숨이 다하려 할

때 선지식을 만나고, 선지식이 그들을 위해 아미타 불국토의 즐거움과 법장비구의 마흔여덟 가지 원을 설한다. 그 설법을 다 듣고 나면 곧 목숨이 떨어져 즉시 서방 극락세계에 태어나는데, 비유한다면 천하장사가 팔을 폈다가 구부리는 시간과 같다.

극락세계에 태어난 지 칠 일이 지나면 관세음보살과 대세지보살을 만나게 되고, 법을 듣고 기뻐한다. 이렇게 일소겁이 지나면 아라한과를 이루니, 이를 중품하생자라 한다. 이상의 등급을 중배생中輩生이라 하고 관상의 명칭은 제십오관第十五觀이다."라고 하셨습니다.

(법사) **오직 경전을 비방하지 않으면**
뭇 악업을 짓고 부끄러워 함이 없어도
화생하여 십겁이 지나 초지初地에
오르나니
이를 일러 하품상생자라 한다.

(다같이) 경에서 말씀하기를, "혹, 여러 악업을 지었으나 오직 대승경전을 비방하지 않는 사람이 있으면, 이런 어리석은 사람은 악업을 많이 짓고도 부끄러운 줄 모르다가 목숨이 다하려 할 때 선지식을 만난다. 선지식이 그를 위해 대승 십이부경의 모든 제목을 말해 주면, 이와 같은 여러 경전의 이름을 들음으로써 천겁의 아주 무거운 악업이 없어진다.

지혜가 있는 선지식은 다시 합장공경하고 나무아미타불을 불러 염하는 것을 가르쳐 주고, 부처님 명호를 칭념한 까닭에 오십억겁의 생사의 죄가 없어진다.

이때 저 부처님께서 화불과 화신 관세음보살과 화신 대세지보살을 보내어 수행자 앞에 이르게 하신다. 행자가 화불의 광명이 그 방에 가득 차는 것을 보고 환희하며, 곧 수명이 다하면, 보련화를 타고 화불의 뒤를 따라 보배연못에 태어난다.

태어난 지 칠십칠 일 후에 마침내 연꽃이 피는데, 그때 관세음보살과 대세지보살께서 대광명을 발하시며 그 사람 앞에 머무시면서 그를 위해 깊고 깊은 십이부경을 설하시니, 듣고 나면 의심이 사라지고 믿음이 생겨 보리심을 내고, 십소겁이 지나서 모든 도리를 밝게 깨달은 지혜를 다 갖추어 초지初地에 들어가게 된다. 이를 하품상생자라고 한다."고 하였습니다.

(법사) **중생이 많은 계율을 어기고**
무수한 삼보의 물건을 훔쳤어도
염불하여 문득 보련에 의탁하니
이를 하품중생자라 한다.

(다같이) 경에서, "혹 오계와 구족계를 범하는 중생이 있다면, 이와 같이 어리석은 사람은 눈 앞에 있는 수많은 승물을 훔치고 명예나 이익을 위하여 부처님의 법을 설하면서도 부끄러운 줄을 모르고, 모든 악업으로써 스스로를 장엄한다. 죄인이 이러한 악업을 지은 까닭에 마땅히 지옥에 떨어질 것이니, 목숨이 다하려 할 때 지옥의 불꽃이 일시에 다다르는데, 이때 선지식을 만난다.

선지식이 대자대비하신 마음으로 그를 위하여 아미타

불의 십력의 위덕을 설하고저 부처님의 밝고 빛나는 신력을 찬탄하고 또 계와 정과 혜와 해탈지견을 찬탄하면, 이 사람이 듣고 나서 팔십억 겁의 생사의 죄가 없어지고, 지옥의 맹렬한 불꽃이 맑고 시원한 바람으로 변하여 수많은 하늘의 꽃을 날리는데, 꽃마다 모두 화신 불보살이 계시어 이 사람을 영접하시니, 한 번 염하는 동안에 바로 칠보연못의 연꽃 중에 왕생하게 된다.

이렇게 육 겁이 지나고 나면 마침내 연꽃이 피고, 관세음보살과 대세지보살이 오시어 청정한 음성으로 저 사람을 위로하여 안심시키시고, 그를 위하여 대승의 깊고 깊은 경전을 설해 주신다. 법문을 듣고 나서 곧 보리심을 내나니, 이런 사람을 하품중생자라고 한다."고 하였습니다.

(법사) **오역죄와 십악업을 짓는다면**
마땅히 지옥에 떨어져 많은 고통을
받을 것이지만
임종시에 염불하여 뛰어넘어 올라가니

이를 일러 하품하생자라 한다.

경에서 말하기를 "혹 불선업을 짓는 중생이 있어 오역죄와 십악업을 모두 갖추어 지으면, 이런 어리석은 사람은 악업으로 인하여 마땅히 악도에 떨어져 많은 겁 동안 한없는 괴로움을 받아야 한다. 이러한 악인이 목숨이 다하려 할 때 선지식을 만나면, 선지식이 여러 가지로 위로하여 안심시키고 그를 위하여 미묘한 법문을 설하고 염불하라고 한다.

이 사람이 고통에 쫓겨 염불할 경황이 없으면 선지식이 다음과 같이 말한다. '네가 다른 부처님을 염할 수 없더라도 무량수불을 불러야 한다. 지심으로 소리가 끊이지 않게 하여 나무아미타불을 열 번 채워 부르면, 부처님 명호를 부른 까닭에 염하고 염하는 중에 팔십억 겁의 생사의 죄가 없어지고, 목숨이 끊어질 때 금빛 연못이 마치 해와 같이 자기 앞에 있는 것을 보고, 한 번 염하는 동안에 곧 극락세계에 태어난다.

연꽃 속에서 십이대겁을 채우고 나면, 연꽃이 비로소 열리고 관세음보살과 대세지보살께서 오시어 대비하신 음성으로 그를 위하여 제법실상과 죄를 소멸하는 법문을 널리 설하신다. 그는 이를 듣고 나서 환희하고 대보리심을 내나니, 이런 사람을 하품하생자라고 한다.'

위와 같은 부류를 하배생下輩生이라고 하고 관상의 이름은 제십육관第十六觀이다."라고 하였습니다.

오늘 대중이여, 부처님께서 『관무량수경』에서 설하신 것처럼, 아홉 등급의 왕생을 구하기 위하여 수행문을 닦도록 권하였으니, 서로 지극한 마음으로 오체투지하고 세간의 대자대비하신 부처님께 귀의합니다. (반배)

지심귀명례 **교주석가모니불** 敎主釋迦牟尼佛

지심귀명례 **서방아미타불** 西方阿彌陀佛

지심귀명례 **당래미륵불** 當來彌勒佛

지심귀명례 **인월불** 人月佛

지심귀명례 **나후불** 羅睺佛

지심귀명례 **감로명불** 甘露明佛

지심귀명례 **묘의불** 妙意佛

지심귀명례 **염명불** 炎明佛

지심귀명례 **일체주불** 一切主佛

지심귀명례 **요지불** 樂智佛

지심귀명례 **산왕불** 山王佛

지심귀명례 **적멸불** 寂滅佛

지심귀명례 **덕취불** 德聚佛

지심귀명례 **천왕불** 天王佛

지심귀명례 **묘음성불** 妙音聲佛

지심귀명례 **묘화불** 妙華佛

지심귀명례 **주의불** 住義佛

지심귀명례 **공덕위취불** 功德威聚佛

지심귀명례 **지무등불** 智無等佛

지심귀명례 **감로음불** 甘露音佛

지심귀명례 **선수불** 善守佛

지심귀명례 **이혜불** 利慧佛

지심귀명례 **사해탈의불** 思解脫義佛

지심귀명례 **음승불** 音勝佛

지심귀명례 **이타행불** 利他行佛

지심귀명례 **선의불** 善義佛

지심귀명례 **무과불** 無過佛

지심귀명례 **행선불** 行善佛

지심귀명례 **문수보현양대보살** 文殊普賢兩大菩薩

지심귀명례 **관음세지양대보살** 觀音勢至兩大菩薩

지심귀명례 **청정대해중보살** 淸淨大海衆菩薩

또 다시 이와 같은 시방 진허공계의 모든 삼보와 한량없는 현성께 귀의합니다. (반배)

〈제 8권 끝〉

〈주註〉

삼업죄 __ 몸[身]과 말[口]과 생각[意] 세 가지로 짓는 악업인데 몸으로는 살생, 투도, 사음의 세 가지 악업을, 입으로는 거짓말, 꾸밈말, 이간질의 말, 악한 말의 네 가지 악업을, 생각으로는 탐욕과 성냄과 어리석음의 세 가지 악업을 짓는다. 결국 3업죄는 10악업과 같은 의미라고 하겠다.

삼승오도 __ 삼승은 성문승, 연각승, 보살승이고 여기에 인간과 천상을 더하여 오도五道가 된다.

일행삼매 __ 마음을 하나의 행에 고정시켜 닦는 삼매로, 정토교에서는 조용한 장소에서 마음을 흐트러뜨리지 않고 항상 아미타부처님을 생각하여 떠올리는 삼매를 말한다.

제일의제 __ 궁극적인 최고의 완전한 진리로 진제眞諦라고도 한다.

백법명문 __ 온갖[百] 진리에 있어서 명료하게 알 수 있는 지혜의 문, 또는 일체의 법문에 통달한 지혜, 또는 모든 도리를 밝게 깨달은 지혜.

제 9 권

아미타참법 제9권

9. 왕생을 구하는 수행문 ②

만약에 어떤 사람이
단정히 앉아 똑바로 서쪽을 향하여
구십 일 동안 항상 염불하면
삼매를 이루어 부처님 앞에 태어나리라고
『문수반야경』에 이와 같이 말씀하셨네.

만약에 어떤 사람이

오로지 한 곳의 부처님을 생각하기를
다닐 때나 앉아서나 칠칠 일 동안 한다면
몸을 보고 부처님을 보아 왕생하리라고
『대집경』에 이와 같이 말씀하셨네.

열흘 낮 열흘 밤을 재계하면서
당번을 달고 일산을 내걸고
향을 사르고 등불을 밝혀
전념하여 끊어짐이 없으면
곧 왕생하리라고
『무량수경』에 이와 같이 말씀하셨네.

열흘 밤 열흘 낮 여섯 시 중에
오체투지하고 예념하기를 끊이지 않으면
저 부처님의 현신을 보고 곧 왕생하리라고

『고음왕경』에 이와 같이 말씀하셨네.

하루 이틀에서 이레에 이르기까지
부처님의 명호를 부르되
마음이 어지럽지 않으면
부처님께서 그 앞에 나타나시어
곧 왕생하리라고
『아미타경』에 이와 같이 말씀하셨네.

만약에 어떤 사람이
저 아미타불의 명호를 듣고
하루동안 줄곧 염불하여
이틀이 되도록 염불에 집중하여
아미타불이 시현하시면 곧 왕생하리라고
『반주경』에 이와 같이 말씀하셨네.

밤낮으로 하루동안 부처님 명호를 불러
간절히 정진하여 끊어지지 않으면
끊임없이 서로 권하여 함께 왕생하리라고
『대비경』에 이와 같이 말씀하셨네.

하룻낮 하룻밤 당번과 일산을 매달고
오직 왕생하고자 하는 마음을 지속시켜
끊어지지 않으면 누워 있는 가운데
부처님 꿈을 꾸고 곧 왕생하리라고
『무량수경』에서 이와 같이 말씀하셨네.

대승에 머무는 이가 청정한 마음으로
십념하고 저 『무량수경』을 생각하면
목숨이 다할 때에 부처님 가피를 입어
반드시 왕생하리라고

『대보적경』에서 이와 같이 말씀하셨네.

오역죄를 짓고서
지옥에 떨어져 뭇 불들이 나타나도
선지식을 만나 용맹심을 발하여
열 번 부처님을 부르면 곧 왕생하리라고
『관무량수경』에서 이와 같이 말씀하셨네.

만약에 기뻐하고 즐거워하는 마음이 있어
아래로 십념에 이르면 곧 왕생할 것이나
만약 그렇지 못한 자는 성불하지 못하리라고
「사십팔원」에 이와 같이 말씀하셨네.

오늘 대중이여, 경에서 말한 대로 왕생하는 수행의 문을 구하였으니, 다같이 지극한

마음으로 오체투지하고 세간의 대자대비하신 부처님께 귀의합니다. (반배)

지심귀명례 **교주석가모니불** 敎主釋迦牟尼佛
지심귀명례 **서방아미타불** 西方阿彌陀佛
지심귀명례 **당래미륵불** 當來彌勒佛
지심귀명례 **보선명불** 寶扇明佛
지심귀명례 **이타보불** 梨陀步佛
지심귀명례 **수일불** 隨日佛
지심귀명례 **청정불** 淸淨佛
지심귀명례 **명력불** 明力佛
지심귀명례 **공덕취불** 功德聚佛
지심귀명례 **구족안불** 具足眼佛
지심귀명례 **사자행불** 師子行佛
지심귀명례 **고출불** 高出佛

지심귀명례 **화시불** 華施佛

지심귀명례 **주명불** 珠明佛

지심귀명례 **연화불** 蓮花佛

지심귀명례 **애지불** 愛智佛

지심귀명례 **반타엄불** 槃陀嚴佛

지심귀명례 **불허행불** 不虛行佛

지심귀명례 **생법불** 生法佛

지심귀명례 **상호불** 相好佛

지심귀명례 **사유락불** 思惟樂佛

지심귀명례 **낙해탈불** 樂解脫佛

지심귀명례 **지도리불** 知道理佛

지심귀명례 **문수보현양대보살** 文殊普賢兩大菩薩

지심귀명례 **관음세지양대보살** 觀音勢至兩大菩薩

지심귀명례 **청정대해중보살** 淸淨大海衆菩薩

또 다시 이와 같은 시방 진허공계의 모든 삼보와 한량없는 현성께 귀의합니다. (반배)

이름을 듣고서 지극한 마음을 내는
모든 이들이 일념으로 회향하면
곧 왕생할 것이나 오직 오역죄와
바른 법을 비방한 이는 제외될 것이라고
『무량수경』에서 이와 같이 말씀하셨네.

죽을 때가 되어 볼 수도 없고
생각할 수도 없으나
다만 뜻을 내어 아미타부처님께서
계신 줄을 알기만 하더라도
이 사람은 임종시에 곧 왕생하리라고
『대법고경』에서 이와 같이 말씀하셨네.

만약에 어떤 사람이 염불할 때
의심하는 마음을 일으킨다면
의심의 성에 오백 년 동안
머물러 있을 것이지만
오히려 천궁天宮보다 나아서
물러나 떨어짐은 없으리라고
『무량수경』에서 이와 같이 말씀하셨네.

『무량수경』에 이르기를 부처님께서 말씀하시되, “그 사람이 이렇게 한 뒤에 또 다시 중간에 뉘우치면서 마음 속으로는 의심하되, 선을 행하면 후세에 마땅히 그 복 받음을 믿지 않았고, 아미타불국에 왕생함을 믿지 않았다. 그 사람이 비록 그러하였으나 계속해서 왕생하려 했으니, 그가 병들어 목숨을 마치려고 할 때에 아미타불께서 곧 그 사람의 꿈 속에서 아미타불토를 보여주시니, 마음이 매우 기뻐서 속으로 생각하며 말하기를, '나는 더욱 더 많은 선을 행하면 금생에 아미타불국에 왕생한다는 것을 알지 못했음을 후회하노라.' 고 하였다. 그러나 다만 생각뿐이요 입으로는 다시 말을 할 수가 없었다. 곧 스스로 잘못을 뉘우친 이는 의심이 차츰 덜해져 후회가 없어지나니, 그 사람이 죽어 곧 아미타불국에 태어났다. 지름길에 이르지는 못했으나 이천 리 칠보성을 보고 마음이 유독 기쁘고 즐거워 문득 그 가운데 머무르고 또 다시 칠보의 연못에 핀 연꽃 가운데 화생하여 곧 자연히 몸을 받는다. 그 성에서 자라니 마치 도리천 위의 자연물과 같았다. 그 사람이 또 다시 성 안에서 오백 세를 마치고 아미타불 처소에 태어나니 마음이 매우 기뻤다. 그 사람이 경을 들었으나 마음으로 깨닫지 못하였으니, 기쁘고 즐겁지 않았으며 지혜가 밝지 못하였다. 조금 경을 알게 됨에 살고 있는 사택이 땅에 있을 수 없다고 여겨 마음대로 높고 크게 해서 허공중에 있게 하고는 다시 아미타불께 갔으나 너무 멀어서 가까이 갈 수가 없었다. 그 사람이 오랜 시간이 지난 뒤에 지혜가 열려 분명히 경을 알게 되니 마음이 기쁘고 즐거웠다. 다음으로 위와 같은 것이 한 무리가 되니 어째서인가? 모두가 전세의 숙명 때문이니 도를 구할 때 참회하는 도중에 여우처럼 의심을 품어 잠깐 믿었다가 곧 믿지 않았으며 선을 행하면 그 복덕 얻음을 믿지 않았으니 모두가 자연히 얻은 것일 따름이다."라고 하셨습니다.

오늘 대중이여, 『무량수경』에서 말한 대로 왕생하는 수행의 문을 구하였으니, 다같이 지극한 마음으로 오체투지하고 세간의 대자대비하신 부처님께 귀의합니다. (반배)

지심귀명례 **교주석가모니불** 敎主釋迦牟尼佛
지심귀명례 **서방아미타불** 西方阿彌陀佛
지심귀명례 **당래미륵불** 當來彌勒佛
지심귀명례 **다문해불** 多聞海佛
지심귀명례 **지화불** 持華佛
지심귀명례 **불수세불** 不隨世佛

지심귀명례 **희중불** 喜衆佛

지심귀명례 **공작음불** 孔雀音佛

지심귀명례 **불퇴몰불** 不退沒佛

지심귀명례 **단유애구불** 斷有愛垢佛

지심귀명례 **위의제불** 威儀濟佛

지심귀명례 **제천유포불** 諸天流布佛

지심귀명례 **보보불** 寶步佛

지심귀명례 **화수불** 華手佛

지심귀명례 **위덕불** 威德佛

지심귀명례 **파원적불** 破怨賊佛

지심귀명례 **부다문불** 富多聞佛

지심귀명례 **묘국불** 妙國佛

지심귀명례 **화명불** 華明佛

지심귀명례 **사자지불** 師子智佛

지심귀명례 **월출불** 月出佛

지심귀명례 **멸암불** 滅闇佛

지심귀명례 **무동불** 無動佛

지심귀명례 **차제행불** 次第行佛

지심귀명례 **복덕등불** 福德燈佛

지심귀명례 **음성치불** 音聲治佛

지심귀명례 **교담불** 憍曇佛

지심귀명례 **세력불** 勢力佛

지심귀명례 **신심주불** 身心住佛

지심귀명례 **선월불** 善月佛

지심귀명례 **각의화불** 覺意華佛

지심귀명례 **상길불** 上吉佛

지심귀명례 **선위덕불** 善威德佛

지심귀명례 **지력덕불** 智力德佛

지심귀명례 **선등불** 善燈佛

지심귀명례 **견행불** 堅行佛

지심귀명례 **천음불** 天音佛

지심귀명례 **안락불** 安樂佛

지심귀명례 **일면불** 日面佛

지심귀명례 **낙해탈불** 樂解脫佛

지심귀명례 **계명불** 戒明佛

지심귀명례 **주계불** 住戒佛

지심귀명례 **무구불** 無垢佛

지심귀명례 **문수보현양대보살** 文殊普賢兩大菩薩

지심귀명례 **관음세지양대보살** 觀音勢至兩大菩薩

지심귀명례 **청정대해중보살** 淸淨大海衆菩薩

또 다시 이와 같은 시방 진허공계의 모든 삼보와 한량없는 현성께 귀의합니다. (반배)

오늘 대중이라 함은 『감로소』에서 이르기

를 "말을 잘하여 타이르거나 달래서 마음으로 환희하는 이들이다."라고 하였고, 『사분율四分律』에서, "병든 사람을 위해 설법하여 그로 하여금 환희케 한 것이다."라고 하였고, 『십송률十誦律』에 이르기를, "병든 사람을 따라 응하여 먼저 배우고 익힌 것으로써 부처님을 찬탄케 하여 헐뜯거나 본래의 착한 마음에서 물러나지 못하게 함이다."라고 했고, 『수원왕생경』에 이르기를, "부처님께서 보광보살과 사배四輩와 제자들에게 고하시되 죽음이 가까워진 날에 서방의 부처님 국토에 태어나기를 원하는 사람은, 먼저 마땅히 몸을 씻고 깨끗한 옷을 입고서 여러 가지 이름난 향을 사르고 비단번과 일산을 매달며 삼보를 찬탄하고 존귀한 경전을 읽고 외워라."

하셨고, 병든 사람을 위하여 인연·비유와 교묘한 말로써 미묘한 경전의 의미를 설하되, "허공도 실체가 아니며 사대도 거짓으로 합하여져 있는 것이라 마음이 원하는 바에 따라 얻지 못할 과가 없느니라."하시고, 또, "마음으로 불상을 인연한 자는 괴로움이 없는 것과 같고, 마음이 밝은 자는 진짜 부처님의 몸과 모습의 좋은 빛을 인연케 하여 고통이 줄어들게 되는 것 같으며, 마음이 어지러운 자는 불상을 모시고 입으로 부처님의 명호를 부르게 하라."고 하셨습니다.

『준서역기원사도准西域祇園寺圖』에 따르면 "절의 서북쪽 모퉁이 햇빛이 지는 곳이 무상원無常院이니, 만약 병자가 있으면 모시어 그 안에 살게 하고 당호를 무상이라 하라. 다생겁 동안에 세상을 싫어하여 떠나는 중생을 극진히 하여, 그 당 안에 한 분의 아미타불상을 안치하고 금으로 얇게 칠하여 불상을 동쪽으로 향하게 하고 마땅히 병든 사람을 불상 앞에 앉혀 두어야 한다.

만약에 힘이 없다면 병든 사람을 눕게 하고 얼굴이 서쪽을 향하게 하여 부처님 상호를 보게 하고, 그 불상의 손 안에 한 폭의 오색 비단을 매어 병든 사람의 손으로 그 깃발을 잡게 하면, 곧 정토에 왕생하려는 뜻을 일으킨다. 불상 앞에 향을 사르고 꽃을 뿌리며 공양을 올리고, 병든 사람이 착한 마음을 일으켜 열심히 십념을 불러 소리마다 끊어지지 않도록 큰 소리로 염불케 하여 소리에 의지해 마음을 묶어 산란하지 않게 해야 한다.”고 말하였습니다.

그러므로 『대집경』·『대장엄론』에서 모두 다음과 같이 말하였습니다. “큰 소리로 염불하면 열 가지 공덕이 있으니, 첫째는 졸음을 물리칠 수 있는 것이요, 둘째는 천마가 놀라 두려워하는 것이요, 셋째는 소리가 시방에 두루하는 것이요, 넷째는 삼도가 고통을 쉬는 것이요, 다섯째는 바깥의 소리가 들어오지 못하는 것이요, 여섯째는 염불하는 마음이 산란해지지 않는 것이요, 일곱째는 용맹정진하는 것이요, 여덟째는 모든 부처님께서 기뻐하시는 것이요, 아홉째는 삼매가 앞에 나타나는 것이요, 열째는 정토에 왕생하는 것이다.

그러므로 염불은 네 가지 위의에 통하고 수

승함과 열등함을 묶어서 상하를 삼으니, 행함 · 머무름 · 좌정은 상이 되고 눕는 것은 하가 되며, 목욕하고 새옷으로 갈아 입고 세수하고 양치질하고 향을 살라 반연하는 마음을 쉬고 고요히 앉아 부처님께 합장하고 염불을 계속하는 것이 상이 되고 이것과 반대로 하는 것은 하가 되며, 또 정념이 상이 되고 흩어진 마음으로 염불하는 것은 하가 된다.

또 두 가지가 있으니 하나는 아직 명이 다하지 않았을 때에 염불하되 혹 정념定念으로 하거나, 혹 산심散心으로 하거나 용이하게 인연을 섭렵하는 것이고, 두 번째는 임종에 닥쳐 염불하되 모든 반연을 끊고 일심으로 오로지 해야 하나니, 만약에 마음과 경계가 어긋난다면 잘못되어 잃게 된다. 그러므로 십념이라 한다."고 하였습니다.

오늘 도량에 모인 드러나거나 드러나지 않은 대중들은 마음과 귀를 잘 모으고 지성으로 자세히 들으십시오. 『경교략』에서 말하였습니다. "지옥 등 삼악도에 떨어진 중생들 가운데, 어떤 한 죄인이 세상에 있을 때에 일찍이 『아미타왕생경』의 가르침을 읽었는데, 점차로 숙명의 인연과 과보를 알고 광명을 보게 되자, 그 사람은 마음 속으로 가만히 생각하되, '우리들이 괴로움을 받는 것은 모두가 전생에 지은 여러 가지 죄업으로 인한 것이다. 삼도 가운데서 무수한 세월과 어둡고 아득한 긴 밤을 지냈으나 이러한 빛이 없더니, 이것은 반드시 서방극락 아미타불께서 놓으신 광명이라 나를 구하여 건지고

자 하신 것이라' 고 생각하였다.

마침내 대중을 향하여 말하기를, "우리들이 세상을 살아갈 때에 지은 죄업이 매우 무겁고 경의 가르침을 알지 못하였으며, 바른 법을 알지 못하여 사악하고 전도된 견해를 믿어 어지럽고 어두워졌으니, 그로 인해 이 괴로움을 받아 벗어날 길이 없었으나, 우리들은 다행히도 이 빛을 볼 수 있는 기회를 만났으니, 내가 지성으로 아미타불 명호를 염함에 따라 이 고통을 벗어날 수 있다."고 하니 모든 죄인들이 이 말을 듣고 나서 광명을 우러러 예를 표하고 소리내어 모두 나무 아미타불을 염하였다.

이와 같은 뜻과 마음으로 소리가 끊어지지 않게 하고 십념을 모두 갖추었다. 그러나

명관冥官과 옥리獄吏가 염불을 못하도록 막지 못하였고 우두옥졸도 변하여 착한 사람이 되니, 눈 깜짝할 사이에 칼과 쇠사슬이 풀어지고 아미타불께서 가까이 이끄시어 공중에 올라 떠나가니 모두가 서방정토에 왕생하게 되었다.

또 『무량수경』에서 말씀하셨습니다. "저 부처님의 광명에는 열두 가지의 호칭이 있으니 무량광불 · 무변광불 · 무애광불 · 무대광불 · 염왕광불 · 청정광불 · 환희광불 · 지혜광불 · 부단광불 · 난사광불 · 무칭광불 · 초일월광불이다.

저 부처님의 광명은 시방의 나라를 비추어 걸리고 막힘이 없으니, 만약에 어떤 중생이 이 빛을 만나게 된다면 삼세의 번뇌가 녹아 없어져 몸과 마음이 부드러워지고, 기뻐서 어쩔 줄 몰라하며 착한 마음을 일으킬 것이다. 만약에 삼악도의 고통스러운 곳에 있다가 이 광명을 본다면 모두가 휴식을 얻을 것이고, 목숨이 다한 후에는 모두 해탈함을 받게 될 것이다."

오늘 도량에 모인 드러나거나 드러나지 않은 대중이여, 거듭 지성으로 마음을 하나로 하여 자세히 들으십시오.

『아미타경교직결락』에서 말하였습니다.

"만약 어떤 중생이 새로 교화를 얻음이 없어서 이미 지옥과 아귀·축생의 삼악도 등에 떨어졌는데, 악업이 깊고 중하여 부처님의 광명을 만나지 못하더니 어떤 한 사람이 큰 소리로 외쳐 말하기를, "여러 죄인들은 두려워하지 말라. 내가 숙명을 기억해 보건대 인간 세상에 있을 때에 일찍이 『아미타도생경』의 가르침과 정토에 왕생하는 『직결법문』을 읽었는데, 다음과 같이 분명히 광설하였다.

'만약에 어떤 사람이 죽을 때에 합장하고 서쪽을 향하여 지심으로 나무아미타불 여섯 자의 명호를 염불하면 한 소리에 팔십억 겁 동안의 중죄가 없어지고, 십성에 팔백억 겁 동안의 생사중죄와 천 겁 동안에 지은 생사중죄가 없어지리니 십념이 구족하면 다 없어져서 남아있는 것이 없게 된다. 아미타불께서 반드시 여러 성중들을 거느리고 친히 영접하러 오시리라. 만약 원과 같지 아니하면 맹세코 성불하지 못하였을 것이다.'"라고 하였습니다.

또 인행 가운데 법장비구가 되었을 때 초발원게初發願偈에 말하기를, '내가 성불할 때에 이르러 이름이 시방세계 밖으로 퍼져가니, 사람과 하늘이 듣고는 기뻐하여 모두 나의 국토에 와서 태어나나니, 지옥과 아귀 축생도 또한 나의 국토 가운데 태어났느니라.' 고 하였습니다.

옛날에 법장 비구가 성불하여 아미타불이 되어 원에 보답하여 중생들을 제도하니 오늘이 바로 이때입니다. 우리들이 죽어서 삼악도에 떨어졌으나, 오직 서방 아미타불께서 천안으로써 나를 보시고 천이로써 내 말을 들으시며 타심으로써 나를 아시므로 대자대비로 본래의 서원을 어기지 마시고 우리들을 가까이 이끄시어 괴로움을 벗어나 즐거움을 얻고 속히 정토에 태어나게 해주시기를 원해야 합니다. 부처님 말씀은 의지할 수 있으니 결코 거짓됨이 없습니다.

이때에 죄인들은 괴로움에 핍박 당하나 용맹심을 내어 비오듯 눈물을 쏟으며 이구동성으로 한결같이 나무아미타불을 염하니, 십성을 모두 갖추었습니다. 또 다시 예배하여 미처 고개를 들기도 전에 아미타불께서 앞에 나타나시니, 모든 죄인들의 칼과 쇠사슬이 풀어지고 부처님의 원력에 힘입어 교화에 따라 부처님을 따르니, 한 생각 사이에 곧 극락세계에 왕생하였다."고 하였습니다.

『무량수장엄경』 상권에서 말씀하셨습니다. "아미타불

께서 옛날에 서원을 발하시어 말씀하시기를, '보리를 증득하여 부처님 국토에 살며, 무량 불가사의한 공덕장엄을 모두 갖추어 모든 중생들과 염마라계의 삼악도 가운데 지옥과 아귀 · 축생들이 모두 나의 국토에 태어나 나의 법의 교화를 받아 한 생에 아뇩다라삼먁삼보리에 이르도록 하리라.' 고 하셨습니다."

오늘 이 도량의 동업대중이여, 널리 모두 받들어서 드러나거나 드러나지 않은 왕생을 수행하는 이들은 하나같이 간절하게 지극한 마음으로 오체투지하고 세간의 대자대비하신 부처님께 귀의합니다. (반배)

지심귀명례 **교주석가모니불** 教主釋迦牟尼佛

지심귀명례 **서방아미타불** 西方阿彌陀佛

지심귀명례 **당래미륵불** 當來彌勒佛

지심귀명례 **견출불** 堅出佛

지심귀명례 **안사나불** 安闍那佛

지심귀명례 **증익불** 增益佛

지심귀명례 **향명불** 香明佛

지심귀명례 **위람명불** 違藍明佛

지심귀명례 **염왕불** 念王佛

지심귀명례 **밀발불** 蜜鉢佛

지심귀명례 **무애상불** 無礙相佛

지심귀명례 **신계불** 信戒佛

지심귀명례 **지묘도불** 至妙道佛

지심귀명례 **낙실불** 樂實佛

지심귀명례 **명법불** 明法佛

지심귀명례 **구위덕불** 具威德佛

지심귀명례 **지적멸불** 至寂滅佛

지심귀명례 **상자불** 上慈佛

지심귀명례 **대자불** 大慈佛

지심귀명례 **감로주불** 甘露主佛

지심귀명례 **미루명불** 彌樓明佛

지심귀명례 **성찬불** 聖讚佛

지심귀명례 **광조불** 廣照佛

지심귀명례 **문수보현양대보살** 文殊普賢兩大菩薩

지심귀명례 **관음세지양대보살** 觀音勢至兩大菩薩

지심귀명례 **청정대해중보살** 淸淨大海衆菩薩

또 다시 이와 같은 시방 진허공계의 모든 삼보와 한량없는 현성께 귀의합니다. (반배)

오늘 이 도량의 동업대중이 왕생하는 수행문을 일으킨 공덕으로, 오직 원하옵건대 아비지옥의 무쇠성이 즉시로 무너져 모두 정토가 되어 악도의 이름이 없어지고, 그 나머지 지옥의 모든 고통을 주는 도구들이 변하여 즐거운 인연이 되며, 칼산의 칼나무가 변하여 보배숲이 되며, 끓는 가마솥과 불타는 화로가 변하여 도루바향이 되며, 우두옥졸이 모두 자비심을 일으키고, 더 이상 나쁜 생각이 없는 지옥의 중생들이 괴로움을 떠나게 되어 악업의 원인을 짓지 않으며, 똑같이 안락함을 받아 제삼선第三禪과 같게 되고 동시에 모두 위없는 도의 마음을 내어 속히 극락세계에 귀의하기를 원합니다.

또 바라옵건대 사생과 육도의 모든 중생들이 악도의 고통스러움을 생각하여 보리심을 일으켜 모두 정토에 태어나 마땅히 정각 이루기를 원하옵니다.

10. 모두 부처님께 예를 올림

오늘 이 도량의 동업대중이여, 앞에서 설하신 왕생을 구하는 수행문으로 스스로를 이롭게 하였으니, 다음은 모두 부처님께 예를 올리고 오직 남을 이롭게 하여야 합니다.

총체적으로 예불이라는 것은 보현보살의 열 가지 원 중에 모든 부처님께 예경하는 것이 처음이고 천친보살의 사수四修 가운데 부처님께 귀의가 으뜸이 되니, 그러므로 우리 세존께서 자비의 원이 무겁고 희사심이 더하시어 서방을 지시하시고 정토업을 닦기를 권하시며, 수명과 광명의 무량함을 드러내시고 의보와 정보의 불가사의함을 밝히시니, 다른 경전에서 모두 다 광설을 남기시고 거듭 한결같이 칭찬하셨습니다.

그러므로 하늘과 사람들이 함께 우러르고 범부와 성인이 다같이 돌아갈 곳입니다. 대개 자신을 이롭게 하고 남을 이롭게 하여, 산 사람도 이익케 하고 죽은 이도 이익케 하는 보살심으로 여러 부처님의 국토를 장엄하게 됩니다.

진실로 마땅히 용맹스럽게 일체 드러나거나 드러나지 않은 육도와 사생의 한량없는 유정들을 대신하여, 다같이 지극한 마음으로 오체투지하고 세간의 대자대비하신 부처님께 귀의합니다. (반배)

일심으로 과거의 구원겁 중의 부처님께 공경정례합니다.

지심귀명례 **정광불** 定光佛

지심귀명례 **일광불** 日光佛

지심귀명례 **월광불** 月光佛

지심귀명례 **전단향불** 栴檀香佛

지심귀명례 **사바교주석가모니불**
娑婆教主釋迦牟尼佛

지심귀명례 **세자재왕불** 世自在王佛

지심귀명례 **서방아미타불** 西方阿彌陀佛

지심귀명례 **조성왕생 약사유리광불**
助成往生藥師瑠璃光佛

지심귀명례 **육방제불** 六方諸佛

일심으로 동방세계의 여러 부처님께

공경정례합니다.

지심귀명례 **아촉비불** 阿閦鞞佛

지심귀명례 **수미상불** 須彌相佛

지심귀명례 **대수미불** 大須彌佛

지심귀명례 **수미광불** 須彌光佛

지심귀명례 **묘음불** 妙音佛

일심으로 남방세계의 여러 부처님께 공경정례합니다.

지심귀명례 **일월등불** 日月燈佛

지심귀명례 **명문광불** 名聞光佛

지심귀명례 **대염견불** 大談肩佛

지심귀명례 **수미등불** 須彌燈佛

지심귀명례 **무량정진불** 無量精進佛

일심으로 서방세계의 여러 부처님께 공경정례합니다.

지심귀명례 **무량수불** 無量壽佛

지심귀명례 **무량상불** 無量相佛

지심귀명례 **무량당불** 無量幢佛

지심귀명례 **대광불** 大光佛

지심귀명례 **대명불** 大明佛

지심귀명례 **보상불** 寶相佛

지심귀명례 **정광불** 淨光佛

일심으로 북방세계의 여러 부처님께 공경정례합니다.

지심귀명례 **염견불** 燄肩佛

지심귀명례 **최승음불** 最勝音佛

지심귀명례 **난저불** 難沮佛

지심귀명례 **일생불** 日生佛

지심귀명례 **망명불** 網明佛

일심으로 하방세계의 여러 부처님께 공경정례합니다.

지심귀명례 **사자불** 師子佛

지심귀명례 **명문불** 名聞佛

지심귀명례 **명광불** 名光佛

지심귀명례 **달마불** 達摩佛

지심귀명례 **법당불** 法幢佛

지심귀명례 **지법불** 持法佛

일심으로 상방세계의 여러 부처님께 공경정례합니다.

지심귀명례 **범음불** 梵音佛

지심귀명례 **수왕불** 宿王佛

지심귀명례 **향상불** 香上佛

지심귀명례 **향광불** 香光佛

지심귀명례 **대염견불** 大燄肩佛

지심귀명례 **잡색보화엄신불** 雜色寶華嚴身佛

지심귀명례 **사라수왕불** 娑羅樹王佛

지심귀명례 **보화덕불** 寶花德佛

지심귀명례 **견일체의불** 見一切義佛

지심귀명례 **여수미산불** 如須彌山佛

이와같이 육방의 수없는 부처님들이 각각 그 세계에서 삼천대천세계에 두루 미치도록 진실한 말씀으로 법을 설하십니다. 너희 중생들은 '불가사의한 공덕의 칭찬', '모든 부처님이 한결같이 보호함' 이라고 하는 이 법문을 믿으라고.

일심으로 극락세계의 문수사리보살과

보현보살과 여러 보살님께
공경정례합니다. (일배)

일심으로 극락세계의 관세음보살·
대세지보살·미륵보살과 여러 보살님께
공경정례합니다. (일배)

일심으로 극락세계에 계시는
일생보처의 여러 대보살님께
공경정례합니다. (일배)

일심으로 극락세계의 마명보살·
용수보살과 여러 보살님께
공경정례합니다. (일배)

일심으로 극락세계의 아비발치보살
님께 공경정례합니다. (일배)

일심으로 극락세계의 신발의보살님과
시방내생정토의 일체 청정대해중보살님
께 공경정례합니다. (일배)

일심으로 극락세계의 장로사리불과
마하목건련과 마하가섭 등
여러 대성문과 모든 현성께
공경정례합니다. (일배)

일심으로 범석사왕梵釋四王과 금강천金剛天 등
여러 호법대중께 공경정례합니다. (일배)

오늘 이 도량의 동업대중은 오늘의 참회하고 발심하여 예불한 공덕이 널리 시방 진허공계의 모든 천주와 제천과 범왕·제석·세간을 보호하는 사천왕과 일월성신·주방신主方神·주화신主火神·주가신主稼神·주림신主林神 등과 각각의 권속들에게 미치기를 원하며, 또 난타 용왕과 발란타 용왕 등에게 미치기를 원하며, 또 아수라왕과 각각의 권속들에게 미치기를 원하며, 또 팔도의 모든 어진 왕과 신하와 백성·장수 및 그 권속들에게 미치기를 원하며, 또 시방의 비구와 비구니·식차마나·사미·사미니 및 그 권속들에게 미치기를 원하며, 또 염라왕계와 모든 지옥도·아귀도·축생도의 모든 중생들 및 그 권속들에게 미치기를 원하며, 또 시방세계와 허공계가 다하고 미래제가 다하도록 크거나 작거나 간에 일체의 중생들과 그 권속들에게 미치기를 원합니다.

오늘 부처님께 예배드린 공덕과 인연으로 모두 삼업이 청정해져 보리심을 발하여 해탈의 도를 증득하게 하시옵소서.

저희 ○○ 등이 아미타불의 큰 서원력과, 여러 대보살들과 모든 현성들이 닦으신 원력과, 무량하고 무진한 지혜의 힘과 공덕력, 자재한 신통력, 중생을 덮어 보호하는 힘, 중생을 안위하는 힘, 제천과 여러 선인의 번뇌를 다하는 힘, 모두를 섭화하는 선근력, 지옥의 중생들을 구제하는 힘, 모든 아귀들을 구제하는 힘, 모든 축생도를 벗어나게 하는 힘을 계승하여 여러 중생들로 하여금 이와같은 원을 얻게 하옵소서.

저희 ○○ 등이 처음 삼보에 귀의함으로부터 부처님께 예배드릴 때까지의 공덕과 선근의 훌륭한 인연으로 여러 중생들로 하여금 소원한 대로 얻게 하옵소서.

저희 ○○ 등이 또한 삼세의 제불과 서방 아미타불의 대자대비의 힘과 시방 제불의 대자대비하신 힘과 육방 제불의 대비심의 힘과 삼십오불의 번뇌를 없애시는 힘과 오십삼 불의 마귀를 항복시키는 힘과, 백칠십 부처님의 중생들을 제도하시는 힘과, 천부처님이 여러 중생들을 섭수하시는 힘과, 아흔 아홉이 모두 해탈하여 성불한 힘과, 관세음보살과 보현보살이 유통한 참법의 힘을 이어서 여러 중생들로 하여금 소원하는 대로 모두 얻게 하시옵소서.

오늘 이 도량의 동업대중이여, 이와 같이 널리 시방법계의 사생과 육도를 위하여 성인이거나 범부이거나 숨었거나 드러나거나 간에 모든 권속과 한량없는 중생들이 모두 부처님께 예배드렸으니, 다같이 지극한 마음으로 오체투지하고 세간의 대자대비하신 부처님께 귀의합니다. (반배)

지심귀명례 **교주석가모니불** 教主釋迦牟尼佛
지심귀명례 **서방아미타불** 西方阿彌陀佛
지심귀명례 **당래미륵불** 當來彌勒佛
지심귀명례 **위덕불** 威德佛
지심귀명례 **견명불** 見明佛
지심귀명례 **선행보불** 善行報佛

지심귀명례 **선희불** 善喜佛

지심귀명례 **무우불** 無憂佛

지심귀명례 **보명불** 寶明佛

지심귀명례 **위의불** 威儀佛

지심귀명례 **낙복덕불** 樂福德佛

지심귀명례 **공덕해불** 功德海佛

지심귀명례 **진상불** 盡相佛

지심귀명례 **단마불** 斷魔佛

지심귀명례 **진마불** 盡魔佛

지심귀명례 **과쇠도불** 過衰道佛

지심귀명례 **불괴의불** 不壞意佛

지심귀명례 **수왕불** 水王佛

지심귀명례 **정마불** 淨魔佛

지심귀명례 **중상왕불** 衆上王佛

지심귀명례 **애명불** 愛明佛

지심귀명례 **보리상불** 菩提相佛

지심귀명례 **지명불** 智明佛

지심귀명례 **문수보현양대보살** 文殊普賢兩大菩薩

지심귀명례 **관음세지양대보살** 觀音勢至兩大菩薩

지심귀명례 **청정대해중보살** 淸淨大海衆菩薩

또 다시 이와 같은 시방 진허공계의 모든 삼보와 한량없는 현성께 귀의합니다. (반배)

오늘 이 도량의 동업대중은 다같이 지극한 마음으로 오체투지하여 사은四恩과 삼유三有를 받들고, 법계의 중생들에게 지극한 마음으로 회향합니다.

오늘부터 정각의 도량에 앉을 때까지 모든 죄장이 다 청정해지고 모든 번뇌가 다 끊어지며, 모든 공덕이 다 원만해져서 원하는 대로 서방의 정토에 왕생하게 되며, 보리행원이 모두 다 이루어지고 복덕과 지혜의 자량이 모두 다 갖추어지며, 사무량심과 육바라밀이 항상 앞에 나타나며 사무애지와 육신통력이 뜻대로 자재하며, 수능엄삼매에 머무르고 금강신을 얻어 본래의 서원을 버리지 아니하고 중생들을 제도하여, 다함께 정토에 태어나 모두 불도를 이루게 하소서.

〈제 9권 끝〉

〈주註〉

사대四大 ___ 일체의 물질을 이루고 있는 지地, 수水, 화火, 풍風의 네 가지 원소인데, 인간의 몸도 이 4대로 이루어졌다.

부처님의 광명 열두 가지의 호칭 ___ 무량광불無量光佛; 견줄 것이 없는 빛의 부처님, 염왕광불焰王光佛; 가장 활활 타오르는 빛의 부처님, 청정광불淸淨光佛; 맑고 깨끗한 빛의 부처님, 환희광불歡喜光佛; 기쁘고 즐거운 빛의 부처님, 지혜광불智慧光佛; 지혜의 빛의 부처님, 부단광불不斷光佛; 끊어지지 않는 빛의 부처님, 난사광불難思光佛; 생각할 수 없는 빛의 부처님, 무칭광불無稱光佛; 무어라 부를 수 없는 빛의 부처님, 초일월광불超日月光佛; 햇빛과 달빛보다도 더 밝은 빛의 부처님

의정依正 ___ 의보依報와 정보正報로 의보는 우리가 사는 국토를 말하며, 정보는 우리의 몸을 말한다.

자량資糧 ___ 불도를 수행하는데 있어 양식이 되는 선근 공덕을 말한다. 마치 인간이 이 몸을 유지하기 위해 음식[식량]이 필요하듯 불과를 성취하기 위해서는 반드시 복덕과 지혜의 자량이 있어야 한다.

제 10 권

아미타참법 제10권

11. 스스로 경축함

오늘 이 도량의 동업대중이여, 앞에서 부처님께 예를 드리기를 마치고 여러 중생들과 함께 모두 해탈의 수기를 받았으니 과거의 사람들은 이미 왕생하였고, 현재의 사람들은 마땅히 왕생할 것이며, 미래의 사람들은 이 수행에 의지하여 또한 왕생할 것입니다. 이제 마땅히 스스로 경축하고 함께 뛸듯이 기뻐해야 할 것이니, 다같이 지극한 마음으로 오체투지하고 세간의 대자대비하신 부처님께 귀의합니다. (반배)

지심귀명례 **교주석가모니불** 敎主釋迦牟尼佛

지심귀명례 **세자재왕불** 世自在王佛

지심귀명례 **서방아미타불** 西方阿彌陀佛

지심귀명례 **팔십사구지불** 八十四俱胝佛

지심귀명례 **서남방현재일체제불** 西南方現在一切諸佛

지심귀명례 **최상일광명칭공덕불** 最上日光名稱功德佛

이와 같은 항하사수 부처님께서는 서남방에 머무시면서 광장설로 불토의 공덕을 찬탄하시고 법문을 섭수하십니다.

지심귀명례 **문수보현양대보살** 文殊普賢兩大菩薩

지심귀명례 **관음세지양대보살** 觀音勢至兩大菩薩

지심귀명례 **청정대해중보살** 淸淨大海衆菩薩

또 다시 이와 같은 시방 진허공계의 모든 삼보와 한량없는 현성께 귀의합니다. (반배)

오늘 대중들이 만약에 스스로 기뻐할 줄 안다면 마땅히 세간을 벗어나고자 하는 마음을 닦아야 합니다.

무엇이 스스로 기뻐함인가?

부처님께서는 "지옥보는 면하기 어려운 것이다."라고 말씀하셨으나 우리들은 이미 이 지옥고를 면하고 여의게 되었으니, 이것이 첫 번째 스스로 기뻐함입니다.

아귀보는 벗어나기 어려우나 우리들은 이미 통절히 아귀고를 멀리 여의게 되었으니, 이것이 두 번째 스스로 기뻐함입니다.

축생보는 버리기 어려운 것이나 우리는 이미 그 축생보를 받지 않게 되었으니, 이것이 세 번째 스스로 기뻐함입니다.

중생들이 변방의 땅에 살고 있으면 인의를 알기 어려우나, 우리는 이미 도와 법이 널리 행해지는 나라에 태어나 신묘한 가르침을 몸소 잇게 되었으니, 이것이 네 번째 스스로 기뻐함입니다.

우리들이 오래 살기도 하고 일찍 죽기도 하면서 복덕 지을 줄 몰랐으나 우리는 이미 또 다시 복덕의 씨앗을 심었으니, 이것이 다섯 번째 스스로 기뻐함입니다.

사람의 몸은 얻기 어려워 한 번 잃으면 돌이킬 수 없으나, 우리는 이미 각각 사람의 몸을 얻었으니, 이것이 여섯 번째 스스로 기뻐함입니다.

육근이 갖추어지지 않으면 선근에 나아갈 수 없으나, 우리는 육근이 청정하여 깊은 법문을 얻었으니, 이것이 일곱 번째 스스로 기뻐함입니다.

세상을 뛰어넘는 지혜는 돌이켜 이루기가 어려우나, 우리는 일심으로 정법에 돌아가 의지하였으니, 이것이 여덟 번째 스스로 기뻐함입니다.

부처님께서, "부처님 뵙는 것은 어려운 일이라."고 말씀하셨으나, 우리는 이미 부처님의 거룩한 상호를 우러러 대하였으니, 이것이 아홉 번째 스스로 기뻐함입니다.

부처님께서, "법을 듣는 것은 또한 어렵다."고 말씀하셨으나, 우리는 이미 정법의 감로를 먹고 마셨으니, 이것이 열 번째 스스로 기뻐함입니다.

부처님께서, "출가는 어려운 일이라."고 말씀하셨으나 우리는 이미 어버이를 하직하고 애욕을 끊어 버리고 도에 들어가 의지하였으니, 이것이 열한 번째 스스로 기뻐함입니다.

부처님께서, "자신을 이롭게 하기는 쉽고, 다른 사람을 이롭게 하기는 어렵다."고 말씀하셨으나, 우리는 오늘 널리 시방 중생들을 위하여 한 번 절하고 한 번 예를 드렸으니, 이것이 열두 번째 스스로 기뻐함입니다.

부처님께서, "기꺼이 괴로움을 참는 것은 막기 어렵다."고 말씀하셨으나, 우리는 오늘 각자 애써서 지은 공덕을 자신을 위하지 않으니, 이것이 열세 번째 스스로 기뻐함입니다.

부처님께서, "읽고 외우기는 어려운 일이라."고 말씀하셨으나, 우리들 대중이 함께 읽고 외우니, 이것이 열네 번째 스스로 기뻐함입니다.

좌선은 어려운 일인 데도 이제 호흡과 마음이 안정됨을 보니, 이것이 열다섯 번째 스스로 기뻐함입니다.

다같이 지극한 마음으로 뛸듯이 기뻐하고 오체투지하여 세간의 대자대비하신 부처님께 귀의합니다. (반배)

지심귀명례 **교주석가모니불** 教主釋迦牟尼佛

지심귀명례 **서방아미타불** 西方阿彌陀佛

지심귀명례 **당래미륵불** 當來彌勒佛

지심귀명례 **선적불** 善寂佛

지심귀명례 **범명불** 梵命佛

지심귀명례 **지희불** 智喜佛

지심귀명례 **신상불** 神相佛

지심귀명례 **여중왕불** 如衆王佛

지심귀명례 **지지불** 持地佛

지심귀명례 **애일불** 愛日佛

지심귀명례 **나후월불** 羅睺月佛

지심귀명례 **화명불** 華明佛

지심귀명례 **약사불** 藥師佛

지심귀명례 **지세력불** 持勢力佛

지심귀명례 **복덕명불** 福德明佛

지심귀명례 **희명불** 喜明佛

지심귀명례 **호음불** 好音佛

지심귀명례 **법자재불** 法自在佛

지심귀명례 **범음불** 梵音佛

지심귀명례 **문수보현양대보살** 文殊普賢兩大菩薩

지심귀명례 **관음세지양대보살** 觀音勢至兩大菩薩

지심귀명례 **청정대해중보살** 淸淨大海衆菩薩

또 다시 이와 같은 시방 진허공계의 모든 삼보와 한량없는 현성께 귀의합니다. (반배)

오늘 대중이여, 위에서 설한 열다섯 가지는 세간에 있을 때 정토에 태어나기를 구하는 인을 닦는 기쁨이거니와, 다음의 열다섯 가지는 세간을 벗어나 정토에 왕생하는 기쁨임을 마땅히 알아야 합니다.

대중들은 각자 지극한 정성으로 마음을 모으고 자세히 들으십시오.

부처님께서 말씀하시기를, "이 가르침은 만나기도 어렵고 믿기도 어려우며 알기도 어렵다."고 하셨으나, 이제 이 가르침을 만나 쉽게 믿고 알았으니, 이것이 열여섯 번째 스스로 기뻐함입니다.

부처님께서 말씀하시기를, "전생에 이 가르침을 만나지 못했기 때문에 삼계육도의 생사윤회를 벗어나지 못했다."고 하셨으나, 이제 이 가르침을 만나 현생에 결정코 삼계육도의 생사윤회를 곧 바로 벗어나리니, 이것이 열일곱 번째 스스로 기뻐함입니다.

부처님께서 말씀하시기를, "중생들은 오

탁악세에 장애가 두텁고 복이 얇아 비록 이 가르침을 만나더라도 미혹되어 읽지 못하고 알아도 행하지 못할 것이다."고 하셨으나, 이제 이 가르침을 만나 알아서 실천할 수 있으니, 이것이 열여덟 번째 스스로 기뻐함입니다.

부처님께서 말씀하시기를, "이 가르침을 알지 못하고 많은 잡다한 선을 닦으면 결정심이 없어 윤회를 벗어나지 못한다."고 하셨으나, 오늘 이 가르침을 만나 오로지 하나의 염불행만을 닦아 반드시 윤회를 벗어나리니, 이것이 열아홉 번째 스스로 기뻐함입니다.

부처님께서 말씀하시기를, "선근이 없는 사람은 목숨이 다하려 할 때에 나쁜 경계를 많이 만나거나 혹은 나쁜 인연에 부딪치게 되니, 경법을 듣지 못하여 죄업에 끌려가 묶였기 때문이다. 슬피 울며 겁에 질려 지옥에 들어가니 구해주길 바래도 방법이 없다."고 하였으나, 이제 이 가르침을 입었으니 목숨이 다하려 할 때에 바로 좋은 인연을 만나고 착한 벗을 만날 것입니다. 또한 이 법을 닦을 것을 가르쳐 널리 연설하되 서방정토의 좋은 상승법을 하나하나 가리켜 펼쳐 놓으면, 모두 다 그 마음이 기쁘고 즐거워하여 왕생하기를 발원할 것입니다. 혹은 착한 벗에게 알려 열 번 염할 것을 가르치며, 혹은 스스로 열번 나무아미타불을 염하여 염불십성을 구족하면, 나쁜 경계가 곧 사라지고 좋은 경계가 앞에 나타나고 그 사람은 스스로 아미타불과 관음 · 세지 · 청정해중이 친히 마중하러 오심을 보며, 몸이 연화대에 앉거나 혹은 연꽃을 타고 부처님 뒤를 따라 정토에 왕생하리니, 이것이 스무 번째 스스로 기뻐함입니다.

이미 정토에 태어났으니 아홉 등급으로 칠보연못에 자연히 화생하여 청정한 몸을 이루어 어머니의 태로부터 태어나는 고통을 벗어나니, 이것이 스물한 번째 스스로 기뻐함입니다.

이미 정토에 태어나 몸이 진실로 금빛을 띄며 삼십이상을 갖추어 형모가 단정하여 추하고 비루함이 없으니, 이것이 스물두 번째 스스로 기뻐함입니다.

이미 정토에 태어나 여섯 가지 신통을 갖

추었으니 공중을 자유롭게 날아다니고 시방을 두루 돌아다니며 대불사를 행하니, 이것이 스물세 번째 스스로 기뻐함입니다.

이미 정토에 태어나 수명이 한량없어 부처님과 나란하여 다시 중도에 요절함이 없나니, 이것이 스물네 번째 스스로 기뻐함입니다.

이미 정토에 태어나 의식이 생각을 따르고 궁전이 몸을 따라 자연히 쾌락하고 칠보장엄의 모든 것이 구족하여 구하여 얻지 못함이 없으니, 이것이 스물다섯 번째 스스로 기뻐함입니다.

이미 정토에 태어나 걸림이 없는 변재를 갖추고 팔만사천 다라니문을 얻고 지혜가 명료하여 통달하지 않음이 없으니, 이것이 스물여섯 번째 스스로 기뻐함입니다.

이미 정토에 태어나 대보살인 관음과 세지와 더불어 훌륭한 벗이 되어 원망하고 증오함을 만나지 않으니, 이것이 스물일곱 번째 스스로 기뻐함입니다.

이미 정토에 태어나 하루 여섯 번 법을 들어서 무생인을 깨달으니, 이것이 스물여덟 번째 스스로 기뻐함입니다.

이미 정토에 태어나 다시 물러남이 없이 곧바로 부처를 이루리니, 이것이 스물아홉 번째 스스로 기뻐함입니다.

참는 힘을 성취하여 대원력의 배를 타고 바로 삼계로 와서 시방을 두루 돌아다니며, 생사의 바다에 빠져 있는 중생들을 제도하고 정토에 왕생케 하여 함께 아뇩다라삼먁

삼보리를 이루리니, 이것이 서른 번째 스스로 기뻐함입니다.

다 같이 지극한 마음으로 뛸듯이 기뻐하며 오체투지하고 세간의 대자대비하신 부처님께 귀의합니다. (반배)

지심귀명례 **교주석가모니불** 教主釋迦牟尼佛

지심귀명례 **서방아미타불** 西方阿彌陀佛

지심귀명례 **당래미륵불** 當來彌勒佛

지심귀명례 **선업불** 善業佛

지심귀명례 **의무류불** 意無謬佛

지심귀명례 **대시불** 大施佛

지심귀명례 **명찬불** 名讚佛

지심귀명례 **중상불** 衆相佛

지심귀명례 **덕유포불** 德流布佛

지심귀명례 **세자재불** 世自在佛

지심귀명례 **덕수불** 德樹佛

지심귀명례 **멸치불** 滅癡佛

지심귀명례 **무량불** 無量佛

지심귀명례 **선월불** 善月佛

지심귀명례 **무변변상불** 無變辯相佛

지심귀명례 **이타법불** 梨陀法佛

지심귀명례 **응공양불** 應供養佛

지심귀명례 **도우불** 度憂佛

지심귀명례 **낙안불** 樂安佛

지심귀명례 **세의불** 世意佛

지심귀명례 **애신불** 愛身佛

지심귀명례 **묘족불** 妙足佛

지심귀명례 **우발라불** 優鉢羅佛

지심귀명례 **화영불** 華纓佛

지심귀명례 **무변변광불** 無變辯光佛

지심귀명례 **신성불** 信聖佛

지심귀명례 **덕정진불** 德精進佛

지심귀명례 **문수보현양대보살** 文殊普賢兩大菩薩

지심귀명례 **관음세지양대보살** 觀音勢至兩大菩薩

지심귀명례 **청정대해중보살** 淸淨大海衆菩薩

또 다시 이와 같은 시방 진허공계의 모든 삼보와 한량없는 현성께 귀의합니다. (반배)

오늘 대중들은 이와 같이 스스로 기뻐함의 인연이 무량하니 다시는 약하게 물러나지 않고 끝까지 다 베풀겠습니다. 범부가 세상을 살아가는 데는 괴로움은 많고 즐거움은 적으니, 하물며 오늘 서로 함께 누리는 이 큰 기쁨이 있음이겠습니까. 이 모두가 시방 삼보의 위력과 아미타불의 대원의 힘이니, 마땅히 각자 지극한 마음으로 은덕을 마음 속에 품고 뛸듯이 기뻐하며 받들겠나이다.

국왕 · 부모 · 사장師長 · 상 · 중 · 하좌 · 신심으로 보시하는 단월 · 선악지식 · 천룡팔부 · 태산부군太山府君 · 오도대신五道大神 · 일체귀신 · 염마왕계의 십팔옥왕十八獄王과 아울러 여러 권속들, 널리 시방과 삼계육도에 이르기까지 무궁무진한 정을 머금고 의식을 가진 불성이 있는 자들은 오체투지하고, 지극한 정성으로 시방세계 진허공계의 모든 삼보와 서방의 아미타불께 귀의할 것이니, 원하옵건대 자비심으로 모두 거두어 들이시고 부사의한 힘으로 덮고 보호하시며 건져 올리시어 삼계육도의 모든 중생들이 오늘 이후로 생사의 바다를 뛰어넘고 극락에 왕생하여 행과 원이 조속히 이루어지고, 모두 십지를 증득하여 금강심에 들어가 등정각을 이루게 하여지이다.

12. 널리 모두 회향함

오늘 이 도량의 동업대중이여, 앞에서 스스로 기뻐함을 이미 마쳤으니, 다음은 모두 널리 회향 하여야 합니다. 닦은 바의 서방참법을 법계의 중생들에게 회향하여 함께 무상보리를 이루고 모두 진여의 실제를 증득할 것이니, 다같이 지극한 마음으로 오체투지하고 세간의 대자대비하신 부처님께 귀의합니다. (반배)

지심귀명례 **교주석가모니불** 教主釋迦牟尼佛
지심귀명례 **세자재왕불** 世自在王佛
지심귀명례 **서방아미타불** 西方阿彌陀佛
지심귀명례 **구십구지불** 九十九胝佛

지심귀명례 **서북방현재일체제불**
西北方現在一切諸佛

지심귀명례 **무량공덕화왕광명불**
無量功德火王光明佛

이와 같은 부처님들께서는 항하의 모래 알처럼 서북방에 머무시면서 광장설로 불토의 공덕을 찬탄하시고 법문을 섭수하십니다.

지심귀명례 **문수보현양대보살** 文殊普賢兩大菩薩

지심귀명례 **관음세지양대보살** 觀音勢至兩大菩薩

지심귀명례 **청정대해중보살** 淸淨大海衆菩薩

또 다시 이와 같은 시방 진허공계의 모든 삼보와 한량없는 현성께 귀의합니다. (반배)

오늘 대중들은 널리 시방 진법계의 모든

중생들을 위하여 닦아 모은 이 아미타참법과 모든 선근공덕의 훌륭한 인연으로써 오직 바라기는 서방정토 아미타불의 자비를 증명하여 널리 모두 회향하는 것이오니, 마땅히 각각의 사람마다 한결같이 지극한 마음으로 머리 숙여 대도사께 귀의하옵니다.

시방 삼세의 모든 여래이시여,
오늘 아미타참법을 모아서
생사와 애정의 강물에 빠져 있는 사람을
구하여 제도하려고,
팔만행 가운데 온전히 필요한 행위를
서방 정토문에 나타내 보이셨으니,
스스로 권하고 남에게도 권하여
저 국토에 왕생하도록

부처님 자비의 힘으로
보호하여 주시기를 원하옵니다.
머리 숙여 무량수불께 귀의합니다.

저 국토와 다른 곳의 대비주이시여,
명호를 듣고 목마르게 우러러
멀리서 지심으로 정례하오니
너와 내가 모두 함께
친히 받들어 모시기를 원하오며
널리 여러 경전에서
정토를 칭찬한 글을 모아
부처님을 염하여 서방에 왕생하도록
가르쳤나이다.

오늘 대중들은 보현행원과 같은 발원으로

회향하는 게송을 지어 말씀 드립니다.

제가 이제 여러 선근을 회향함은
보현보살의 수승한 행을 얻기 위함입니다.
원하옵건대 이 목숨 다하려할 때
모든 업장과 장애들 다 없어져서
찰나중에 아미타불 친견하옵고
즉시 극락세계에 왕생하게 하옵소서.
저는 이미 저 국토에 왕생하였으니
그 자리에서 이 대원을 다 이루고
모든 것 남김없이 원만히 이루어
일체 중생들을 이롭도록 하여지이다.
저 부처님 회상이 모두 다 청정해지면
제가 그때 아름다운 연꽃속에 태어나서
무량한 광명의 부처님을 친견하옵고

그 자리에서 보리의 수기 받아지이다.
저 부처님의 수기를 이미 받았으니
마음대로 천백억 화신 나타내어서
넓고 큰 지혜의 힘 시방에 두루 퍼져
일체 중생들 이롭도록 하여지이다.
제가 지은 보현보살의 거룩한 행원으로
끝이없는 수승한 복덕 회향하오니
바라옵건대 고해중의 모든 중생들이
하루속히 극락세계 왕생하여지이다.

오늘 대중이여, 위에서 보현보살이 말한 것처럼 회향하여 마쳤으니, 다같이 지극한 마음으로 오체투지하고 세간의 대자대비하신 부처님께 귀의합니다. (반배)

지심귀명례 **교주석가모니불** 敎主釋迦牟尼佛

지심귀명례 **서방아미타불** 西方阿彌陀佛

지심귀명례 **당래미륵불** 當來彌勒佛

지심귀명례 **천왕불** 天王佛

지심귀명례 **주정불** 珠淨佛

지심귀명례 **선재불** 善財佛

지심귀명례 **등염불** 燈炎佛

지심귀명례 **보음불** 寶音佛

지심귀명례 **인주왕불** 人主王佛

지심귀명례 **나후수불** 羅睺守佛

지심귀명례 **안은불** 安隱佛

지심귀명례 **사자의불** 師子意佛

지심귀명례 **보명문불** 寶名聞佛

지심귀명례 **득리불** 得利佛

지심귀명례 **변견불** 遍見佛

지심귀명례 세화불 世華佛

지심귀명례 고정불 高頂佛

지심귀명례 무변변재불 無偏辯才佛

지심귀명례 차별지견불 差別知見佛

지심귀명례 사자아불 師子牙佛

지심귀명례 이타보불 梨陀步佛

지심귀명례 복덕불 福德佛

지심귀명례 법등개불 法燈蓋佛

지심귀명례 목건련불 目腱連佛

지심귀명례 무우국불 無憂國佛

지심귀명례 의사불 意思佛

지심귀명례 낙보리불 樂菩提佛

지심귀명례 문수보현양대보살 文殊普賢兩大菩薩

지심귀명례 관음세지양대보살 觀音勢至兩大菩薩

지심귀명례 청정대해중보살 淸淨大海衆菩薩

또 다시 이와 같은 시방 진허공계의 모든 삼보와 한량없는 현성께 귀의합니다. (반배)

오늘 이 도량의 동업대중과 서원하는 제자 등은 참법을 닦아 모으고 회향하여 일으킨 공덕을 이어서, 우러러 바라옵건대 지금의 우리 사회 지도층 인사들이 오늘부터 정각의 도량에 앉을 때까지 불법을 보호하고 지키기는 살타파륜보살처럼 하며, 대비로 죄를 멸하기는 허공장보살같이 하며, 법을 듣기는 유리광보살처럼 하며, 어려운 법을 잘 이해하기는 무구장보살같게 하시옵소서.

또 바라옵건대 ○○ 등을 낳아주신 부모님과 여러 겁을 지나며 맺은 친한 인연들이 오늘부터 정각의 도량에 앉을 때까지 몸을 허공계에 뿌리되 무변신보살과 같으며, 열 가지 공덕을 갖춤은 고귀덕왕보살 같으며, 법문을 듣고 환희함은 무외보살같으며, 자재한 신통과 용맹은 대세지보살과 같게 하소서.

또 바라옵건대 ○○ 등의 화상과 아사리·동학과 권속·상·중·하좌와 모든 선지식이 오늘부터 정각의 도량에 이를 때까지 각각 두려움 없음은 사자왕보살과 같으며, 그림자나 메아리처럼 크게 교화함은 보적보살 같으며, 소리를 듣고 괴로움을 구해줌은 관세음보살 같으며, 잘 물어봄은 대가섭과 같게 하소서.

또 바라옵건대 출가한 이와 재가한 이, 믿음으로 보시하는 단월과 선지식·악지식, 그리고 각각의 권속들이 오늘부터 정각 도량에 이를 때가지 모든 위태로움과 재앙을 해결함은 구탈보살 같으며, 상모가 단정하고 위엄이 있음은 마치 문수보살 같으며, 업장을 잘 버리기는 마치 기음개보살 같으며, 최후의 공양을 올림은 순타와 같게 하옵소서.

또 바라옵건대 모든 하늘과 신선·세간을 보호하는 사천왕, 총명하고 정직한 천지와 허공과 선을 주관하고 악을 벌하며 지주持呪를 수호하는 오방의 용왕과 용신, 팔부·드러나거나 드러나지 않은 여러 신들[靈祇] 그리고 각각의 권속들이 오늘부터 정각 도량에 이를 때까지, 큰자비로 덮고 보호함은 아일다보살 같으며, 정진하고 법을 보호함은 불휴식보살 같으며, 널리 증득하고 독송함은 보현보살 같으며, 법을 위하여 몸을 사름은 약왕보살 같게 하소서.

또 바라옵건대 시방의 모든 원수와 친한 이와 원수도 친한 이도 아닌 이, 사생육도의 모든 중생들과 각각의 권속들이 오늘부터 정각의 도량에 이를 때까지, 마음에 애염이 없음은 이의녀 같으며, 미묘한 선교 설법은 승만 부인과 같으며, 정진을 행함은 석가모니불 같으며, 세운 훌륭한 발원은 무량수불 같으며, 위신력은 모든 천왕 같으며, 불가사의함은 유마힐 같이 일체 공덕을 각각 성취하여 무량한 불토를 모두 장엄하게 하옵소서.

우러러 시방 진허공계의 무량한 부처님과 모든 대보살님, 그리고 일체의 현성들께 원하오니, 자비심으로 함께 가피하시어 거두시고 구제하고 보호하며 건져 올려 맞으시어, 소원이 원만해져 신심은 견고하고 복덕업은 날로 늘어나, 자애로 사생을 기르시되 마치 한 자식처럼 여기게 하소서. 여러 중생들로 하여금 사무량심을 얻고, 육바라밀을 갖추게 하시어 생각에 응하여 부처님을 친견함이 모두 승만부인과 같아져서 모든 행원을 필경에 성취하여 여래와 더불어 함께 정각에 오르게 하시옵소서.

13. 널리 전파할 것을 부탁하심

(무릇 촉루유통이라는 것은 아미타불의 혜명을 잇고 부처님과 조사님의 마음 등불을 전하는 것입니다. 법은 인연을 의지해서 일어나고 도는 사람을 연유해서 나타납니다. 아미타교 안에서 거듭 펴기를 촉루하였고, 정토경 중에서 유통을 널리 말씀하셨으나, 오늘날은 부처님이 계시던 때와 멀어져 말법의 때가 되었는지라 참법을 시방세계에 전하여 부처님의 가피력에 의지해서 유통시켜야 합니다. 또 바라건대 천룡이 몰래 도와주고 현성이 은밀히 돌보시어 도에 나아가는 데 마장이 없게 하고, 수행하는 데 도움이 되게해서, 사람과 하늘이 함께 즐거워하고 바다와 땅이 모두 기뻐하게 해야 합니다. 다시 서로 끝없이 권하여 교화하고, 널리 전해서 보거나 들으면 다 서방정토에 왕생하고, 정토의 법을 받아지니면 모두 극락에 돌아가 겁해가 다하도록 전하고 또 전하여 아미타불께서 길잡이 되시는 일을 다같이 도울지니라.)

오늘 이 도량의 동업대중이여, 앞에서 널리 모두 회향하여 마쳤으니, 다음은 마땅히 널리 유통시킬 것을 부탁해야 합니다. 우러러 시방 삼세의 모든 성현과 범석 · 사천왕 · 금강천 등의 호법신중께 원하오니, 이 참법으로 하여금 미래제가 다하도록 유통되어 끊어지지 말게 하시며, 널리 여러 중생들을 제도하여 많은 이들을 요익하게 하시고, 스스로도 행하고 다른 사람에게도 권하여 보고 들으면 곧 기뻐하여 따르게 하시고, 글로 쓰거나 읽고 외우거나 받아가지면 모두 서방정토에 왕생하도록 하여 주시옵소서. 이러한 까닭으로 저희는 오체투지하고 세간의 대자대비하신 부처님께 귀의하나이다.

(반배)

지심귀명례 **교주석가모니불** 敎主釋迦牟尼佛

지심귀명례 **세자재왕불** 世自在王佛

지심귀명례 **서방아미타불** 西方阿彌陀佛

지심귀명례 **동북방현재일체제불**
東北方現在一切諸佛

지심귀명례 **무수백천구지광혜불**
無數百千俱胝廣慧佛

이와 같은 부처님들께서는 항하사수 겁동안 동북방에 머무시면서 자신불의 정토로부터 시방의 부처님에 이르도록 각각 삼천대천세계에 두루 미치도록 진실한 말씀으로 법문하십니다. 너희 중생들은 '불가사의한 공덕의 칭찬', '모든 부처님이 한결같이 보호함' 이라고 하는 이 법문을 믿으라고 하셨습니다.

지심귀명례 **문수보현양대보살** 文殊普賢兩大菩薩

지심귀명례 **관음세지양대보살** 觀音勢至兩大菩薩

지심귀명례 **청정대해중보살** 淸淨大海衆菩薩

지심귀명례 **호지국계범석사왕천룡팔부**
제현성중 護持國界梵釋四王天龍八部諸賢聖衆

지심귀명례 시방 진허공계 **일체제불**
至心歸命禮 十方 盡虛空界 一切諸佛

지심귀명례 시방 진허공계 **일체존법**
至心歸命禮 十方 盡虛空界 一切尊法

지심귀명례 시방 진허공계 **일체현성**
至心歸命禮 十方 盡虛空界 一切賢聖

원하옵건대 모든 중생들이 함께
안락국에 왕생하게 하소서.
서방의 아미타불께
지극한 마음으로 귀명례하옵니다.

지심귀명례 시방 진허공계 **일체삼보**
至心歸命禮 十方 盡虛空界 一切三寶

무량성중
無量聖衆

오늘 이 도량의 동업대중이여, 또 다시 지극한 정성으로 널리 유통할 것을 부촉합니다.

우러러 시방 진허공계의 모든 보살과 호법 신왕께 알립니다.

본원의 힘으로 맹세코 중생들을 제도하고 중생들을 섭수하기를 무궁무진히 하며 선지식과 함께 분별상이 없으리니, 원하옵건대 모든 중생들이 여래의 은혜를 알고 친근히 공양하게 하소서. 원하옵건대 여러 보살님들과 자비와 가엾이 여기는 마음으로 여러 중생들로 하여금 가르침을 어기지 않고 모두 받아 지녀서 게으르지 않으며, 무애승無礙乘을 얻어 구경에 자재하여지이다.

처음 삼보에 귀의함으로부터 촉루 유통에 이르기까지의 참회문을 지은 공덕을 법계 중생들에게 회향 보시하옵고, 우러러 바라옵건대 아미타세존과 시방의 부처님들은 저를 증명하기 위해 나타나시어 저의 소원이 모두 이루어지게 하소서.

원하옵건대 모든 중생들이 다 정토에 왕생하고, 법을 듣고 도를 깨달아 공덕과 지혜가 모두 갖추어져, 모든 보살들과 함께 다름없으며, 금강심에 들어가 등정각을 이루게 하여 주소서. 다같이 지극한 마음으로 오체투지하고 세간의 대자대비하신 부처님께 귀의합시다. (반배)

지심귀명례 **교주석가모니불** 教主釋迦牟尼佛

지심귀명례 **서방아미타불** 西方阿彌陀佛

지심귀명례 **당래미륵불** 當來彌勒佛

지심귀명례 **법천경불** 法天敬佛

지심귀명례 **단세력불** 斷勢力佛

지심귀명례 **극세력불** 極勢力佛

지심귀명례 **혜화불** 慧華佛

지심귀명례 **견음불** 堅音佛

지심귀명례 **안락불** 安樂佛

지심귀명례 **묘의불** 妙義佛

지심귀명례 **애정불** 愛淨佛

지심귀명례 **참괴안불** 慚愧顏佛

지심귀명례 **묘계불** 妙髻佛

지심귀명례 **욕락불** 欲樂佛

지심귀명례 **누지불** 樓志佛

지심귀명례 무량무변진허공계
無量無邊盡虛空界

무생법신보살 無生法身菩薩

무루색신보살 無漏色身菩薩

발심보살 發心菩薩 (일배)

지심귀명례 흥정법마명보살 興正法馬鳴菩薩

지심귀명례 흥상법용수보살 興像法龍樹菩薩

지심귀명례 시방 진허공계 무변신보살
十方 盡虛空界 無邊身菩薩

사자유희보살 師子遊戲菩薩

사자분신보살 師子奮迅菩薩

사자번보살 師子幡菩薩

사자작보살 師子作菩薩

견용정진보살 堅勇精進菩薩

금강혜보살 金剛慧菩薩

기음개보살 棄陰蓋菩薩

적근보살 寂根菩薩

혜상보살 慧上菩薩

상불리세보살 常不離世菩薩

약왕보살 藥王菩薩

약상보살 藥上菩薩

허공장보살 虛空藏菩薩

금강장보살 金剛藏菩薩

상정진보살 常精進菩薩

불휴식보살 不休息菩薩

묘음보살 妙音菩薩

묘덕보살 妙德菩薩

보월보살 寶月菩薩

월광보살 月光菩薩

살타파륜보살 薩陀波倫菩薩

초삼계보살 超三界菩薩

대준제보살 大准提菩薩 (일배)

지심귀명례 **문수보현양대보살** 文殊普賢兩大菩薩

지심귀명례 **관음세지양대보살** 觀音勢至兩大菩薩

지심귀명례 **청정대해중보살** 淸淨大海衆菩薩

또 다시 이와 같은 시방 진허공계의 모든 삼보와 한량없는 현성께 귀의합니다. (반배)

오늘 이 도량의 동업대중이여, 오늘 이 아미타참법은 과거의 모든 보살들이 이미 닦아 안락국에 왕생하셨고, 미래의 모든 보살들도 닦아 마땅히 안락국에 왕생할 것이며, 현재의 모든 보살들도 지금 닦아 안락국에 왕생하나니, 우리들은 행운이 있어 또한 이 법을 닦아 이와 같은 삼세의 보살들과 서로 함께 모여서, 극락과 청정한 불토를 두루 밟고 가장 뛰어나고 광대한 법락을 수용하는 것입니다.

『아미타경초』에 이르기를, "한 사람에게 염불할 것을 권하면 곧바로 한 중생이 왕생함을 성취하게 되고, 한 중생이 왕생하게 되면 곧바로 한 중생이 성불하게 되며, 한 중생이 이미 성불하면 곧 한량없는 중생들이 성불하도록 제도하며, 한량없는 중생들이 이미 성불하게 되면 무궁한 중생들이 성불하도록 거듭 제도할 것이다.

말세에 여러 부처님께서 세상에 나오시는 좋은 인연도 모두 이것으로 말미암아 시작된 것이니라. 이런 까닭으로 아미타참법을 편집하여 중생들이 정토에 왕생함을 이루고 성불하는 지름길이 되며, 세상을 벗어나는 중요한 나루가 된다."고 하셨습니다.

한량없는 공덕이란 작게 도와주는 것이 아니니, 이제 보장을 열고 옷 속의 구슬을 꺼내어 인연이 있는 이들에게 나누어 부촉하오니 널리 수용하십시오.

정례하여 받들어 사례하고 모두 삼승의 성중께 머리를 조아리며 아미타참법을 마치나이다.

원하옵건대 이 공덕이
널리 모든 중생들에게 두루해서
나와 중생들이 다함께
미래에 극락국토에 태어나
함께 무량수불을 친견하고

모두 불도를 이루게 하소서.

여기서 지은 공덕을
부처님의 도우심으로 돌리니
무위無爲의 교화를 엎드려 바라옵니다.
우리나라 태평하고 흉년난리 소멸하며
온 세계가 평화로워 부처님 법 펴지도록
성일聖日과 불일이 항상 밝게 비추소서.
금륜과 법륜이 함께 움직이고,
바람이 고르고 비가 순조로워
해마다 풍년이 들어
만국이 기뻐하고 사방이 평안하며,
시방 중생들이 함께 극락에 화생하며,
법계 중생들이 함께 아미타의 해중海衆이
되어지이다.

우러러 생각하옵건대
대각께서 굽어 살펴 주시고
부지런히 참회하였음을 증명하여
주시옵소서.

〈제 10권 끝〉

〈주註〉

세지변총 __ 세간의 잡다한 지혜

삼계육도 __ 욕계, 색계, 무색계의 3계에서 지옥도, 아귀도, 축생도의 삼악도와 아수라도, 인도, 천상계의 3선도가 6도윤회의 세계이다.

태포질 __ 인간이 태어날 때 모태의 자궁을 의지하여 태어나는 것을 가리킨다.

영기靈祇 __ 불법을 보호하는 신령스런 천지의 신들을 가리킨다.

무애승 __ 걸림 없는 도道로 나아가는 가르침[깨달음]

성일聖日 __ 부처님의 자비로운 광명[佛日]이 널리 비추는 것에 대비하여 성일은 임금의 성스러운 덕치德治가 널리 세상에 비치는 것을 상징적으로 가리킨다.

편저자 **극락거사 왕자성**(王子成)

남송(南宋)[1127~1279] 때의 정토 수행자로 극락거사(極樂居士) 왕경지(王慶之)이다.
당시 한림학사 조병문(趙秉文)의 『미타참찬(彌陀懺讚)』과 이순보(李純甫)의 『미타참서(彌陀懺序)』가
이 『아미타참법』 앞에 첨부되어 실려 있었다.

편역자 **무영 원경**(元鏡)
충북대 국문과 졸업 후 속리산 법주사에서 각현(覺賢)스님을 은사로 출가
동국대학교 대학원에서 「법화일승사상연구」로 박사학위 취득, 해인사 대적광전에서 연담종진율사로
부터 전강(傳講)을 받음[법호; 무영(戊映)].
조계총림 송광사, 가야총림 해인사 승가대학에서 교수사 역임, 불교방송에서 '여래장삼부경' 경전강의
현재 영축산 영축사에서 정토발원천일기도 정진중.
* 번역서 및 저서 : 『지관의 이론과 실천』, 『여래장 삼부경』, 『달마선관』, 『인도기행』, 『대승지관법문』,
『역주송광사사고』(공역), 『여래장삼부경강설』

아미타참법
禮念彌陀道場懺法

초판 1쇄 발행 2558(2014)년 7월 25일
6쇄 발행 2567(2023)년 6월 10일

· 발 행 인 주 지 오
· 발 행 처 도서출판 무량수
부산시 부산진구 중앙대로 777 이비스앰배서더 부산시티센터 2층
전화 (051)255-5675, 248-0011 전송 255-5676
· 편 저 극락거사 왕자성
· 편 역 무영 원경
·등록번호 제9-110
ISBN 978-89-91341-42-5
·값 30,000원

이 『아미타참법』은 『한글대장경』(동국역경원), 『禮念彌陀道場懺法』(무량수)
『예념미타도량참법』(황산본)을 기본으로 하고 참조하여 대중이 함께 독송하면서
수행할 수 있도록 새롭게 편집하였습니다.